LA MORALE ET LE DROIT DES AFFAIRES

CENTRE DE DROIT DES AFFAIRES

Centre de recherche
sur les entreprises en difficulté

LA MORALE ET LE DROIT DES AFFAIRES

Actes du colloque organisé
à l'Université des Sciences Sociales de Toulouse
le 12 mai 1995

Montchrestien

Dans la même collection

L'évolution de la cession d'entreprise, 1992.

L'entreprise face à l'impayé, 1994.

Les réformes du nouveau droit de l'entreprise, 1995.

Aspects contemporains du droit de la distribution et de la concurrence, 1996.

A paraître

Le statut du chef d'entreprise.

La réforme des procédures civiles d'exécution à l'épreuve de la pratique.

14, rue Pierre et Marie Curie, 75005 Paris
I.S.B.N. 2.7076.0726.6

Avant-propos

Cet ouvrage réunit les actes d'un colloque organisé par le Centre de droit des affaires et le DEA de droit des affaires de l'Université des Sciences Sociales de Toulouse.

L'intérêt du sujet retenu « Morale et droit des affaires » est évident à une époque où l'actualité quotidienne fait état de corruption dans la signature des marchés de travaux, de pratiques de fausses factures, d'abus dans le référencement des distributeurs, de discriminations dans la conclusion des contrats...

Des juristes ne pouvaient demeurer indifférents à ces violations répétées du Droit par les professionnels des affaires mais aussi à ce besoin de plus en plus aigu de régulation des activités commerciales.

« Codes de bonne conduite », « bonnes pratiques d'entreprise », « éthique d'entreprise » constituent autant de manifestations d'un besoin de Droit et d'une volonté de moralisation du jeu économique.

Le lecteur trouvera dans cet ouvrage des éléments de réflexion sur les liens complexes qu'entretiennent la morale et les affaires, réflexions qui constituent peut-être les prémisses d'une intervention législative prochaine.

Corinne SAINT-ALARY-HOUIN
Directeur du Centre de droit des affaires
Professeur à l'Université des Sciences Sociales de Toulouse

SOMMAIRE

Discours d'ouverture

par H. ROUSSILLON
Professeur agrégé de droit public
Doyen de la faculté de droit de Toulouse

L'Association des étudiants du « DEA de droit des affaires » diplôme dirigé par Madame le Professeur Corinne SAINT-ALARY-HOUIN de la faculté de droit de Toulouse organise cette année son premier colloque dans la ligne de ceux qu'a mis en place le Centre de droit des affaires de notre faculté. En effet, il y a un an, ce Centre avait animé un colloque très réussi, dont beaucoup ici se souviennent, et dont les travaux furent publiés en un temps record ; il était consacré à la « Réforme du droit de l'entreprise » (Editions Montchrestien) ; c'est dire combien ces jeunes étudiants s'intéressent aux problème fondamentaux, et d'actualité, du droit des affaires, matière dans laquelle ils ont choisi de se spécialiser et dans laquelle ils ne manqueront pas de s'illustrer. Cette année, on comprend facilement, sans qu'il soit nécessaire d'insister, pourquoi leur choix s'est porté sur « Morale et droit des affaires ».

Ce colloque, bien sûr, est le résultat du travail de toute une équipe épaulée par leurs Maîtres ; ne pouvant en citer ici tous les membres, j'adresse mes félicitations très chaleureuses à ses principaux animateurs, Messieurs J. J. BERNARD, et S. VIGREUX, Mademoiselle M. H. REIGNER en les chargeant de les transmettre à leurs camarades ; je suis heureux de constater, au passage, que le nom de VIGREUX qui a illustré durant de très nombreuses années la Faculté de droit et d'économie de Toulouse, avec, en particulier, la création par le Professeur Pierre VIGREUX, qui vient de nous quitter, de l'Institut de Préparation aux Affaires (IPA) est dignement porté par son petit-fils.

Je voudrais, maintenant, et sans empiéter, bien entendu, sur le rapport introductif, qui ne pourra être que remarquable et passionnant, du Professeur le TOURNEAU, faire quelques remarques sur le thème de ce colloque. C'est sans aucun doute bien imprudent et présomptueux de ma part, aussi serai-je bref.

Tout d'abord, quelques mots sur le terme « Morale » que les organisateurs ont retenu de préférence à celui, qui peut paraître plus à la mode, d'éthique ; il ne s'agit pas là d'un choix anodin car ce terme « Morale » se retrouve dans le titre de la quasi totalité des communications. En faisant ce choix, ils ont rejoint, sans le savoir peut-être, le point de vue d'un des grands philosophes français contemporains, fort apprécié outre-Atlantique, Michel SERRES, originaire de notre sud-ouest ; en effet, ce dernier a écrit, comme l'a relevé Alain ETCHEGOYEN (« La valse des éthiques » 1991) : «... La morale dont nous avons si peur que nous nous réfugions désormais derrière le petit vocable étriqué d'éthique... ». Eh bien non, les organisateurs de ce colloque n'ont pas eu peur du terme « morale » ! Ils ont été ambitieux et ils ont eu raison.

Mais ils ont été, aussi, exigeants dans l'articulation, et donc la formulation, du sujet. En effet, cela ressort de la conjonction « ET » qu'ils ont placée entre « morale » et « droit des affaires », de préférence à celle « DU » ; traiter de la « morale du droit des affaires » aurait été une toute autre entreprise car elle aurait reposé sur l'idée qu'il existerait une morale spécifique au droit des affaires comme il existerait, selon certains, et MACHIAVEL l'a fort bien écrit, une morale « du » politique, originale par rapport à la « Morale ». En choisissant le « ET » de préférence au « DU », ils se condamnaient à écrire, en permanence, Morale avec une majuscule afin de bien faire ressortir le caractère que l'on pourrait qualifier d'exogène de la Morale par rapport au droit des affaires. Cette approche nous fait souvenir – faut-il le regretter ? – de nos cours de philosophie dans lesquels, pour nous « occidentaux », la Morale est avant tout individuelle et puise l'essentiel de son contenu dans la grande tradition judéo-chrétienne. Ce n'est pas le lieu ici de rechercher si une telle conception a, ou non, valeur universelle ; la montée des intégrismes et l'application débridée du fameux « droit à la différence » peut nous en faire douter et nous causer quelques craintes.

Mais, ce que vous allez, sans doute, tenter de faire durant ce colloque, c'est de mesurer, rude tâche, le droit des affaires, mais aussi la vie des affaires car l'un ne va pas sans l'autre, à l'aune de cette Morale « en soi ». Cette entreprise ambitieuse vous la mènerez avec succès car ceux qui vous ont convié ici ont choisi de bon « guides ». C'est à eux maintenant de parler.

I
De la morale et des affaires, en général

EXISTE-T-IL UNE MORALE DES AFFAIRES ?

par Ph. LE TOURNEAU
Professeur à la faculté de droit de l'Université des Science Sociales de Toulouse

1. – Existe-t-il une morale des affaires ? Telle est la question qui m'a été posée. Elle flotte dans *l'air du temps,* comme une sorte de mythique utopie, et cela donne déjà à penser qu'elle est moins innocente qu'il n'y paraît de prime abord. D'emblée, il importe de baliser la route par quelques *repères.* Le premier est d'ordre *terminologique.* Deux mots sont en concurrence, éthique et morale. Le premier vient du grec, le second du latin ; nous ignorons pourquoi la tradition protestante utilise de préférence éthique, alors que les catholiques parlent habituellement de morale. Mais peu importe : ils ont exactement la même signification ; tous deux désignent une considération régulatrice des comportements. Nous emploierons donc ces deux mots de façon équivalente, même si certains esprits tentent aujourd'hui d'accréditer l'idée d'une distinction entre eux. Tout un courant de pensée, venant des États-Unis, prône actuellement une éthique des affaires, qui serait distincte de la morale des affaires, en ce qu'elle serait relative et utilitariste.

2. – Cela nous conduit au second repère. L'éthique des entreprises est dans le vent ; paradoxalement elle n'a jamais été autant à la *mode* qu'en ce moment, alors que la morale publique, dans l'État et dans les entreprises, semble avoir notablement régressé[1], et alors que, partout, triomphe l'immoralisme, l'affairisme, des délits d'initié, des OPA sauvages et l'argent roi. Voici où la substitution de la morale par l'éthique n'est peut-être pas entièrement innocente. Car cette mode n'entend point réellement rétablir la moralité publique. N'allez pas croire que c'est le triomphe de l'humanisme : comme s'il pouvait jaillir outre-Atlantique ! C'est tout l'inverse, son échec, au moins partiel. L'appel à l'éthique, pour sympathique qu'il apparaisse à première vue, sent en réalité un peu le souffre lorsque l'on gratte la surface du discours. En effet, il a été lancé dans une fin *utilitariste*[2], comme un moyen pour les entreprises d'engranger davantage de profits, notamment en faisant travailler plus activement les salariés. Au XVIIIe siècle, Vauvenargues ironisait déjà à propos des

1. Cf. L. JOFFRIN, *La régression française,* Seuil, 1992, p. 169 et s. – P. DIENER, *Ethique et droit des affaires,* D. 1993, chron., p. 17.

2. Voire, ce qui est bien pire, dans une vue *totalitaire.* « Le drame contemporain est d'abuser de l'un des mots les plus vieux de la tradition philosophique et chrétienne... du « juste » naturel..., le mot « éthique », afin de le faire servir à son contraire » (J.-M. TRIGEAUD, *Métaphysique et éthique au fondement du droit,* Bordeaux, éd. Brière, 1995, p. 210). L'utilitarisme est de tradition dans le monde dit anglo-saxon, à la suite de Bentham, qui exposa cette théorie notamment dans son *Introduction aux principes de la morale et de la législation* (1789).

« auteurs traitant de la morale comme on traite la nouvelle architecture, où l'on cherche avant tout la commodité ». L'utilitarisme est l'antithèse de la morale, même si, à long terme, la morale se révèle de surcroît payante et l'immoralité périlleuse car la morale vous rattrape toujours (par ce que la presse appelle les affaires). « Quand elle n'a pas le premier mot, c'est qu'elle aura le dernier »[3]. En définitive, l'observateur se doit de séparer le bon grain, la vraie morale, de l'ivraie, l'utilitarisme.

3. – Pour le troisième repère, permettez-nous de faire intervenir le Père Ubu, cette espèce de Néron au petit pied, dont le plus grand divertissement était de précipiter ses semblables dans une trappe. Laissons-le faire un instant, fût-ce en imagination, ce brave Père Ubu. Allons-y ! Marx, au trou, et d'un ! Freud, au trou, et de deux ! Lévi-Strauss, au trou, et de trois ! Ubu se frotte les mains d'aise. Cependant, arrêtons-le ici, car il serait bien capable, emporté par son élan, de s'écrier le Tourneau, au trou, et de quatre ! Avouez que cela serait fâcheux car, même si la terre continuerait probablement de tourner, vous n'auriez pas de réponse fiable à la question posée : or, rien n'est plus angoissant qu'une question en suspens... – Mais pourquoi diable faire table rase de ces trois illustres penseurs ? Parce qu'avec le marxisme, le freudisme et le structuralisme, il n'y a plus de liberté possible, même potentielle. « Tous les actes humains sont déterminés par les rapports de classe et de production (chez Marx), par l'inconscient (chez Freud), par les structures (chez Lévi-Strauss). Il n'y a plus de sujet »[4]. Or, pour qu'existe une morale, la *liberté* est un préalable indispensable : elle seule permet de parler de sujet moral, d'individu si vous préférez, ayant une conscience, et de *responsabilité*[5]. La liberté est la « capacité de tout homme à devenir lui-même et à atteindre sa plénitude »[6] (mais elle n'est pas un absolu, puisqu'elle cède le pas devant la liberté d'autrui et qu'elle comporte « une dimension relationnelle essentielle »[7]). Elle est le clou d'or auquel s'attache le manteau du destin.

4. – Ainsi balisée, la voie est ouverte. La question posée suscite elle-même d'autres questions, qui apparaîtront sans doute bien naïves : eh bien ! mettons-les dans la bouche de Zazie, non plus dans le métro, mais étudiante à la Faculté de droit de Toulouse : à quoi bon une morale, surtout dans les affaires ? qu'est-ce que la morale ? Quelle est sa consistance, son étendue ? Autrement dit, après avoir envisagé les contours de la question posée, nous aborderons ses atours.

3. W. Jankelevitcht, *Le paradoxe de la morale,* Points Seuil, 1981, p. 10.
4. J.-C. Barreau, *Quelle morale pour aujourd'hui...,* Plon, 1994, p. 72.
5. Cf. Ph. Le Tourneau, *La verdeur de la faute dans la responsabilité civile (ou de la relativité de son déclin),* RTD civ. 1988, p. 505.
6. J.-L. Bruguès, *Dictionnaire de morale catholique,* CLD, 1991, V° Liberté.
7. Jean-Paul II, Encyclique *Evangelium vitae* (L'Evangile de la vie), Cerf/Flammarion, 1995, n° 19. – « La liberté est mise au service de la personne et de son accomplissement par le don d'elle-même et l'accueil de l'autre ».

I – LES CONTOURS DE LA MORALE DES AFFAIRES

A – A QUOI BON UNE MORALE ?

1 – L'apparente inutilité d'une morale des affaires

5. – La question posée paraît saugrenue : chacun conçoit bien l'existence d'une morale dans la vie familiale, plus encore dans les alcôves où elle se love souvent, voire dans les petits contrats (le prêt, le dépôt), car dictés par l'amitié, mais dans les affaires ! Que diantre viendrait-elle se mêler des affaires ? Les affaires sont les affaires : ce splendide truisme se passe de commentaire[8]. Comprenne qui pourra ! C'est le monde des *données brutes,* objectives, implacables, des faits (dont chacun sait qu'ils sont têtus presqu'autant que les catalans) ; c'est le royaume des biens juridiques, des valeurs économiques, qui naissent, s'échangent, se vendent, se louent, etc. ; c'est enfin le pays des fictions (telles les personnes morales) et des abstractions (dont la pointe extrême est constituée par les titres abstraits). Les valeurs économiques se fichent de la morale. Quant aux fictions et abstractions, est-ce la peine de préciser leur position par rapport à la morale ?

6. – Du reste, chaque branche de la vie sociale cherche ses fins par elle-même, analyse ses mécanismes indépendamment de toute référence morale. Le droit, par exemple, ne cherche pas à engendrer des saints ou des héros mais, en toute modestie, à créer ou à maintenir un ordre juridique, permettant la vie en société (et qui comprend certaines dispositions immorales). Ainsi, la sévérité que manifestait naguère la jurisprudence pour les choses du sexe n'était que l'une des manières de défendre le mariage et la famille, institutions d'ordre public, et non point de susciter des ascètes.

2 – La nécessité d'une morale des affaires

7. – Pourtant, chaque discipline (et, plus encore, chaque agent dans les divers domaines de l'activité humaine) a besoin d'une morale qui la dépasse, la domine, lui fixe un idéal, des normes de référence, en deux mots : une instance critique. « Sans morale, il n'y a plus de vin de Bordeaux ni de style. La morale, c'est le goût de ce qui est pur et défie le temps » (J. Chardonne)[9]. Tout le drame et l'honneur de l'homme est de tenter de concilier les règles et buts de son domaine (y compris, pour une entreprise, l'efficacité et la rentabilité) et les directives de sa conscience. Si dans la grisaille générale, bien des personnes sont souvent désemparées, désenchantées,

8. Aussi un professeur réputé de la Harvard Business School n'hésitait pas à affirmer récemment que l'homme d'affaire « doit se battre. Et avant tout sans morale » (selon J.-M. DUMAY, *Enseigner l'éthique des affaires,* Le Monde, 27 sept. 1994, p. 13).

9. Dans *L'amour, c'est beaucoup plus que l'amour.* – De cette nécessité « naturelle » de normes découle que l'hypothèse du non-droit, si chère à l'éminent doyen J. CARBONNIER, est sans doute bien hasardeuse, surtout dans le droit de la famille ; cf. A. SÉRIAUX, *Question controversée : la théorie du non-droit,* RRJ 1995/1, p. 13.

n'est-ce point faute de repères ? « Nos contemporains (sont) malades de l'histoire pour avoir perdu la dimension du bien »[10]. Lorsque l'homme oublie la dimension morale, il n'est « qu'un pantin sans âme et sans vie »[11], sans existence réelle. La fameuse *main invisible* d'Adam Smith (qui assurerait l'équilibre de la société, où chacun ne se soucie que de ses intérêts et passions) nous semble contrebalancée, chez tout homme véritable, construit, debout, par ce que nous appellerons *l'œil invisible,* du moi profond, de sa conscience, qui murmure en lui l'essentiel. Il y a, dans le cœur de l'homme, comme une résonance morale, dont l'écho, proche ou lointain selon l'acuité de sa conscience, hulule sans désemparer et follement contre l'évidence de sa faiblesse et de sa finitude. L'éthique nous élève au-dessus de nous-mêmes et hors de nous-mêmes, nous faisant communier avec d'autres êtres, au-delà de l'horizon médiocre de nos vies, hors de ses brumes habituelles, dans le monde du bien et de la vérité, qui sont plus grands que nos esprits. Aussi, elle se distingue de la culture et, d'une certaine manière, s'insère dans celle-ci (ou, plutôt, dans la civilisation). Car l'une et l'autre se fondent dans le passé et la tradition, tout en donnant sens au présent et contribuant à déterminer l'avenir. Mais la morale transcende la culture, dans son refus du relativisme – un des grands fléaux actuels de l'Occident[12] –, son aspiration à l'universel et à la pérennité (à l'éternité).

8. – L'émergence d'une morale spécifique aux affaires est dans la *logique* de la morale et des affaires. De la morale car, depuis toujours, à côté de la morale générale, sont nées des morales spéciales à tel ou tel secteur de l'activité humaine, de même que le droit pénal se prolonge par le droit pénal spécial, ou que la théorie générale du contrat s'épanouit dans la fantaisie des divers contrats, dans leur spécificité. Cette émergence est ensuite dans la logique des affaires, sous deux aspects. Historiquement, les affaires ont été soumises à une éthique rigoureuse, dès le Moyen-âge, notamment par le biais des corporations, contrôlant « la belle ouvrage » et le juste prix. Empiriquement, car l'élaboration de règles et d'usages propres au commerce est une aspiration profonde de ces milieux[13]. Au plan collectif, elle se traduit par l'élaboration de codes de déontologie professionnels de toutes sortes[14]. Parmi eux, les Codes de déontologie français et européen du franchisage ont acquis une grande notoriété[15]. Ce travail d'élaboration de normes, en quelque sorte universelles pour une branche professionnelle déterminée, s'apparente, il est vrai d'assez loin, au rôle du législateur. Mais là ne s'arrêtent pas les normes des affaires. Certaines émanent des entreprises elles-mêmes : leurs propres codes internes. D'autres de la jurisprudence qui, reconnaissant l'existence d'usages ou de règles implicites, impose des devoirs aux professionnels, le plus spectaculaire, dans ses développements actuels, étant le devoir de loyauté (cf. *infra,* n° 26 et s.).

---

10. M. VILLEY, *Les carnets,* PUF, 1995, n° 101, p. 391.
11. M. VILLEY, *op. cit.,* V, n° 29, p. 121.
12. Cf. R. BOURDON, *Le juste et le vrai. Etudes sur l'objectivité des valeurs,* Fayard, 1995.
13. Cf. K. OPPETIT, « Ethique et droit des affaires », *Mélanges A. Colomer,* 1993, Litec, p. 319, III.
14. Cf. B. OPPETIT, *op. et loc. cit.,* et l'exposé de B. Beignier à ce présent colloque.
15. Cf. Ph. LE TOURNEAU, *Le franchisage,* Economica, 1994.

B – QU'EST-CE QUE LA MORALE ?

1 – Réfutation d'une vision réductrice de la morale

9. – Mais, assurément, la morale fait *peur*, le mot autant que son contenu : sans doute est-ce une des raisons de la faveur actuelle pour l'éthique, qui apparaît plus neutre ; elle n'a pas été salie par le *moralisme,* qui n'est que la caricature de la morale. Voyez la sottise moraliste qui conduisit un jour une femme du monde à interroger l'abbé Mugnier de la façon suivante : « je me suis regardée ce matin dans un miroir, et je me suis trouvée belle : est-ce un péché ? » Et l'abbé de répondre, avec bon sens mais non sans perfidie, « non, Madame, ce n'est pas un péché, mais c'est une erreur ! »[16] Le moralisme est une véritable peste, tant le moralisme exacerbé de quelques théologiens constipés, qui vous brandissent à l'envi des interdits, ou celui de certains technocrates qui, animés de bons sentiments, veulent enserrer toute la vie humaine dans un carcan de règles, en réalité immorales, car destructrices de la liberté[17]. De toute façon, le droit ne peut pas remplacer la morale (bien qu'à certains égards il puisse être regardé globalement comme en étant une des composantes, et même si le loi juste doit être conforme à la morale et au droit naturel[18]). Or, de cette caricature est née la conviction, chez beaucoup, que le respect de la morale est incompatible avec l'efficacité et avec le bonheur. Certes, certaines présentations réductrices de la morale chrétienne (limitée à un code d'obligations, de contraintes) ont pu laisser accroire cela. C'est une funeste erreur : *l'éthique du bonheur,* épousant la dynamique du désir qui caractérise l'homme, est incontestablement la première en morale ; saint Thomas d'Aquin l'exposa à la suite des Pères, notamment de saint Augustin, pour lequel « nul n'est sage à moins d'être heureux ». L'éthique du bonheur est une sagesse. Aujourd'hui, le bonheur a retrouvé dans la morale ses lettres de noblesse qu'il n'aurait jamais dû perdre[19]. Au demeurant, la morale n'est pas un but en soi : le but c'est le bonheur. La morale est rebelle à toute formulation : loin d'être un code, elle est vie, où elle n'est pas : elle se vit, s'éprouve. Les devoirs ne sont ni à négliger, ni à mépriser. Toutefois, d'une part ils doivent être perçus comme des amis, des complices, et non comme des intrus ; d'autre part, leur logique n'est pas intéressante : seule compte la dilection du prochain[20]. C'est le sens de la légendaire formule de saint Augustin « Ama et fac quod vis » (Aime et fais ce que veux) qui, malgré l'apparence, est bien différente de celle que Rabelais plaça au fronton de l'abbaye fantaisiste de Thélème (« Fais ce que tu voudras »). Au fond, saint Augustin donne à entendre que la morale vient en

16. Abbé MUGNIER, *Journal,* Mercure de France, 1985.

17. Comp. : A.-G. SLAMA, *L'angélisme exterminateur,* Grasset, 1993. – P. DUBOUCHET, *Les normes de l'action : Droit et morale. Introduction à la science normative,* L'Hermès, 1990.

18. Cf. Jean-Paul II, *Evangelium vitae, op. cit.,* n° 71. – Saint Thomas d'Aquin, *Somme théologique,* I-II, q. 95, a. 2 et 3.

19. Comp. : C. LEFEBVRE, *Impossible bonheur,* Nouvelle Cité, 1988. – Surtout, V. l'exposé du *Catéchisme de L'Eglise catholique,* Mame-Plon, 1992, n° 1716 et s.

20. La parabole de l'enfant prodigue (Luc XV, 11-32) résume assez bien, nous semble-t-il, les deux visions de la morale. Le fils aîné, furieux de constater qu'une fête est organisée pour le retour de son frère prodigue, raisonne en terme d'une morale d'obligation : il a toujours tout fait ce qu'il avait le devoir d'accomplir. Alors que son père est tout amour et pardon.

suppléance de l'amour, car celui-ci, d'instinct, conduit au comportement idéal. La morale n'est pas négative, ennuyeux conformisme, mais positive, force jaillissante, appel vers le haut. De toute façon, « c'est la tension vers un mieux qui est exigée moralement, beaucoup plus que la réalisation extérieure immédiate d'un précepte »[21]. « Celui qui ne cherche pas la perfection reste dans la médiocrité » (Cézanne). Et quant à l'efficacité, loin d'être en contradiction avec la morale, elle est au contraire proposée comme une ardente obligation, dans la vue de servir au mieux le bien commun (cf. *infra* n° 19 et s.).

10. – Au chapitre des erreurs sur l'éthique, relevons enfin celle selon laquelle c'est le sujet, ou la pratique de la majorité des sujets, qui fonderaient les valeurs éthiques : la vérité est que l'homme peut seulement reconnaître les valeurs qui le dépassent et lui sont extérieures. La morale n'est pas quelque vague notion sociologique. Michel Villey fustigeait la morale des Camus et Sartre, qu'il qualifiait d'abominable, parce que subjective et sentimentale[22] (voilà encore deux victimes toutes désignées pour les œuvres d'Ubu !). La morale consiste à se savoir esprit et, par conséquent, à juger l'existence, les faits et les circonstances, à ne point s'y soumettre. « Signe de contradiction », elle est le contraire du conformisme (« tout le monde fait comme cela ») et du fatalisme (« on n'y peux rien »). « Peut-on concevoir une éthique qui ne soit pas paradoxale, et dont la seule vocation serait de justifier les idées reçues et les préjugés et la routine de l'éthique "doxale" »[23]. C'est sans doute en cela que, selon la pensée si fameuse et si étrange de Pascal, « la vraie morale se moque de la morale » (sous entendue : de la morale établie, pétrifiée ou « close », pour reprendre le mot de Bergson). La vraie morale est invention, voire révolte (comme le *non possumus* du Général de Gaulle le 18 juin 1940). Par nature, elle est défi au monde et à ses grisants appâts. Aussi, dans la mesure où la morale ne se réduit pas à quelque code de conduite civile, puérile et honnête, comme celui qu'avait rédigé Erasme, son application n'est pas purement mécanique ou juridique : elle résulte d'un *discernement personnel* de la conscience[24]. Pour ce faire, la science du bien est insuffisante : il faut aussi posséder celle du mal, pour le fuir ou le combattre, connaître les pratiques malhonnêtes pour s'en défier. Dans cette perspective, il importe de cultiver et la prudence du serpent et la simplicité de la colombe (cf. Mt X, 16). Au surplus, la vertu n'est point impuissance à commettre le mal ; sinon elle n'existe pas (comp. : « Les vieillards aiment à donner de bons préceptes, pour se consoler de n'être plus en état de donner de mauvais exemples » La Rochefoucauld). Si la moralité est ainsi une construction individuelle, elle exprime totalement la personnalité de l'être, elle « colle » à lui de façon indissociable, le caractérise. Par cet aspect de création, elle présente cette « indéfinissable parenté que l'on rencontre parfois entre l'œuvre et l'artiste » (Bergson).

11. – Dans les affaires, en toute conscience, le chef d'entreprise est souvent contraint, dans son labeur de discernement, d'adopter le profil bas d'une « éthique

21. A. YOU, *La loi de gradualité : une nouveauté en morale ?* éd. Lethielleux, 1991, p. 170.
22. *Op. cit.*, X, n° 71, p. 212. – Il est du reste caractéristique que Sartre ait été incapable de rédiger le traité de morale dont il caressa longtemps le dessein.
23. W. JANKELEVICH, *op. cit.*, p. 35.
24. V. *Catéchisme de l'Eglise catholique, op. cit.*, n° 1776 et s.

de compromis »[25], que Max Weber appelait *l'éthique du gestionnaire* (par opposition à *l'éthique du prophète,* qui est un absolu : par exemple, au nom du respect de l'homme, ne jamais licencier un salarié). Elle n'est ni démission ni lâcheté, mais le choix, entre les diverses possibilités, de la moins néfaste (à condition qu'elle ne soit pas intrinsèquement mauvaise[26]). Dans l'action, rien n'est jamais vraiment blanc ou noir : force est de s'accommoder d'une « éthique du gris ». Ciel et terre, idéalisme et empirisme, se disputent la place (alors même que la morale reste objective et non subjective, contrairement à ce que Karl Rahner et ses épigones professent : pour eux, la source de la moralité est le sujet humain dans son *Dasein,* dans son existence mouvante et évolutive). De plus, *la loi de gradualité,* remise en valeur à l'époque contemporaine[27], toute de mansuétude devant la faiblesse des hommes, reconnaît que la morale n'exige pas que chacun parvienne immédiatement à l'absolu proposé, mais seulement qu'il commence de s'y diriger par un patient cheminement. Si l'idéal demeure fixé comme objectif, même lointain, la morale est sauve.

2 – Conséquences d'une vision avenante de la morale

12. – Ainsi entendue, purifiée, ravissante et délectable est la morale ! Fruit de la personnalité, création en partie originale, elle s'apparente à une « œuvre » artistique (cf. supra, n° 10), dont elle présente le cachet et la beauté. Maupassant prétendait que « la morale représente la poésie de la loi ». Elle l'est aussi des affaires. Dès lors, elle ne devrait plus effaroucher. Car, même si les choses évoluent actuellement, il y a une pudeur mal placée dans les entreprises à son propos. Elle est rarement un sujet de discussion ; elle ne mobilise pas assez les énergies. Il serait sans doute souhaitable de créer, dans les grosses entreprises, un responsable de l'*éthique,* chargé d'examiner le respect des valeurs morales, dans et par l'entreprise, et d'élaborer une *stratégie éthique*. En outre, de même qu'il est procédé à un audit social, pourquoi ne pas envisager un *audit éthique ?* Cela sent l'utopie ? Fort bien ! Mais nous voulons parier que l'utopie présente sera, demain, vérité concrète ! Toutefois, la morale ne se décrète pas : elle est le fruit d'un dialogue intime, d'une éducation de la conscience, d'une tension vers un idéal. L'entreprise doit elle-même, en tant que personne juridique, se fixer un objectif éthique, et ses dirigeants s'efforcer de vivre les valeurs qu'ils proclament de bouche : nous avons plus besoins de témoins, de phares, de modèles, que de théoriciens en chambre et de faiseurs de discours (comme en ce moment votre serviteur) ; d'actes concrets que de déclarations d'intentions. En vérité, la multiplication des chartes et codes internes donne à craindre le mépris de l'éthique par ses prescripteurs. Voyez ce qu'écrivait ce pauvre Rousseau, à propos des romains : pendant longtemps « ils s'étaient contentés de pratiquer la vertu, tout fut perdu quand ils commencèrent à l'étudier »[28]. D'un autre côté, la morale oblige chacun d'entre nous et celle que nous professons est d'abord

25. Cf. J. MOUSSÉ, *Fondements d'une éthique professionnelle,* Ed. d'organis., 1989.

26. Cf. S. PINCKAERS, *Ce qu'on ne peut jamais faire. La question des actes intrinsèquement mauvais. Histoire et discussion,* Cerf, 1986.

27. Cf. A. YOU, *op. cit.* – Déjà la *Didachè* (VI, 2), ouvrage anonyme du Ier siècle, le plus ancien écrit chrétien non biblique, indiquait : si tu n'es pas parfait, « du moins ce que tu peux, fais-le ».

28. Dans son *Discours sur les sciences et les arts.*

pour notre usage personnel. C'est ce que signifiait Alain, d'une manière peut-être caricaturale, en disant que « la morale n'est jamais pour le voisin » ; en ce sens, la vraie question morale est « que dois-je faire ? » et non pas « que doivent faire les autres ? »[29]. Aussi devons-nous, particuliers comme entreprises, adopter un comportement moral dans l'absolu, sans attendre d'autrui semblable attitude. Le mot fameux du commandant français à la bataille de Fontenoy (le 11 mai 1745, il y aura demain exactement 250 ans) « Messieurs les anglais, tirez les premiers ! » est une exquise règle de courtoisie, poussée au paroxysme, mais point de la morale.

13. – Ajoutons enfin que la personne humaine n'est pas figée *ne varietur* dès la fin de l'adolescence : elle est appelée à croître, grandir, se développer, et avec elle sa conscience. Il est évidemment regrettable que nous commencions à savoir vivre quand la vie s'échappe de nous : mais mieux vaut tard que jamais ! Montaigne écrivait ceci, *cum grano salis,* « cent écoliers ont pris la vérole avant que d'être arrivés à leur leçon d'Aristote sur la tempérance » qui leur eût permis d'éviter d'attraper ce mal. L'entreprise elle-même peut connaître cette croissance morale. Si les entreprises n'ont pas d'âme, elles ont une personnalité, qui dépasse leur personnalité juridique. Voyez ce que l'on appelle leur *image de marque,* leur réputation, c'est-à-dire la capitalisation cumulée de leur publicité, de la fiabilité de leur produit (ou de leur service) et de la qualité de leur réseau de distribution : elle dépend en partie de leur moralité, évolutive au fil des temps. Comme l'individu doit patiemment se construire pour libérer le meilleur de lui-même, l'entreprise doit s'édifier, à force de persévérance, une personnalité forte, car fondée sur de la roche, l'éthique. Une affaire édifiée sur des bases solides, respectueuses de la morale, résiste au temps et aux bourrasques, alors que « le marchand de poussière est ruiné par le moindre coup de vent » (selon l'image d'un conte oriental), comme le marchand d'illusions, celui de produits frelatés ou de services bâclés.

II – LES ATOURS DE LA MORALE DES AFFAIRES

14. – En étudiant les *contours* de la morale des affaires, nous avons montré la raison d'être d'une éthique, même dans le monde économique, puis elle fut recentrée sur sa véritable nature, à mille lieues du moralisme et du rigorisme. Mais sa consistance n'a pas pour autant été dévoilée : tel est l'objet des développements consacrés aux *atours* de la morale des affaires. Toutefois, il s'agira surtout de jeter ici des jalons, par une vision d'ensemble bien que superficielle, d'autres conférenciers, plus savants que nous, ayant eu la mission de présenter par le menu les diverses facettes de cette morale des affaires. Pour l'instant, dans une sorte de hors d'œuvre aux chefs d'œuvre des intervenants ultérieurs, il semble opportun de dissocier les objectifs des moyens de la morale des affaires.

29. Comp. avec cette maxime de LA ROCHEFOUCAULD : « Il est plus aisé d'être sage pour les autres, que de l'être pour soi-même ».

A – LES OBJECTIFS

1 – Le respect de la dignité de l'homme

15. – Le respect de la dignité de l'homme est le premier principe moral ; cette maxime n'est pas récente : elle date de Socrate. C'est *l'alpha et l'omega de toute morale et de toute la morale ;* elle se trouve au fondement des droits de l'homme. « L'agir humain est moral quand le choix libre est conforme au bien de l'homme »[30]. Autrement dit, dès qu'un précepte ne respecte pas cette règle d'or, il est immoral. Le critère est aussi catégorique que simple dans sa formulation. Mais, évidemment, son application dans la vie est moins aisée. Le respect de la dignité de l'homme doit être l'axe central de toute entreprise et, par conséquent, être le pivot de l'ensemble de la vie des affaires. Sa visée est universelle, tous azimuts, envers tous les partenaires de l'entreprise. « C'est l'homme qui est l'auteur, le centre et le but de toute activité économique »[31], descendons quelques instants dans des considérations plus concrètes, en balayant le champ des hommes en rapport avec l'entreprise.

16. – En amont, nous trouvons *les fournisseurs et sous-traitants,* auxquels il convient de ne pas imposer des conditions draconiennes, par un abus de puissance économique ; de même une centrale d'achat se comporte de façon immorale lorsqu'elle procède à un déréférencement brutal des produits d'un fabricant. En aval, il y a *les clients,* cause, au sens juridique, de l'entreprise. Une conduite éthique veut qu'ils soient respectés à tous égards, regardés comme des partenaires et non comme des proies. Leur information doit donc être complète, pour que leur consentement puisse être éclairé ; leur sécurité assurée ; le produit fiable ou le service de qualité ; le prix juste, etc. – Au reste, la satisfaction du client est une des clefs de la réussite à long terme. Respecter la clientèle c'est aussi, dans la publicité, certes faire appel plus à son imagination qu'à son intelligence, mais certainement pas à l'érotisme, comme c'est de plus en plus souvent le cas. Ainsi, cet objectif de respect du client est antinomique avec la recherche du plus grand profit possible, qui est une forme du matérialisme. Lorsque le profit devient le but suprême, il est un mal[32]. Telle est la raison pour laquelle le libéralisme absolu est immoral, car il signifie le triomphe de l'argent et l'écrasement du faible.

17. – En troisième lieu, à l'intérieur de l'entreprise, l'éthique commande le respect des *salariés.* Cela veut d'abord dire que le travailleur ne doit pas être « traité comme un instrument de production, alors que lui – lui seul –, et quel que soit le travail qu'il accomplit, devrait être traité comme son sujet efficient, son véritable artisan et son créateur »[33]. L'entreprise est une *communauté,* au sein de laquelle le salarié doit s'épanouir, développer ses capacités : il possède généralement un formidable potentiel en sommeil, qu'il convient d'éveiller, de faire venir à la

30. Jean-Paul II, *Splendor veritatis,* Cerf, 1993, n° 71.

31. Vatican II, *Gaudium et spes,* n° 63.

32. Comp. : R. GUÉNON, *Le règne de la quantité et les signes du temps,* NRF, 1973. – J.-M. TRIGEAUD, « Conscience politique et fascination du rendement », in *Eléments d'une philosophie politique,* Bordeaux, Brière, 1993, p. 230 et s.

33. Jean-Paul II, *Laborem exercens,* 7.

lumière[34]. Quel qu'il soit, il est un créateur, qui transforme et parachève le monde[35]. La vie ne se réduit pas au travail, qui permet de la gagner, mais le comprend comme une valeur importante, valorisante, le chômage ne le montre que trop *a contrario.* Les tâches doivent être enrichies, l'ergonomie développée, une information interne sérieuse diffusée (la communication est une clé d'une entreprise de qualité), la participation organisée, l'autorité exercée de façon respectueuse de l'autre, conviviale, une autonomie d'initiative respectée (par application du principe de *subsidiarité,* avec son corollaire, le droit à l'erreur), le salaire doit être convenable et correspondre à la pénibilité et à la responsabilité du travail, la formation permanente assurée[36]. L'entreprise modèle dispense des connaissances, du savoir-faire et même de la culture, oui de la culture pure.

18. – « Les hommes sont comme les plantes, qui ne croissent jamais heureusement, si elles ne sont pas bien cultivées » (Montesquieu). Par un apparent paradoxe, l'internationalisation des entreprises, que les analystes prétendent inévitable, est facilitée lorsque les salariés sont profondément enracinés dans leur culture nationale[37]. Ces investissements immatériels perfectionnent les hommes et, en même temps, sont créateurs de richesse[38]. La connaissance est *mère de l'action et de l'innovation.* Mais la culture ici visée n'est pas la culture de l'entreprise, c'est-à-dire l'image de marque interne, qui est parfois saine, comprise de façon modérée comme un ciment des salariés, heureux du prestige de leur société, mais qui dégénère parfois en *culte* de l'entreprise. Respecter l'homme, c'est encore, pour une entreprise savoir embaucher des handicapés à des postes adaptés à leur état. Parmi bien d'autres aspects, nous relèverons enfin que le respect de l'homme dans l'entreprise suppose une politique de licenciement en dernière extrémité et en douceur, assortie d'une aide à la reconversion et, le cas échéant, à la création d'entreprises par les anciens salariés.

2 – La recherche du bien commun

19. – La morale ne prône pas le dédain de soi-même mais, cependant, pousse à *l'altruisme* : penser aux autres, s'en soucier, chercher leur bien, que ce soit les partenaires hors de l'entreprise ou à l'intérieur de l'entreprise. D'où la défense de purs intérêts catégoriels, par des syndicats de salariés ou des associations patronales, peut éventuellement sombrer dans l'immoralisme. L'altruisme est le signe des sociétés fortes, et ce n'est pas un hasard si notre monde, qui passe par une phase de

34. Cf. R. BOSQUET, *Fondements de la performance humaine dans l'entreprise,* éd. d'Organisation, 1989.

35. Cf. Ph. LE TOURNEAU, « La vision chrétienne de l'entreprise », in *Exigences chrétiennes et droit de l'entreprise,* Tequi, 1987, p. 61.

36. Le droit tient lui-même la main à ce précepte. Ainsi, alors qu'un licenciement économique peut être justifié par une mutation technique (C. trav., art. L. 321-1), la Cour de cassation a récemment estimé (en se fondant sur la bonne foi dans l'exécution des contrats) qu'il ne pouvait en aller de la sorte que si l'employeur avait, au préalable, assuré, par une formation complémentaire, l'adaptation des salariés à l'évolution de leur emploi (Cass, soc., 6 avr. 1994, Gaz. Pal. 1995, 1, p. 218, note J. Berenguer).

37. V. : A. ETCHEGOYEN, *Le capital-lettres,* F. Bourin, 1990, p. 127.

38. M. GARRIGOU, *La culture, richesse de l'entreprise,* Aubier, 1990.

décomposition (dont nous voulons croire qu'elle n'est que passagère), est miné par l'individualisme : chacun pour soi. L'éthique des affaires vise précisément « à conjurer les excès de l'individualisme... et tend à définir un compromis entre la morale du sacrifice et l'amoralisme individuel »[39]. Au fond, l'altruisme se sublime dans la recherche du *bien commun,* qui transcende les intérêts des uns et des autres, et refuse la division dialectique de la société humaine. Il est la « raison d'être morale d'une société humaine »[40]. Nous ne résistons pas au plaisir de citer ici un merveilleux passage de saint Jean Chrysostome (dit saint Jean « Bouche d'or », Père oriental du IVe siècle) : « ne comprenez-vous pas que si l'abeille l'emporte en dignité sur les autres, ce n'est pas parce qu'elle travaille, mais parce qu'elle travaille pour les autres ? L'araignée aussi travaille, et prend beaucoup de peine à tapisser les murs de ses toiles..., cependant on la méprise, parce que son œuvre ne nous est en rien profitable. Tels sont ceux qui peinent et se fatiguent pour eux-mêmes ». On croirait entendre (n'est-il pas vrai ?) une fable du bon Jean de la Fontaine (dont nous célébrons cette année le tricentenaire de sa mort) ! Veillons, chers auditeurs, à ne pas être des araignées ! La morale des affaires ne prône pas l'abdication de ses intérêts : elle « affirme l'adéquation des aspirations individuelles et de la réussite collective, l'harmonie des intérêts particuliers et de la compétitivité »[41]. Aussi, elle ne néglige pas le profit : l'entreprise a le devoir de dégager des profits (juste rémunération du capital) qui, de plus, sont des révélateurs de l'efficacité de l'entreprise. Mais ils ne sont qu'un simple moyen : ils ne sauraient être le but. De même, du reste de l'efficacité, qui est une qualité, mais suppose une finalités[42].

20. – Alors qu'elle est la finalité de l'entreprise ? C'est *le service.* Le service envers les salariés, comme celui des salariés envers l'entreprise. D'eux tous envers la clientèle et, plus largement, envers la collectivité, par la richesse créée, les biens offerts sur le marché, les services assurés, les emplois proposés, les recettes fiscales procurées. Le service assuré par l'entreprise peut aussi être regardé comme une forme de *solidarité* entre les hommes. Le service est la principale justification du libéralisme ou son contrepoids, mais il implique un certain contrôle de sa réalité par l'État, *régulateur* temporel de l'écheveau des intérêts divergents des divers intervenants de la vie économique. L'exaltation du marché ne peut pas tenir lieu d'éthique, ni l'écologie, même si elle découle du respect des autres et du sens du bien commun. Comme à propos de la morale, peut-être faut-il attirer l'attention sur la beauté et l'aspect positif du verbe servir. Un propos de Tagore illustre parfaitement cela : « Je dormais, et je rêvais que la vie n'était que joie. Je me réveillai, et je constatais que la vie n'était que service. Je servis, et je compris que le service n'était que joie »[43].

---

39. B. OPPETIT, *Op. cit., in fine.*

40. J.-L. BRUGUÈS, *op. cit., Vis Bien commun.* – V. aussi le *Catéchisme de l'Eglise catholique, op. cit.,* n° 1905 et s.

41. G. LIPOVETSKY, *Le crépuscule du devoir,* NRF 1992, p. 259.

42. Cf. J. LE MOUEL, *Critique de l'efficacité,* Seuil, 1991.

43. Comp. « Veux-tu un secret pour être heureux ? Donne-toi et sers les autres, sans attendre qu'on t'en remercie » (Mgr. J. ESCRIVÀ, *Forge,* éd. Le Laurier, 1988, n° 368).

B – LES MOYENS

21. – Comment l'entreprise, c'est-à-dire, plus concrètement, les personnes qui la représente ou agissent pour elle, peut-elle parvenir au but que l'éthique lui assigne ? Naguère, dans une chronique faussement ingénue, nous avions posé la question suivante : « Les professionnels ont-ils du cœur ? »[44]. Nous y avions répondu par l'affirmative, en montrant que le professionnel, c'est-à-dire surtout l'entreprise, est tenu de pratiquer certaines vertus, transposées, *mutatis mutandis*, de celles que les personnes physiques cultivent[45]. Nous ne dirons qu'un mot de la plupart d'icelles (1°). En revanche, nous insisterons davantage sur l'une d'entre elles : la loyauté (2°). Mais rassurez-vous, il n'est pas demandé aux hommes d'affaires d'être spécialement[46] des saints, ni même des sages, bien que cela ne leur soit pas interdit et que nous en ayons connu plusieurs. Du reste, la morale ne condamne ni l'ambition, ni l'émulation, ni l'action, ni l'efficacité, ni le goût du gain : ce sont là des *conditions* de la vie économique et sociale, dans la mesure toutefois où ils ne sont envisagées que comme des moyens, et point comme des fins, ainsi que nous l'avons déjà vu (cf. *supra*, n° 19). Jamais il n'est possible d'échapper à la question de la finalité et du sens.

1 – De quelques vertus en général

22. – Nous allons énumérer quelques vertus ordinaires, au fond fort banales, mais pourtant consubstantielles au libéralisme économique la contre-épreuve s'en trouvant dans bien des pays en voie de développement, dont les difficultés proviennent en partie de leur déficit moral[47], bien que la langue de bois interdise d'en faire état. Contrairement à la vulgate véhiculée par les médias, les problèmes du tiers monde sont partiellement des problèmes internes[48].

La vertu cardinale, autour de laquelle s'articule les autres, est ici *l'esprit d'entreprise,* liée à la liberté et à la responsabilité, conduisant le professionnel à prendre des risques raisonnables, à faire preuve de dynamisme, de courage, de persévérance et de compétence[49]. La sagesse, placée comme un idéal, ne se confond pas avec la pusillanimité : au contraire, elle passe par la flamme vive, le vent de l'audace (et naît même parfois de l'excès !).

23. – Le monde des affaires ne méprise pas *l'honneur,* comme en témoigne l'engagement d'honneur et certaines lettres de patronage[50]. Souvent, dans le monde

---

44. D. 1990, chron., p. 21.

45. Sur les vertus, V. : A. COMPTE-SPONVILLE, *Petit traité des grandes vertus,* PUF, 1995.

46. Mais, pour un chrétien, tout homme est appelé à la sainteté, quel que soit son état.

47. Cf. Ph. LE TOURNEAU, « La philosophie sociale de Jean-Paul II », *in Jean-Paul II et l'éthique politique,* éd. Universitaires, 1992, p. 69 et s., spécial. p. 92 et s.

48. Cf. le pamphlet d'Y. LACOSTE, *Contre les anti-tiers mondistes et contre certains tiers-mondistes,* La découverte, 1985.

49. V. : Ph. LE TOURNEAU, « La rencontre du management et du discours chrétien sur l'entreprise », *in Histoire, gestion et management,* Toulouse 1, 1993, p. 101 et s.

50. V. l'ouvrage fondamental de B. BEIGNIER, *L'honneur et le droit,* préf. J. Foyer, LGDJ, 1995, spécial. p. 533 et s.

économique, la parole donnée engage, voire un simple geste (à la bourse). *L'exactitude,* politesse des rois, est aussi celle des affaires, où le retard met en jeu la responsabilité civile de celui qui est inexact. La *patience* y tient sa place : les usages veulent que, dans les relations d'affaires habituelles, une partie ne s'émeuve pas outre mesure d'une défaillance provisoire et exceptionnelle de son client. Mais cette qualité ne saurait se retourner contre celui qui l'exerce : qui, devant des manquements contractuels, a fait montre d'une patience magnanime, d'une attitude conciliante, n'accepte pas pour autant ces manquements[51]. Songez maintenant à la *discrétion.* Même en l'absence d'une clause particulière de confidentialité (assez fréquente dans les contrats d'affaires), la révélation nécessitée par les rapports contractuels, d'un savoir-faire ou d'une information pouvant, soit procurer un avantage concurrentiel à son bénéficiaire, soit nuire à la réputation du partenaire, oblige le sachant à la discrétion.

24. – L'éthique des affaires met en relief *l'honnêteté,* envers la collectivité (ne pas commettre de fraude fiscale, s'efforcer d'appliquer toutes les lois, dans leur lettre et dans leur esprit ; la conscience a mémoire de la loi, médiation nécessaire pour l'existence collective, et base de tout État de droit) ; envers les salariés (respecter leurs droits dans la plus grande ampleur) ; enfin, envers les concurrents : par exemple, ne pas accepter la *corruption.* Celle-ci n'est pas une fatalité. Des patrons de plusieurs branches professionnelles l'ont démontré en s'engageant à ne jamais proposer ni accepter de pots de vin[52], et en mettant en place, dans leurs entreprises, des procédures limitant les possibilités de corruption. La *simplicité* n'est pas à négliger. Dans notre civilisation technicienne, où la complexité de tout est poussée au paroxysme, le bon professionnel doit tendre vers la simplicité, par une mobilisation de son intelligence et de son imagination. La simplicité demande en effet plus d'efforts que l'emberlificotement, et la complexité n'est souvent que le fruit de la paresse. Puissent les juristes contemporains entendre aussi notre consigne ! L'obscurité n'est pas signe de profondeur, mais généralement d'un labeur insuffisant et d'un mépris du lecteur ou de l'auditeur. « Il y a une sainteté de l'esprit, c'est la clarté » (André Suarès).

25. – Enfin, la *délicatesse* impose parfois au professionnel de s'abstenir d'un acte ou d'une opération qui eussent été intéressantes pour lui. C'est sans doute la raison principale de l'interdiction de principe faite au mandataire de se porter *contrepartiste.* Le Code civil fulmine l'interdiction pour le mandat de vendre un bien aux enchères (art. 1596). Cet article a été interprété très largement par la jurisprudence, qui l'a étendu au courtage immobilier comme aux ventes amiables ou par personnes interposées, et même lorsque le mandat est nul[53]. Dans notre monde bureaucratique, le respect de ces valeurs morales parait, à certains esprits forts, totalement incongru. Ainsi, la question s'est posée, au plus haut niveau, tenez-vous bien, de savoir si *la délicatesse n'était pas anticoncurrentielle !* La Cour de Paris a

51. CA Paris, 3 mars 1987, D. 1987, inf. rap., p. 76.

52. Cf. Le Point, 30 mai 1992, relatant une féconde initiative du CFPC, Centre français des patrons et dirigeants chrétiens. – V. aussi A. ETCHEGOYEN, *Le corrupteur et le corrompu,* Julliard, 1994.

53. Ph. LE TOURNEAU, Rép. civ., V° *Mandat,* n° 192.

heureusement répondu par la négative dans un arrêt du 30 mai 1991 : tout n'est pas perdu ! « Le respect du principe de délicatesse dans les devoirs d'une profession en ce qu'il ajoute à la droiture et à la probité l'exigence d'une loyauté, d'un scrupule ou d'un soin particulier à ne pas enfreindre les règles déontologiques n'est pas sur le plan général une notion anticoncurrentielle »[54].

2 – D'une vertu en particulier : la loyauté

26. – De l'exigence légale de *bonne foi,* se traduisant par la *confiance* de rigueur entre les parties, la jurisprudence déduisit un *devoir de loyauté dans l'exécution du contrat*[55]. Il s'impose aux deux parties, qui doivent coopérer franchement entre elles. La loyauté contractuelle comporte un nombre assez considérable de conséquences ou de corollaires, que nous avons dégagés ailleurs[56]. Présentement, l'attention ne sera attirée que sur quelques-uns d'entre eux, tant envers le cocontractant qu'à l'égard des autres intervenants de la vie économique. Encore faut-il relever que le salarié lui-même doit être loyal envers son entreprise, en cherchant le bien de celle-ci, notamment par ce que l'on nomme sa *conscience professionnelle,* en en présentant une image positive, en ne révélant pas son savoir-faire, etc.

27. – En premier lieu, le devoir de loyauté envers son *partenaire.* L'exécution normale d'un contrat, par un professionnel, comporte une *transparence* à double détente : quant au déroulement et quant au dénouement. Pendant l'exécution de sa mission, le professionnel doit rester en rapport avec son client : il lui faut l'aviser, *proprio motu,* non pas du « suivi » ordinaire, mais des difficultés ou particularités imprévues[57]. Lorsque l'achèvement de la tâche survient, la transparence doit régner *a fortiori :* le professionnel est tenu d'aviser son cocontractant[58].

28. – L'homme de métier se doit encore d'exécuter le contrat *fidèlement :* la règle affleure dans le Code civil pour le mandataire, mais elle semble générale. Elle oblige, pendant l'exécution du contrat, le mandataire, dont la procuration est claire, à accomplir les actes prévus par celle-ci, dans leur totalité et dans leurs modalités. Négativement, le mandataire doit s'en tenir aux bornes délimitées par le mandant (art. 1989, C. civ.). La fidélité est renforcée, dans certains métiers, par une *clause d'exclusivité,* par laquelle le professionnel s'engage à ne pas contracter, dans le domaine d'activité en cause, avec une autre personne. Elle est une façon de moraliser le marché, par exemple dans les contrats de distribution, en empêchant

54. Contrats, concur., consom., 1991, n° 184, obs. L. Vogel et, sur pourvoi, rejeté, Cass. com., 9 mars 1993, Contrats, concur., consom., 1993. n° 72, obs. L. Vogel.

55. Cf. Y. PICOD, *Le devoir de loyauté dans l'exécution du contrat,* préf. G. Couturier, LGDJ, 1989. – Ph. LE TOURNEAU, Répertoire civil, Vis Bonne foi.

56. Cf. *La responsabilité civile professionnelle,* Economica, 1995. *Les obligations professionnelles,* Mélanges Louis Boyer, P.U. Toulouse 1, 1996, p. 365 s.

57. Ex., pour des mandataires, Cass. com., 13 déc. 1982, Bull. civ. IV, n° 413. – 23 nov. 1993, Bull. civ. IV, n° 417.

58. Ex. : CA Paris, 5 juin 1994, D. 1994, p. 255, note B. M., pour un transporteur.

l'intrusion de « passagers clandestins » qui, sans bourse délier, viendraient s'approprier le fruit des investissements immatériels des producteurs[59].

29. – Le devoir de fidélité est complété par celui de respecter, et même de *privilégier, les intérêts de son cocontractant.* Entre les diverses solutions possibles, le professionnel doit proposer (ou adapter, selon la marge de manœuvre qui lui est laissée), celle qui est la plus favorable aux intérêts de son partenaire, la plus appropriée à sa situation. « Le client attend du professionnel qu'il consulte... qu'il mette en œuvre, après avoir obtenu son accord, la technique la plus pertinente dans son cas... entre toutes les techniques disponibles à un moment donné »[60]. Mais il n'est pas obligé de suggérer ou d'utiliser les techniques ou matières les plus perfectionnées et les plus récentes. Une directive de la CEE, du 5 avril 1993, a mis l'accent sur la prise en compte des intérêts du partenaire : « L'exigence de bonne foi peut être satisfaite par le professionnel, en traitant de façon morale et équitable avec l'autre partie dont il doit prendre en compte les intérêts légitimes »[61].

30. – Respecter les intérêts de son partenaire conduit encore, positivement, à *faciliter l'exécution du contrat,* en fournissant à l'autre partie les pièces, instructions ou objets nécessaires (cf. loi du 25 juin 1991, art. 4, al. 3 : « Le mandant doit mettre l'agent commercial en mesure d'exécuter le mandat »). Et, négativement, à interdire au professionnel de rendre plus difficile ou impossible l'accomplissement de la prestation de son partenaire[62], par exemple en l'empêchant de pratiquer en fait des prix concurrentiels[63].

31. – Le devoir de loyauté se prolonge hors des rapports contractuels. D'abord envers les *concurrents* et, même au-delà, envers tous *les intervenants* du marché. La preuve en découle *a contrario* des théories de la concurrence déloyale et des agissements parasitaires, rameaux détachés de la responsabilité civile, dont l'objectif est essentiellement *préventif.* La première rappelle que la concurrence, au plan micro-économique, doit être *loyale* entre les divers concurrents ou, cela revient presque au même, que la concurrence doit être *fraternelle.* C'est-à-dire que chaque commerçant, chaque entreprise, s'abstiendra de certains actes, de certaines pratiques, peut-être profitables, mais contraires à la loyauté. Cet habillage juridique recouvre un concept moral. En effet, la concurrence déloyale sauvegarde la *personnalité économique* des entreprises, en condamnant le commerçant qui inflige à ses confrères une concurrence contraire à la *morale des affaires* et cause ainsi un *trouble commercial.* Cela est admis, dans des modalités très comparables, par l'ensemble des pays industrialisés[64] : s'il est une *lex mercatoria,* c'est bien dans ce domaine ! Le critère juridique de la concurrence déloyale est la déloyauté, et non

59. Cf. Ph. LE TOURNEAU, *La concession commerciale exclusive,* Economica, 1994, p. 17. – Sur la fidélité dans les contrats, V. la profonde analyse philosophique de J.-M. TRIGEAUD, « Justice et fidélité dans les contrats » in *Essais de philosophie du droit,* 1987, p. 167.

60. CA Paris, 4° A, 20 nov. 1989, *Lebret et SARL Double hélice c. Participe présent,* inédit.

61. Directive n° 93-13, D. 1993, L, p. 360.

62. CA Versailles, 17 oct. 1989, D. 1990, inf. rap., p. 318.

63. Cass. com., 3 nov. 1992, Bull. civ. IV, n° 388.

64. Et même, tout récemment, de la Chine. Cf. : BAKER et MCKENZIE, *Mise en œuvre de règles d'éthique en matière commerciale en République Populaire de Chine,* Gaz. Pal. 22 mars 1995.

point le détournement de clientèle. Celui-ci peut en être une conséquence, mais n'est pas nécessaire et, de toute façon, n'est pas un critère juridique mais une notion économique. Ce qui importe, c'est de s'attaquer aux moyens et non aux buts.

32. – Il est apparu assez récemment que ce devoir de loyauté devait dépasser le cercle des stricts rapports concurrentiels, ou se prolonger au-delà des activités lucratives rivales. La jurisprudence recourut, dans ce dessein, à la notion complémentaire *d'agissements parasitaires.* Elle permet de condamner quiconque usurpe sensiblement une *valeur économique* d'autrui, même non concurrent, réduisant ainsi notablement ses investissements matériels et intellectuels, gagnant du temps, évitant de prendre des risques. L'agissements parasitaire est le fait, par un agent économique, de profiter sans droit de l'activité d'autrui, tel le geai se parant des plumes du paon. La prohibition de ce comportement montre que la fraternité entre concurrents se prolonge par une *confraternité* entre tous les *intervenants* de la vie économique, dès lors qu'ils agissent dans un *but intéressé*[65]. Le respect de la loyauté dans le commerce complète les règles légales veillant à maintenir la liberté de la concurrence, véritable « référendum permanent » (A. Courtaigne), qui engendre la créativité et justifie partiellement le libéralisme économique.

CONCLUSION : L'ENTREPRISE AU RISQUE DE LA MORALE

33. – Une *vague éthique* secoue actuellement le *management,* en quête de plus d'efficacité. Elle présente des dangers, notamment de détournement de la morale dans une fin d'exploitation des salariés et d'une sorte de totalitarisme. Souvent, elle se limite à des discours voilant de sombres turpitudes ou est trop obnubilée par l'image de l'entreprise qu'elle entend promouvoir. Toutefois, cette mode est loin d'être entièrement négative. Si, au nom de l'efficacité, dans une vue utilitariste, les théoriciens du management prônent le respect de certaines valeurs morales qui, pour eux, sont des valeurs marchandes, c'est assurément un progrès[66] (bien que la morale ne saurait être utilitariste). Au demeurant, parmi les innombrables articles et ouvrages de ce nouveau management, nombreux sont les auteurs qui prônent une authentique *vision éthique,* inquiets qu'ils sont des dérives du monde des affaires depuis une vingtaine d'années, et conscients qu'ils sont que cette voie est sans issue. Sans doute, cette morale n'est pas la plus élevée qu'il soit possible d'imaginer : elle est en quelque sorte impure. Mais sachons être positifs : abandonnons l'esprit chagrin qui, trop souvent, caractérise les intellectuels et, au fond, est une manière de conformisme[67].

34. – Une véritable *révolution culturelle* s'est opérée en France depuis les années 1980 : la reconnaissance et la légitimité de l'entreprise, seule créatrice

65. Sur la question, V. : Ph. LE TOURNEAU, *Le parasitisme dans tous ses états,* D. 1993, chron., p. 310. – *Parasitisme,* Juris-cl. Concurrence consommation, fasc. 227, 1995.

66. Cf. Ph. LE TOURNEAU, *La rencontre du management et du discours chrétien sur l'entreprise, op. cit.*

67. Ainsi le très brillant et très profond ouvrage d'A. ETCHEGOYEN, *La valse des éthiques,* F. Bourin, 1991, nous semble parfois trop pessimiste.

authentique de la richesse des nations. Elle s accompagne maintenant de la découverte que l'entreprise n'est pas seulement une structure économique, qu'elle est aussi, et peut-être surtout, une *communauté humaine, au service des hommes.* « L'entreprise post-moderne se veut porteuse de sens et de valeur »[68]. Dans cette direction, l'éthique des affaires présente l'immense mérite d'attirer l'attention du monde économique sur quelques valeurs essentielles, notamment *l'éminente dignité de l'homme,* de chaque homme en particulier, perle précieuse et unique, puisque chaque être est distinct des antres[69] ; tout individu est un mystère et un défi. Elle a la qualité dc pratiquer une sorte *d'autorégulation du marché,* en étouffant *ab ovo* ses dérives les plus graves. Comme toute morale, elle est *critique* par essence : elle propose de substituer à la loi de la jungle des règles du jeu équilibrées et respectueuses de tous. Elle transmue l'idéal en réalité, et incarne ainsi l'éternité dans le temps (pour paraphraser la définition que Platon donnait de la politique).

35. – Certes, l'évolution n'est pas achevée : mais l'inachèvement n'est-il pas le propre de la cité terrestre ? En tout cas, comme il a été excellemment écrit, l'éthique des affaires « est une avancée significative vers une morale qui dira son nom »[70]. Or, dans notre monde désenchanté, la morale, une morale humble, légère, au parfum de rose et d'asphodèle, aux ailes d'or, est la seule façon de lui procurer un sursaut et comme un nouvel enchantement. L'entreprise au risque de la morale est un gain. Saint-Exupéry écrivait « Créer le navire, c'est donner aux hommes le goût de la mer ». Qui sait si, à force de parler d'éthique, même dans une vue utilitariste, les commerçants ne finiront pas par épouser une authentique morale, voire par devenir des sages... – Ah ! que voilà une vision angélique, pour ne pas dire séraphique ! Dans cette escalade échevelée vers les hauteurs, nous achèverons par quelques vers étincelants de Victor Hugo, qui sont un vibrant appel :

« Qu'on sente le baiser de l'être illimité ;
Et paix, vertu, bonheur, espérance, bonté,
O fruits divins, tombez des branches éternelles ».

68. G. LIPOVETSKY, *op. cit.,* p. 255.

69. Pour comprendre la vraie nature de la personne, si dénaturée dans la vision dominante, il faut lire les admirables travaux du professeur J.-M. TRIGEAUD, entre autres : *Humanisme de la liberté et philosophie de la justice,* t. 1, Brière, 1985 ; *Philosophie juridique européenne,* Brière, 1990 ; *Métaphysique et éthique au fondement du droit,* Brière, 1995.

70. P. DIENER, *op. cit.,* n° 11.

INTERROGATIONS SUR LA DÉONTOLOGIE

par B. BEIGNIER
Professeur à l'Université des Sciences Sociales de Toulouse

La déontologie est un thème à la mode, un « sujet porteur ». Ethique, morale et déontologie font l'unanimité. Il est « politiquement correct » d'en dire du bien et de se joindre au chœur de ses approbateurs. Qu'il soit permis de troubler l'orchestration.

L'exigence de déontologie soutient-on se fonde sur les limites du droit. Est-ce inévitable ? Elle apporte de réconfortantes solutions. Est-ce certain ?

I – DÉSERT DU DROIT

Le droit est en butte de nos jours à des critiques plus habituels dans d'autres pays que le nôtre où il a toujours été, non seulement respecté, mais aimé. Il est assez facile de faire la recension de ces griefs.

A – PLURIMAE LEGES, PESSIMA RESPUBLICA

Masse de lois, triste État. L'adage tiré de TACITE est aujourd'hui d'une rare actualité. Ne sombrons pas, toutefois, dans la facilité consistant à revêtir les temps passés de charmes qu'ils n'avaient pas. Mieux vaut vivre aujourd'hui avec un Code du Travail devenu éléphantesque que sous le régime du Code civil qui ne consacrait que quelques articles au « louage d'ouvrage ». La « juridicisation » de la société est une marque de civilisation. Ce qui est inacceptable ce n'est pas l'importance du nombre des lois, mais leur désordre et leur incohérence. L'absence, surtout, de toute « politique » générale.

Cette masse de textes est désormais alimentée, pour notre pays, par deux sources car au législateur national s'est adjoint le prolifique « eurocrate ». L'Europe fut de tous temps une idée de clercs.

Passe encore que l'on soit incapable de dominer cette invasion, du moins le mal serait-il limité s'il était permis de connaître cette littérature juridique. Il est bien certain que l'adage « nemo censetur ignorare legem » est une fiction en ce qui regarde le sujet de droit mais les choses deviennent singulièrement inquiétantes quand les juristes eux-mêmes éprouvent des difficultés à « connaître la loi ».

Dans le discours préliminaire du Code civil, PORTALIS rappelait que « le grand art est de tout simplifier en prévoyant tout », on se demande si le législateur contemporain n'aboutit pas à tout compliquer en n'obtenant rien. La réglementation méticuleuse conduit à la déréglementation. Cette grande revendication des années 1980 du « droit sans l'État » n'est pas vraiment une nouveauté. Est-ce une fatalité ?

B – NON OMNE QUOD LICET HONESTUM EST

Tout ce qui est permis n'est pas convenable. Autre accusation adressé au droit : il autorise des choses et des actes que la morale réprouve. Mais on s'aperçoit que la déontologie contemporaine ne dénonce jamais les vices du droit. Moins, d'ailleurs, les tares de la loi, qui demeurent l'exception, que l'usage pervers de la loi. C'est encore PORTALIS qui faisait cette observation, à propos des lois : « elles sont souvent l'unique morale du peuple ». « C'est permis » donc « c'est bien ».

Faut-il être surpris de telles réactions quand on veut fonder la seule justice sur l'« État de droit » et que tout repose aujourd'hui sur la revendication de « droits » énoncés par quantité de déclarations, de conventions et autres traités ? On ne peut réduire les valeurs d'une civilisation à une liste de « droits » et en même temps se plaindre de l'apparition d'une « société contentieuse ». Qui dit droits dit sujet de droit, donc individu donc considération d'intérêts personnels et au bout du compte, contentieux. Les droits fondamentaux sont-ils antinomiques aux devoirs du citoyen ?

C – QUID LEGES SINE MORIBUS ?

Que vaut les lois sans les mœurs ? La société romaine, juriste s'il en fut, n'était pas régie que par le droit. Tous les cinq ans (un « lustre ») le censeur distribuait les « notes d'infamie » à l'égard de ceux qui sans enfreindre nécessairement le droit s'étaient comportés d'une manière inconvenante. C'est de la sorte que fut sanctionné, bien avant le principe du consensualisme contractuel, le manquement à la parole donnée.

Le droit se doublait d'une discipline morale non pour le renforcer mais pour l'assouplir. La discipline, dans son esprit même, n'a pas la même dureté que la sanction pénale.

Cette discipline est d'autant plus nécessaire que l'on se trouve en présence de professions libérales, c'est-à-dire « libres ». Le règlement du barreau de Paris dispose que « l'avocat n'a qu'un maître, sa conscience, mais particulièrement exigeant ». Il a donc bien un lien entre liberté et discipline ordinale. Mais ne sont pas rares les professions qui font refusent l'institution d'une discipline ordinale, à commencer par les journalistes. La conscience professionnelle s'oppose-t-elle à la liberté ?

D – SUMMUM JUS, SUMMA INJURIA

Le sommet du droit est le sommet de l'injustice. Encore faut-il s'entendre sur ce qu'est le droit : fin ou moyen ? Les Romains le définissaient comme « ars justi et boni » (art du juste et du bien), les post-glossateurs insistaient sur ce point « quod justum est » (ce qui est juste).

Un étudiant en droit, découvrant la première année, suivra d'une oreille distraite le premier cours où le professeur lui expliquera que parmi toutes les règles de conduite en société, s'il est bien venu à la faculté pour étudier celles découlant du droit il n'y a pas que celles-là. Citant un article resté célèbre de PERREAU le professeur parlera de « courtoisie, complaisance et usages non obligatoires devant le jurisprudence ». Ledit étudiant estimera la plupart du temps que débuter des études de droit par une leçon de morale est, sinon un pas vers l'ennui du moins la marque de ce qu'on lui avait bien dit que les « profs de droit sont réacs ». Au surplus quelle idée de citer un article de 1914, puisque telle est la date de l'article de PERREAU. Bref la première séance sera passée par pertes et profits, d'autant plus que le professeur de droit qui ne craint jamais de dire une chose et d'en faire une autre, fera vite comprendre à ses étudiants que le droit est une « science » très proche des « mathématiques » par le raisonnement du « syllogisme juridique » induit par la « hiérarchie des normes ». La preuve en est qu'à la fin de l'année l'examen sera un cas pratique où l'on fera du droit grâce à un raisonnement « carré ». Donc pour le professeur aussi c'est un morceau de bravoure auquel la tradition oblige à sacrifier, et comme l'on sait les traditions il vaut mieux les suivre que chercher à les comprendre parce que si on en cherche on ne les saisit plus et donc on ne les respecte plus. C. Q. F. D.

Notre étudiant sera brillamment reçu à l'examen d'entrée au C. F. P. A. Il a eu comme sujet de grand oral « y a-t-il un droit au bonheur ? » Comme il a compris depuis bien longtemps qu'à condition de faire un plan en deux parties « bien équilibré » (vulgo dictu « bien balancé ») on peut faire, quasiment tout « avaler » à un jury, il a claironné « l'annonce du plan » à la fin de l'introduction : I / Le droit dans le bonheur II / Le bonheur dans le droit. La seconde partie lui a ainsi permis de brûler une cassolette d'un encens de forte odeur devant le professeur en laissant entendre, ce qui est mieux que dire, qu'il a connu le nirvana intellectuel en écoutant ses cours (sauf peut-être celui sur la purge des hypothèques). Notre étudiant est tout simplement devenu ce à quoi conduisent aujourd'hui les études de droit contemporaines : produire des esprits secs et astucieux.

Un jeune juriste vit aujourd'hui dans le culte de la loi. Le droit c'est la loi. Loi excellente puisque dès la première année on lui a appris qu'elle n'est plus viciée par l'absolutisme jacobiniste du principe majoritaire qui peut transformer une législature en dictature car le Conseil constitutionnel, grand augure national, censeur implacable, philosophe d'État, vient, si nécessaire, la lustrer dans les grandes eaux claires des grands principes. La loi est bonne, d'ailleurs c'est la loi.

Mais un jeune juriste connaît-il la loi ?

Le plus fréquemment un étudiant en droit ne se sert quasiment jamais de son code. Il est de règle qu'à la fin de son cursus, un étudiant n'a pas lu plus du quart des articles du code civil. L'expérience démontre qu'aucun ne connaît le plan de ce code.

Un jeune juriste apprend-il à respecter le droit par la loi ?

La pédagogie dans les facultés consiste à privilégier la pathologie juridique. Le commentaire d'arrêt ou le cas pratique ne présente qu'une vue du rôle du droit. Or, le contentieux démontre le plus mauvais côté du droit. Dans une faculté de droit, on apprend plus souvent à contester un contrat qu'à les rédiger et quand cela se produit personne ne vient dire que ce contrat n'aura la vie dure que parce qu'il est équilibré, équilibré parce que juste.

On a tord de dire qu'au delà du droit, il y a la justice ; par-dessus la loi, l'équité. Il est dans la nature du droit de conduire à la justice, c'est la finalité de la loi d'être équitable. Le droit injuste, la loi inique ne sont ni du droit ni une loi TERTULLIEN l'a dit en termes forts.

Les juristes sont-ils formés pour stabiliser la société ou pour y jeter la perturbation ? Sont-ils comme le fulminait LUTHER de « mauvais chrétiens » ? Mais sait-on ce qu'est un juriste à la fin du XXe siècle ? Juristes ou légistes ?

Si on voulait bien exploiter autrement les riches plaines du droit peut-être n'irions nous vers un oasis d'illusions.

II – MIRAGE DE LA DÉONTOLOGIE

Le mirage de déontologie c'est de faire de la contrebande de valeurs et de dresser des théâtres d'apparence.

A – LA FACE CACHÉE DE LA DÉONTOLOGIE

Esprit original, mêlé de scepticisme et d'idéalisme, Jeremy BENTHAM est celui auquel l'on est redevable et du terme et du concept.

L'essentiel de sa pensée, sur ce point, se trouve exposé dans un ouvrage posthume intitulé *Déontologie ou science de la morale.* Que peut-on y lire ? « Il est dans la nature de l'homme de penser avant tout à ses intérêts et c'est par là que tout moraliste éclairé jugera qu'il est de son intérêt de commencer ; il aurait beau dire et beau faire, à l'intérêt le devoir cédera le pas. L'objet que nous nous proposons dans cet ouvrage, c'est de faire ressortir les rapports qui unissent l'intérêt au devoir dans toutes les choses de la vie. »

Car, poursuit l'auteur « en saine morale, le devoir d'un homme ne saurait jamais consister à faire ce qu'il est de son intérêt de ne pas faire » ainsi « la tâche d'un moraliste éclairé est de démontrer qu'un acte immoral est un faux calcul de l'intérêt personnel et que l'homme vicieux fait une estimation erronée des plaisirs et des peines. »

BENTHAM justifie ensuite son néologisme puisqu'il est l'inventeur du terme de « déontologie ». « Le mot déontologie est dérivé de deux mots grecs, « deon » (ce qui est convenable) et « logos » (connaissance), c'est-à-dire la connaissance de ce qui est juste et convenable ». Par conséquent « la tâche du déontologiste est de retirer de l'obscurité où on a enfoui les points de devoirs sur lesquels la nature a associé les intérêts des individus à ses jouissances, dans lesquels son propre bien-être a été lié, combien, identifié avec le bien-être d'autrui ; sa tâche, en un mot est de donner au moteur social toute l'influence du moteur personnel. »

Mais nous savons, au chant du psalmiste que « la miséricorde l'emporte sur la justice ». Dans le célèbre hymne à l'amour, saint PAUL, a magnifié la Charité qui l'emporte sur les deux autres vertus théologales, la foi et l'espérance (même si PEGUY estimait que c'était la petite fille espérance qui avait le plus de mérite).

La morale a vocation non pas à conduire à la justice mais à pousser plus au loin. Est-on bien certain que la déontologie soit de la morale ? Peut-on lier morale et utilité ? Qu'est-ce qu'une morale sans altruisme ?

B – L'APPARENCE DES CODES DE DÉONTOLOGIE

La notion de « code de déontologie » est connue en France depuis l'ordonnance du 24 septembre 1945 qui conférait au Conseil d'État le soin d'approuver, par un règlement d'administration publique, le Code de déontologie des médecins qui fut celui du 27 juin 1947.

La première considération est de se demander ce que valent les « codes de déontologie » des professions ordinales. Il ne fait aucun doute qu'il s'agit d'actes réglementaires ordinaires. En revanche, les modes d'élaboration de ces codes sont assez variés. Ainsi, pour les professions de santé, ils sont élaborés par les ordres qui les proposent au Gouvernement, lequel leur donne ensuite la valeur d'un décret pris en Conseil d'État. Ce sont donc des actes réglementaires classiques, ce qui permet leur interprétation par les tribunaux de l'ordre judiciaire et dont la légalité peut être contesté devant le Conseil d'État.

En revanche, les architectes ne disposent que d'un pouvoir d'avis, c'est le gouvernement qui prend seul le soin d'établir le code de déontologie.

Il se déduit de ces observations que les codes de déontologie trouvent leur source dans la morale et leur sanction dans le droit : c'est là que gît le problème. Sans doute on sait depuis longtemps que la morale peut inspirée une règle de droit. Mais ici les choses sont différentes, la morale ne prétend pas seulement inspirée le droit mais s'inclure dans l'ordre juridique. On peut dire que leur essence est morale mais que leur nature est juridique. La règle morale sanctionnée par le droit demeure, avant tout une règle morale ; elle est certes une règle morale rendue obligatoire, mais la sanction juridique en modifie la nature sans en altérer l'essence.

BENTHAM estimait que la déontologie était un moyen de cantonner le droit « Il est désirable sans doute d'élargir le champ de la morale et de rétrécir celui de l'action politique. La législation n'a que trop empiété sur un territoire qui ne lui appartient pas. » Mais est-ce limiter le droit que d'instaurer des « codes » de déontologie ou juridiciser la morale ? La loi est de la compétence de l'État, mais la morale ? Y a-t-il une morale d'État ?

Le Doyen G. RIPERT, dans une fameuse page d'un livre écrit d'une plume acerbe, *Le déclin du droit,* ironisa : « On s'aperçoit, en lisant les textes, qu'on a mélangé les obligations juridiques et les devoirs moraux. Le législateur impose par voie d'autorité la conduite du médecin, du dentiste, de l'architecte, du comptable envers ses confrères et ses clients. Le médecin doit agir avec conscience, être complaisant envers sa clientèle et doux avec ses malades, ne pas donner de soins inutiles et dans un but de lucre. Il doit établir sa note d'honoraires « avec tact et mesure » et ne pas se refuser aux explications qui lui seraient demandées. Il peut donner ses soins gratuitement « quand sa conscience le lui commande ». S'il a un dissentiment avec un de ses confrères, il doit tenter de se réconcilier avec lui et il lui est recommandé de prendre la défense d'un confrère injustement attaqué ! Les dentistes reçoivent des recommandations semblables et, par une allusion de mauvais goût à leur lointains prédécesseurs, il leur est ordonné de ne pas se conduire en charlatans ! Pour les médecins, il est question de « manifestations spectaculaires ». Ces codes de déontologie ont un style d'évangile. L'État se fait professeur de morale. »

S'il y a bien une chose qui est fausse dans RIPERT c'est de dire que ces codes évoquent l'Évangile. Car la Parole de Dieu, « plus tranchante qu'un glaive à deux tranchants », est exigeante qui rend triste le jeune homme riche qui ne veut sacrifier son patrimoine pour les pauvres, demande de donner son vie pour ceux que l'on aime et invite à tout pardonner.

Les Codes de déontologie contemporains font plutôt dans la délicatesse. L'article 9 du décret du 6 septembre 1995 portant code de déontologie médicale dispose que « tout médecin qui se trouve en présence d'un malade ou d'un blessé en péril ou, informé qu'un malade ou un blessé est en péril, doit lui porter assistance ou s'assurer qu'il reçoit les soins nécessaires. » Ce n'est pas vraiment la parabole du Bon Samaritain.

Plus encore, l'esprit de mesure n'est parfois que celui de la naïveté. Quelques exemples. article 2 du Code de déontologie des médecins : « Le médecin, au service de l'individu et de la santé publique, exerce sa mission dans le respect de la vie humaine de la personne et de sa dignité. » Aurait-il fallu tant de siècles pour savoir cela ? A toutes fins utiles, nous sommes rassurés en apprenant qu'il en est de même pour les chirurgiens-dentistes (art. 2 du décret du 15 juin 1994) et des pharmaciens (art. R. 5015-2 du C. sant. pub. issu décret du 15 mars 1995).

Naïveté confondante parfois. Ainsi l'architecte doit s'abstenir du plagiat (art. 24 du code de déontologie), les médecins doivent respecter le secret professionnel (art. 4) et les chirurgiens-dentistes s'abstenir de se calomnier entre eux (art. 54). Mais tout ceci la loi le prohibe le plus expressément qui soit ! Mieux encore, le décret du 18 mars 1986 relatif au Code de déontologie de la police nationale n'est pas fait pour nous rassurer puisqu'il a jugé opportun d'indiquer, dans son article 2, que « la police nationale s'acquitte de ses missions dans le respect de la Déclaration des droits de l'homme et du citoyen, de la Constitution, des conventions internationales et des lois. » Qu'en était-il avant !

Les codes privés ne sont pas guère mieux. Le Code de bonne conduite déontologique des journalistes de TF1 (art. 8) prévoit que « le respect de la vie privée doit conduire à éviter de harceler les proches d'une personne sous les feux de l'actualité ». A quoi sert donc l'article 9 du Code civil ? De nombreux autres chartes journalistes laissent à penser parfois que les journaux découvrent la loi du 29 juillet 1881 sur la diffamation et l'injure.

Faut-il de solennelles déclarations pour proclamer des évidences ? Ne faut-il pas craindre les Grecs, surtout quand ils apportent des cadeaux ?

II
Autour de la morale contractuelle

MORALE ET CONTRATS INTERNATIONAUX

par M. BÉHAR-TOUCHAIS
Agrégée des facultés de droit
Professeur à l'Université de Paris V – René Descartes

1. – Après les brillantes communications de la matinée, on a le sentiment que la règle morale est omniprésente dans les rapports de droit interne. Il est à craindre cependant que le droit international privé n'incite pas à tant d'optimisme, même si ici comme ailleurs on assiste à une tentative de percée de la morale dans le droit des contrats internationaux. C'est qu'en réalité, dans le commerce international il va falloir **concilier la règle morale avec les très puissants intérêts économiques** qui sont en jeu.

2. – Quoi qu'il en soit, s'agissant de rechercher le fondement moral des règles de droit international privé, on se trouve tout de suite confronté à deux mouvements antinomiques.

D'un côté, il existe quelques **principes de morale universelle,** un fonds de quelques principes communs, ou tout au moins partagés par un grand nombre de nations. En feraient partie par exemple, la prohibition de la corruption dans les contrats internationaux, ou encore le respect de la bonne foi contractuelle.

Mais d'un autre côté, dans certains domaines, il existe à l'inverse **des conceptions morales divergentes,** comme par exemple, en matière de commerce d'articles indécents. Ce commerce est en effet prohibé par certaines lois, alors que d'autres le valident, ou simplement le tolèrent sous certaines conditions.

Or, en principe cette diversité devrait être indifférente pour l'application des règles de droit international privé. En effet, bien que dans la théorie générale des conflits de lois, il existe des règles de conflit fonctionnelles qui poursuivent un objectif de protection, il reste qu'**en principe, la règle de conflit** est une règle neutre, qui, **dans sa fonction répartitrice, n'a pas de fondement moral.** C'est donc à la loi interne désignée par la règle de conflit de condamner le cas échéant le contrat immoral.

3. – Face à ce balancement entre principes moraux communs et principes moraux non partagés, **on s'attendrait *a priori* à ce que le droit fondé sur des principes moraux communs, y gagne en vigueur, en effectivité, en légitimité, et ce, à l'inverse du droit fondé sur une morale sur laquelle n'existe pas de consensus.**

Or, paradoxalement, c'est le constat inverse que l'on peut faire en droit international et communautaire. Tout simplement parce qu'**il est plus facile de se**

protéger contre l'absence de morale de l'autre, que de respecter ensemble une morale à laquelle on adhère mais qui va à l'encontre de ses intérêts économiques.

On va donc constater que c'est dans les domaines où l'on parvient à dégager des principes moraux communs, que la règle de droit peut en sortir curieusement affaiblie (I), alors que c'est dans les domaines où les conceptions morales sont divergentes que le droit retrouve toute sa vigueur (II).

I – L'AFFAIBLISSEMENT DU DROIT FONDÉ SUR LA MORALE UNIVERSELLE

4. – En matière de contrats internationaux, la morale universelle peut affaiblir de deux façons la règle de droit qu'elle fonde, deux façons qui ne méritent pas du tout le même regard critique.

D'une part, la morale universelle peut servir **d'alibi à l'ineffectivité du droit,** en ce sens que, comme l'a écrit le Professeur Bruno OPPETIT, *« la conscience universelle se satisfait parfaitement d'une réprobation dépourvue d'effets »*[1]. Dans ce cas le droit est affaibli parce qu'il est ineffectif (A).

Mais d'autre part, en sens inverse, ces principes moraux communs peuvent être **à l'origine de la création d'une soft law, d'un « droit mou »,** dans le but de moraliser la conclusion et l'exécution d'un contrat. Dans ce cas, ce n'est pas l'effectivité mais seulement la juridicité de la norme qui est affaiblie (B).

A – L'AFFAIBLISSEMENT DE L'EFFECTIVITÉ DU DROIT

5. – Il est ainsi des domaines où il existe une réprobation morale universelle et où pourtant on aboutit à l'ineffectivité de la règle de droit. On peut prendre deux exemples particulièrement significatifs.

6. – Le premier exemple est celui de la corruption dans les contrats internationaux, pour laquelle le Professeur Bruno Oppetit a parlé le premier de paradoxe[2]. **En effet, la corruption est pratiquement condamnée par tous, et pourtant elle n'est pratiquement sanctionnée par personne.**

Le paradoxe vient donc de ce que les différents pays reconnaissent de manière générale le caractère illicite de la corruption qui fausse la concurrence internationale.

1. B. OPPETIT, *Le paradoxe de la corruption à l'épreuve du commerce international,* Clunet, 1987, p. 5 et s.

2. Art. préc.

Condamnée par les organisations internationales, par les institutions d'arbitrage, telle la CCI[3], la corruption l'est aussi par les législateurs occidentaux, comme les législateurs français, ou américain, ou encore par des législateurs des pays du Moyen-Orient, tels le législateur égyptien qui réprime pénalement la corruption[4]. Il est même des pays qui la répriment sur le plan religieux. Tel est le cas dans certains pays musulmans, où le juge est compétent pour sanctionner la corruption en dehors de tout texte légal, parce qu'il tire ses pouvoirs du Coran, lequel contient les règles générales du Taazir, le taazir étant une correction infligée à raison de fautes pour lesquelles la loi n'a pas édicté de peines écrites[5].

Et pourtant, paradoxe des paradoxes. C'est au Moyen-Orient qu'est né le mot « backchich ». Paradoxe encore, en ce que ce sont les États eux-mêmes dont les législations prohibent la corruption, qui se font parfois corrupteurs[6], en ce qu'ils acceptent de payer des commissions exorbitantes pour obtenir tel marché d'armes ou tel approvisionnement pétrolier, en particulier quand l'économie internationale est en crise[7].

En conséquence **la règle de droit restera délibérément ineffective et finalement elle n'emportera qu'une condamnation morale de la pratique.**

Ainsi, l'article 113.6 du nouveau[8] code pénal[9] français permet *a priori* de sanctionner la corruption dont s'est rendu coupable un français sur un marché international. Toutefois, comme il pose une condition de réciprocité, il suffit que l'acte commis à l'étranger n'y soit pas sanctionné **pénalement,** pour que cet acte échappe également au droit pénal français.

C'est encore le droit fiscal français qui conforte cette ineffectivité puisqu'il permet dans certains cas la déductibilité du pot-de-vin comme des autres charges pesant sur l'entreprise[10], banalisant singulièrement l'acte de corruption.

Et quand certains droits font un effort pour rendre leur droit plus effectif, d'autres viennent anéantir cet effort. Par exemple, une loi algérienne de 1978 (depuis lors modifiée) interdisait tout simplement aux entreprises étrangères de verser des honoraires à un intermédiaire qui négocie des marchés publics. De cette manière, le droit algérien tentait de remédier aux difficultés redoutables de preuve

3. Projet d'accord sur les paiements illicites en 1979 ONU ; Règles sur l'exaction et la corruption dans les relations commerciales 1977 CCI ; les commissions illicites CCI 1990.

4. Art. 103 et 111 du code pénal égyptien.

5. Cf. C. Vincent, *Corruption et contrats internationaux,* Mémoire pour le DEA de Droit international et européen de la faculté de droit de Rouen, juin 1994, p. 7.

6. Cf. mémoire C. Vincent préc. p. 8.

7. La corruption dans les approvisionnements pétroliers a ainsi augmenté, lors du choc pétrolier des années 1970.

8. Le nouveau texte n'a d'ailleurs rien changé : cf. B. Oppetit, art. préc. *Le paradoxe de la corruption...* Clunet, 1987, p. 5 et s. spécialement p. 11.

9. Ce texte dispose : « *La loi pénale française est applicable à tout crime commis par un français hors du territoire de la République.*

Elle est applicable ***aux délits commis par des français hors du territoire de la République si les faits sont punis par la législation du pays où ils ont été commis...*** »

10. Le Gall, *Le régime fiscal des pots de vin versés par les entreprises françaises pour l'obtention de marchés à l'exportation,* J.C.P. 1984, éd. E. 14342 ; Institut du Droit et des pratiques des affaires internationales de la CCI ; contrats d'intermédiaires et commissions illicites (Paris 29 et 30 mars 1990), Rev. Arb. 1990 p. 735.

des pots-de-vin et des trafics d'influence. Or, dans une espèce, la société française OTV avait chargé la société Hilmarton, d'une mission de coordination de son projet auprès de l'administration algérienne, et le tribunal arbitral saisi, après avoir écarté faute de preuve suffisante l'existence des pots-de-vin, avait néanmoins décidé que le contrat litigieux était contraire à la loi algérienne de 1978 dont le but partagé par la plupart des législations était de lutter contre le trafic d'influence, et que partant, ce contrat contraire à l'ordre public transnational était contraire aux bonnes mœurs au regard de la lex contractus suisse. Or, cette sentence a été annulée par la Cour de Justice de Genève et le recours contre cet arrêt a été rejeté par le tribunal fédéral suisse, par arrêt du 17 avril 1990[11]. En effet, pour le tribunal, il aurait fallu que la norme violée soit d'une telle portée qu'en acceptant sa violation, on ait pu même en Suisse, *« créer une confusion de notions morales préjudiciables au bien public »*. La législation algérienne ne remplissait pas cette condition dès lors que n'étaient pas prouvés les pots de vin ou le trafic d'influence. Mais précisément, cette législation algérienne prohibitive, aurait pu ou dû permettre de pallier les difficultés redoutables de preuve de ces trafics illégitimes.

7. – Mais avant de jeter la première pierre, il faut comprendre pourquoi ce principe universel d'immoralité de la corruption n'est pas suivi en droit des effets que l'on pourrait attendre. C'est que **sans la corruption, point de salut sur le marché international.** Les États-Unis qui en 1977 avaient édicté une loi anticorruption très ferme, ont constaté que cette loi faisait perdre un milliard de dollars par an aux entreprises américaines sur les marchés internationaux. Ils ont donc assoupli la législation pour ouvrir discrètement une brèche, permettant sans le dire un retour de la corruption. C'est la même explication qui justifie la jurisprudence Suisse précitée. Il ne faut pas oublier en effet que les pots de vin les plus importants, et peut-être les plus illégitimes, ont une tendance naturelle à se retrouver sur des comptes en Suisse...

Et finalement, dans ce contexte, les enjeux économiques sont tels que la réprobation morale devient un alibi. **Dès lors qu'on a condamné moralement la pratique, la morale est sauve, on a la conscience tranquille et on redevient libre d'agir.**

Et même l'opinion publique qui est de plus en plus choquée s'agissant de la corruption interne, l'est beaucoup moins dès lors qu'il s'agit de verser un pot de vin pour obtenir un marché international.

8. – Mais on peut prendre un deuxième exemple de cette ineffectivité du droit **avec le commerce des armes de guerre avec des pays qui méconnaissent le droit de la guerre.**

Là aussi la réprobation morale est quasiment universelle, ou à tout le moins partagée par un grand nombre, à tel point d'ailleurs que le droit international public

11. Rev. Arb. 1993 p. 315 et s. ; et cf. V. HEUZE, « La morale, l'arbitre et le juge », *Rev. Arb.* 1993 p. 179 et s. ; Voir déjà Tr. Féd. Suisse 27 novembre 1973 cité par B. OPPETIT, Clunet, 1987, p. 13 qui décide que ***« le transfert d'une somme d'argent destinée à des fins de corruption par une société à une autre avec l'ordre de la tenir à disposition d'un tiers ne rend le mandat ni illicite ni contraire aux mœurs »***.

humanitaire en a tiré des conséquences, notamment dans diverses résolutions des Nations Unies[12].

Mais les tribunaux judiciaires ne suivent pas et refusent de faire de ce droit humanitaire international, un ordre public réellement international, qui permettrait d'annuler de tels contrats d'armements[13]. Par exemple la Cour d'appel de Versailles le 22 mars 1990[14] a même refusé de connaître d'un contrat par lequel la société Dassault avait vendu des avions et du matériel militaire à l'Irak, pays en guerre et qui avait commis des actes contraires au droit de la guerre en utilisant des armes chimiques contre les Kurdes. Qualifiant à tort cc contrat de droit privé, d'acte de gouvernement, la Cour d'appel de Versailles a considéré qu'il échappait **sous l'angle moral qui est en cause** à la compétence de l'autorité judiciaire.

Et la morale redevient un alibi, certes un alibi d'un autre ordre. Il consiste à dire que c'est parce que c'est immoral, que cela ne ressortirait pas du juridique. Mais il faudrait être bien naïf pour penser que c'est vraiment la distinction du droit et de la morale, et non les puissants intérêts économiques en jeu qui ont déterminé la Cour d'appel de Versailles.

Ce qui est grave dans les exemples retenus, de corruption et de ventes d'armes, c'est que l'alibi moral rend le droit ineffectif.

Y aurait-il pour autant une fatalité de l'immoralité des échanges internationaux ? Les opérateurs du commerce international sont de plus en plus nombreux à penser qu'il n'en est rien, mais que bien évidemment, la réaction ne peut venir que du droit transnational. Dans ce cas, le respect de la morale universelle entraînerait certes un affaiblissement de la juridicité de la norme, mais à des fins de plus grande effectivité.

B – L'AFFAIBLISSEMENT DE LA JURIDICITÉ DE LA NORME

9. – L'espoir de moralisation du commerce international serait donc entre les mains des arbitres, créateurs de cette soft law qu'on appelle lex mercatoria. Il ne saurait être question ici de reprendre tout le débat de la nature juridique de la lex mercatoria[15] et des principes généraux dégagés par les arbitres. Il faut simplement insister sur le fait que cette lex mercatoria se veut plus effective que le droit étatique parce que plus adaptée au commerce international.

Malgré tout, il faut être conscient que la mission de l'arbitre va être de difficulté très inégale selon qu'il est confronté à un contrat immoral, qu'il entend interdire, ou selon qu'il a seulement à moraliser la conclusion ou l'exécution d'un contrat dont la cause n'est ni immorale, ni illicite.

12. Cf. note B. Oppetit, Clunet, 1991, p. 710.

13. Que certains vont jusqu'à qualifier d'actes de complicité de crimes de guerre par fournitures de moyens.

14. Clunet, 1991, p. 691 et s. Note, B. Oppetit.

15. Cf. O. Filali, *Les principes généraux de la lex mercatoria ; contribution à l'étude d'un ordre juridique anational,* LGDJ 1992 et les réfs citées ; Adde : E. Gaillard, *Trente ans de lex mercatoria, Pour une application sélective de la méthode des principes généraux du droit,* Clunet, 1995, p. 5 et s.

10. – En premier lieu, s'agissant **des contrats immoraux** mais très profitables, certains auteurs considèrent que l'arbitre serait le seul vrai rempart contre la corruption ou le trafic d'influence dans le commerce international[16], puisqu'il pourrait sanctionner une pratique immorale des opérateurs du commerce, au nom des principes supérieurs, au nom d'un ordre public transnational[17].

C'est ce qui a été fait par exemple, dans une sentence CCI n° 3916 de 1982[18], concernant un litige relatif aux commissions dues par une société grecque à un iranien pour lui avoir obtenu des contrats avec l'État d'Iran. Dans cette affaire, l'arbitre va relever que **la corruption de fonctionnaires est une méthode généralement acceptée dans les relations d'affaires internationales, mais il va malgré tout la condamner en vertu d'un principe généralement reconnu par les nations civilisées.**

Cependant, l'arbitre demeure malgré tout un rempart bien insuffisant, pour deux raisons essentielles.

La première, c'est qu'il ne peut intervenir qu'en cas d'inexécution de la convention de corruption[19], qu'il soit saisi par le corrompu qui réclame sa commission, ou par le corrupteur qui considère que l'intermédiaire n'a pas rempli sa mission. En d'autres termes, si le marché a bien été obtenu grâce à l'intermédiaire et si ce dernier a bien été payé, l'arbitre, qui ne peut-être saisi que par les parties à la clause compromissoire, ne connaîtra jamais du contrat de corruption.

La seconde raison tient à la fragilité de la condamnation prononcée par l'arbitre, en ce que sa sentence est susceptible d'être annulée par les tribunaux étatiques, comme l'a montré l'affaire Hilmarton[20].

Donc, s'il faut encourager cette lutte des arbitres contre la corruption dans le contrat international, il ne faut pas pour autant croire que la soft law viendra ici suppléer totalement l'ineffectivité du droit étatique.

11. – Il en va tout à fait différemment en second lieu, quand il s'agit cette fois de moraliser un contrat international qui ne heurte pas dans son existence même la règle morale. Et là, l'essor du droit mou est réel. **Les arbitres ont effectivement moralisé le contrat international en appliquant le principe de bonne foi**[21], par préférence souvent à la règle pacta sunt servanda.

Ils ont appliqué le principe de bonne foi avec toutes ses déclinaisons. Ainsi, par exemple, **interdisant à un contractant de se contredire au détriment de son cocontractant,** le principe de bonne foi exclut qu'un contractant dont le directeur

16. KOSHERI et BOULANGER, « L'arbitrage face à la corruption et aux trafics d'influence », *Rev. Arb.*, 1984, p. 3 et s.

17. Les arbitres se réfèrent souvent à la notion très controversée d'ordre public transnational, qu'ils peuvent viser dans la mesure où ils n'ont pas de for. Mais certains ont bien montré que cela servait finalement tout simplement à permettre à l'arbitre d'opposer aux parties ses propres valeurs morales : P. MAYER, *La règle morale dans l'arbitrage international,* in Études BELLET, Litec 1991, p. 379 et s. n° 22.

18. Clunet, 1984, p. 930 obs. Sigvard Jarvin.

19. Sur l'importance de la définition de la mission de l'arbitre : P. MAYER, *Le contrat illicite,* Rev. Arb. 1984 p. 205 ; *La règle morale dans l'arbitrage international,* Études Pierre Bellet, Litec, 1991, p. 379 spéc. n° 33 et s.

20. Cf. *supra.*

21. P. MAYER, *Le principe de bonne foi devant les arbitres du commerce international,* Études Lalive, 1993, p. 543.

général a écrit à l'autre contractant en acceptant dans cette lettre de se soumettre à une clause compromissoire, ne vienne ensuite invoquer l'incompétence de ce directeur général, ignorée du cocontractant[22] ; il exclut encore qu'une entreprise publiquequi a dissimulé dans un premier temps l'existence de règles de droit interne lui interdisant de compromettre, les invoque ultérieurement si tel est son intérêt, pour dénier la validité d'un engagement qu'elle a souscrit en parfaite connaissance de cause[23]. Le principe de bonne foi implique encore que le contractant qui a la connaissance technique **informe** son cocontractant[24], que la victime de l'inexécution d'un contrat **minimise son propre dommage**[25], que le débiteur d'une obligation de confidentialité **coopère** en permettant à son cocontractant de vérifier s'il a respecté son obligation[26]. Le même principe oblige enfin certains créanciers à **renégocier de bonne foi** un rééchelonnement de la dette, sans pour autant les obliger à aboutir à un accord[27].

12. – Cet essor de la règle morale à travers le « droit mou » de la lex mercatoria est donc réel. Tout au plus relèvera-t-on que dans certains cas on a peine à **distinguer l'arbitre amiable compositeur, statuant en équité, et l'arbitre statuant en droit appliquant la seule lex mercatoria, et notamment le principe de bonne foi.** Certes, la jurisprudence française, notamment dans le fameux arrêt Valenciana du 22 octobre 1991[28] a admis fermement le principe de la distinction, en décidant que l'arbitre qui n'a pas reçu les pouvoirs d'amiable compositeur peut néanmoins statuer sur le seul fondement de la lex mercatoria tout en respectant sa mission. En d'autres termes, la bonne foi n'est pas l'équité.

Et pourtant. Il semble bien que la frontière entre la bonne foi et l'équité soit à ce point ténue en droit international, que certains avouent qu'il s'agit de notions voisines et que l'utilisation de la bonne foi s'inspire de l'équité[29]. En effet, l'arbitre amiable compositeur qui a reçu les pouvoirs de statuer en équité, n'a pas l'interdiction d'appliquer le droit. Il est affranchi de sa rigidité, c'est-à-dire qu'il a un pouvoir de modérer, d'infléchir la règle de droit qu'il applique.

---

22. Sentence CCI n° 4381 de 1986, Clunet, 1986, p. 1103 note Y. DERAINS.

23. Sentence CCI n° 5103 de 1988, Clunet, 1988, p. 1206 obs. ALVAREZ ; Rappr. sentence CIRDI aff. LETCO c LIBERIA, 31 mars 1986, Clunet, 1988, p. 167 obs. E. GAILLARD.

24. Sentence CIRDI aff. Klöckner, 21 octobre 1983, Clunet, 1984, p. 409 et 137, qui affirme l'obligation de tout révéler à son partenaire ; sentence annulée par le Comité ad hoc, décision du 3 mai 1985, Clunet, 1987, p. 163 obs. E. GAILLARD.

Sentence CIRDI affaire Atlantic Triton, 14 avril 1986, Clunet, 1988, p. 181 obs. E. GAILLARD ; où le tribunal admet l'obligation de renseignement du professionnel, mais où il reconnaît également l'obligation de se renseigner du client étatique.

Sentence CCI n° 5030 en 1992, Clunet, 1993, p. 1004 obs. Y. DERAINS, où l'absence de renseignement est considéré comme un abus de la faiblesse (sur le plan technologique) du client étatique.

25. Sentence CCI n° 5514 de 1990, Clunet, 1992, p. 1022 obs. Y. DERAINS ; sentence CIRDI aff. AMCO ASIA c INDONÉSIE, 31 mai 1990, Clunet, 1991, p. 172, obs. E. GAILLARD.

26. Sentence CCI n° 6673 en 1992, Clunet, 1992, p. 992, obs. D. HASCHER.

27. Sentence CCI n° 6219 de 1990, Clunet, 1990, p. 1047, obs. Y. DERAINS ; Voir aussi sentence CCI Valenciana sur le fond n° 5953 de 1989, Clunet, 1990, p. 1057 obs. Y. DERAINS.

28. Clunet, 1992, p. 177 note B. Goldman ; Rev. Crit. 1992, p. 113 note B. OPPETIT.

29. E. LOQUIN, *L'amiable composition en droit comparé et international. Contribution à l'étude du non-droit dans l'arbitrage commercial,* n° 616, p. 358 ; O. FILALI, thèse précitée p. 45 et s.

Mais, l'arbitre statuant en droit sur le fondement de la bonne foi ne fait souvent pas autre chose, car il raisonne lui aussi souvent très concrètement et tient compte de l'équité[30].

La morale universelle conduit donc ici à l'affaiblissement de la juridicité de la norme, qui se traduit par cette expression certes peu élégante de droit mou. Mais l'affaiblissement de la juridicité de la norme ne signifie pas ici nécessairement son ineffectivité, car les sentences fondées sur la lex mercatoria sont parfois plus effectives qu'une prohibition pénale sans effet. Il reste néanmoins que le droit mou dégagé par les arbitres permet plus facilement une moralisation du contrat international dont l'objet n'est pas immoral, que l'éviction véritable des contrats immoraux, contraires à des principes de morale universelle.

Mais, les tribunaux judiciaires vont, eux, retrouver leur rôle quand il s'agit cette fois de protéger les valeurs morales du for, car dès lors qu'il s'agit de se protéger contre l'absence de morale de l'autre, le droit retrouve toute sa vigueur.

II – LA VIGUEUR DU DROIT FONDÉ SUR UNE MORALE NON PARTAGÉE

13. – Le **protectionnisme moral** en matière de contrat international conduit à tirer parti, tantôt de l'exception de moralité publique du droit communautaire, tantôt de l'application des mécanismes classiques du droit international privé que sont l'exception d'ordre public international et le jeu des lois de police.

A – L'EXCEPTION DE MORALITÉ PUBLIQUE

14. – On trouve, en droit communautaire des affaires, une règle fondée ostensiblement sur la morale, et qui peut avoir une influence sur les contrats internationaux par lesquels un acteur du commerce importe des marchandises. C'est l'article 36 du Traité de Rome qui prévoit que l'exception de moralité publique peut justifier une entrave à la libre circulation des marchandises[31].

Et la moralité publique n'est pas une moralité communautaire, puisque la Cour de Justice des Communautés Européennes admet *« qu'il appartient en principe à chaque État membre de déterminer les exigences de la moralité publique sur son territoire selon sa propre échelle de valeurs, et dans la forme qu'il a choisie »*[32].

30. Cf. J. D. BREDIN, « L'amiable composition et le contrat », *Rev. Arb.* 1984, p. 259 et s. qui relève : *« ce que je voudrais saisir, à travers cette introduction, c'est me semble-t-il, une certaine fragilité de l'apparente barrière entre l'arbitre en droit et l'arbitre amiable compositeur. On peut en vérité se demander si tout arbitre en droit ne tire pas vers l'équité, et si tout amiable compositeur ne tire pas vers le droit : correction du droit par l'équité, de l'équité par le droit, qui serait finalement le but commun de tout arbitrage ».*

31. C'est finalement **la permission d'édicter une loi de police entravant la libre circulation de ces marchandises.**

32. CJCE, 14 déc. 1979, Régina c/Henn et darby aff. 34/79 point 15, Rec 3795.

Il est vrai qu'avec la notion de moralité publique prédéterminée par un État, on est très loin de la morale individuelle, distincte de la règle de droit.

Quoi qu'il en soit, quand on recherche les applications qui sont faites de cette exception de moralité publique, on constate qu'un seul domaine est vraiment finalement concerné, en l'occurrence celui de l'importation de marchandises obscènes et pornographiques.

Et cette exception suppose bien que d'un État à l'autre, la conception de la morale publique soit différente, puisque l'un permettra de fabriquer ce que l'autre interdit d'importer. Cette différence est au demeurant assez remarquable parce qu'elle existe entre pays dont la conception de la société n'est pas fondamentalement différente.

Le protectionnisme moral d'un État justifie en tous cas une exception à l'un des grands principes du traité de Rome, ce qui ne fait que démontrer la vigueur de la règle de droit fondée sur une telle règle morale.

Toutefois, la morale publique imposée ne doit pas servir de prétexte à des discriminations injustifiées. Ainsi, dans l'affaire dite des poupées gonflables, il a été décidé que l'importation de telles poupées ne pouvait être contraire à la moralité publique si au même moment on autorisait la fabrication et la commercialisation des articles du cru[33]. L'exception de moralité publique doit jouer indistinctement pour les mêmes articles, quelle que soit leur provenance[34].

Le droit (en l'occurrence communautaire) se met donc par là même au service de la morale, en permettant l'éviction du marché de marchandises immorales. Mais une telle protection peut venir aussi des seuls mécanismes classiques du droit international privé, par l'intermédiaire de l'exception d'ordre public international et des lois de police.

B – L'EXCEPTION D'ORDRE PUBLIC INTERNATIONAL ET LES LOIS DE POLICE

15. – Les mécanismes traditionnels du droit international privé que sont l'exception d'ordre public international et les lois de police permettent aussi au droit de venir au secours de la règle morale dans les contrats internationaux.

16. – S'agissant tout d'abord de l'exception d'ordre public international opposée à des lois étrangères que la doctrine des statuts qualifiait de lois odieuses, il est certain que toutes les hypothèses où cette exception joue ne sont pas des cas où le droit vient au service de la morale. Mais, puisque l'ordre public international est plus restrictif que l'ordre public interne, puisqu'il traduit les valeurs fondamentales du for, et permet d'évincer les lois étrangères manifestement

33. CJCE, 11 mai 1986, Conegate Ltd aff. 121/85 D. 1986 IR 275 obs. L. Cartou.

34. CJCE, 11 juillet 1990, Quietlynn et Richards aff. C-23/89 Rec. I. 3059 ; 7 mai 1991, Sheptonhurst Limited c Newham Borough Council aff. C-350/89 Rec 2387 ; la CJCE reconnaît qu'une règlementation nationale qui interdit la vente d'articles pornographiques licites par des boutiques non autorisées n'est pas une restriction quantitative ou une mesure d'effet équivalent au sens de l'art. 30 du traité de la CEE.

incompatibles avec ces valeurs[35], il en résulte nécessairement que parmi ces valeurs fondamentales, on va trouver des valeurs morales.

C'est ce qu'on relève sous la plume de certains juges, comme le juge américain Cardozo, qui constate que sont visées par la doctrine of public policy les lois qui *« **viole(nt)** des principes de justice, **des conceptions prévalant en matière de morale,** des traditions profondément enracinées concernant le bien commun »*[36].

L'exception d'immoralité est donc comprise dans l'exception d'ordre public international.

17. – Or, la mise en jeu de cette exception conduit nécessairement à un protectionnisme moral du for, quel que soit le système envisagé. En France, cela conduira à substituer la loi française à la loi étrangère évincée, donc à substituer la conception de la morale admise en France à celle admise à l'étranger. Mais aux États-Unis, le juge en déduira simplement le rejet de l'action fondée sur une loi contraire à l'ordre public international, sans pour autant substituer sa loi à celle qu'il écarte. Mais cela revient au même, pour ce qui nous intéresse. Les conceptions morales par trop opposées à celles du for n'auront pas droit de cité. La morale du for sera sauvegardée.

18. – Malgré tout il faut admettre qu'en droit des contrats internationaux, les applications de l'exception d'ordre public international ne sont pas si fréquentes[37]. Il est arrivé toutefois par exemple à la jurisprudence française de l'appliquer pour évincer des législations validant des opérations de contrebande[38].

Certaines décisions ont aussi admis dans le passé qu'une législation validant des conventions portant sur des armes de guerre, même sans concerner un État violant le droit de la guerre, serait contraire à ordre public international[39]. Mais d'autres décisions plus récentes jugent le contraire[40].

19. – En tout état de cause, c'est plus en invoquant **des lois de police « morale »** que le droit se mettra au service de la morale dans le contrat international.

---

35. Article 16 de la Convention de Rome du 19 juin 1980 sur la loi applicable aux obligations contractuelles.

36. In Arrêt Louks c Standard Oil Co 224 N.Y.99, 101, 120 N.E. 198, 202, (1918) ; cité in thèse C. FERRY, *La validité des contrats en droit international privé,* LGDJ 1989 n° 73.

37. Nous laissons de côté la question de savoir si les contrats internationaux de mère porteuse soumis à des lois qui comme la loi américaine les valident sont contraires à l'ordre public international français. La Cour d'appel de Paris le 15 juin 1990 (D.1990.540 note F. BOULANGER, JDI 1990. 982 note H. GAUDEMET-TALLON, *Rev. crit.* 1991. 711 note LABRUSSE-RIOU) avait considéré qu'un tel contrat n'était pas contraire à l'ordre public international français dans son effet atténué. Mais depuis lors, l'ordre juridique français est devenu plus exigeant, et l'on peut penser que la conception française de l'ordre public sur ce point a également changé.

38. Trib. civ. Seine 4 janvier 1956, Rev. Crit., 1956, 679 note H. B.

39. CA Paris 9 févr. 1966, Rev. Crit., 1966. 264 note Louis Lucas ; mais comp *infra.*

40. Cf. CA Paris 29 janvier 1991, Clunet, 1991, p. 691 note B. OPPETIT ; La cour a décidé que le paiement de commissions à l'intermédiaire qui a négocié un contrat d'armement n'est pas contraire à l'ordre public (interne, puisque la loi applicable était la loi française) puisque les contrats d'armement ne sont pas prohibés en droit français dans la mesure où ils ne s'exercent pas de façon clandestine et sont susceptibles d'être contrôlés par la puissance publique.

Et à cet égard, s'il est évident là encore que toutes les lois de police n'ont pas un fondement moral, il en est au contraire dont le fondement moral est plus marqué.

C'est vrai d'abord des **lois de police du for,** qui en droit du travail ou de la consommation, reposent sur le principe moral de la protection du faible contre le plus fort. A tel point qu'un auteur les a appelées « lois de protection minimale » de la partie faible[41].

C'est vrai aussi quand il s'agit d'appliquer des **lois de police étrangères.** En effet, l'article 7 de la convention de Rome permet au juge d'appliquer les lois de police étrangères, et l'invite à cet égard à tenir compte *« des conséquences qui découleraient de leur application ou de leur non application »*. C'est donc souvent au regard des principes moraux préservés ou au contraire méconnus par ces lois de polices étrangères que le juge tranchera.

On peut prendre comme exemple le cas des lois de boycott ou d'interdiction de commercer. En 1958, la chambre des Lords a ainsi accepté d'appliquer une loi de police indienne interdisant le commerce avec l'Afrique du Sud, en raison de sa politique de discrimination raciale[42]. Considérant bien avant la Convention de Rome qu'elle pouvait appliquer une loi de police étrangère, elle a accepté de le faire parce que cette loi reposait sur des valeurs partagées par l'État du for, mais contraires à celles de l'État d'Afrique du Sud, à cette l'époque.

20. – Finalement, il apparaît vraiment qu'il est plus facile de se protéger contre une conception différente de la morale des lois étrangères, plutôt que de respecter ses propres conceptions morales partagées par le plus grand nombre, dès lors qu'elles heurtent de front les impératifs économiques.

Mais il ne faut pas pour autant être pessimiste. Il ne faut pas oublier que jadis le commerce des esclaves était une branche très prospère et particulièrement immorale du commerce international, et que cela a changé. La morale peut donc gagner même contre les intérêts économiques. Il lui faut simplement un peu plus de temps.

41. V. Heuze, *La réglementation française des contrats internationaux,* Étude critique des méthodes, GLN Joly, 1990.

42. Cf. in B. Bourdelois, *La conclusion du contrat international, Pratique des contrats internationaux,* Dictionnaire Joly, Livre IV n° 67.

MORALE, NÉGOCIATIONS COMMERCIALES, DISTRIBUTION ET FACTURATION

par E. GARDNER de BEVILLE
Directeur du Service Juridique de Coca-Cola France

Sans doute la plus élégante définition du Droit nous vient-elle de Justinien, empereur byzantin, vivant de 482 à 565, auteur d'une importante œuvre juridique, pour qui *Jus est ars boni et aequi* (le Droit est l'Art du Bien et du Juste). Mais, selon la formule du Professeur Pascal Diener (Droit des Affaires – Université des Antilles-Guyane) pour qui « le monde des affaires se nourrit de poupées gigognes », cette définition n'est-elle pas précisément une poupée gigogne ? En effet, qu'est-ce que le Bien ? Qu'est-ce que le Juste ?

Il ne nous est pas possible de répondre à ces questions sans faire référence plus ou moins directement, plus ou moins passionnément, à la morale, poupée gigogne s'il en est, qui a su à travers les siècles se développer, se transformer, se compléter, se tromper même, s'enrichir.

Plus concrètement, la définition de Justinien est affichée sur le mur à l'entrée de mon bureau. J'y tiens beaucoup. Je veux que ça se sache. Ce n'est vraiment pas par prétention – croyez-le bien – mais parce que je pense qu'il est souhaitable, nécessaire, indispensable de « casser le moule » qui consiste à penser et à dire que tel ou tel secteur d'activité – politique, économique ou autre – est « pourri » et que « ça a toujours été ainsi », et « c'est bien connu ». Non, les choses sont ainsi que l'on veut qu'elles soient ou que l'on se contente qu'elles soient.

Si l'on transpose tout ceci dans la dure réalité quotidienne de la négociation commerciale, et plus particulièrement de la négociation dans les rapports entre industriels et commerçants, fabricants et distributeurs, vendeurs et revendeurs, l'on constate que dans un domaine de plus en plus dynamique, complexe, réglementé, parfois incertain ou équivoque, il y a – je le pense – une place pour la morale dans la négociation des prestations commerciales (1) dans leur exécution (2) et enfin dans leur contrôle (3).

I – LA MORALE DANS LA NÉGOCIATION COMMERCIALE

J'en reviens – encore et toujours – à la définition de Justinien. Dans la négociation commerciale entre fournisseur et distributeur il n'y a pas un « bon » et un « mauvais », un « juste » et un « injuste », un « qui-a-raison » et un « qui-a-tort »

Il y a plutôt – et j'ai déjà eu l'occasion de l'écrire[1] – deux professionnels dont les intérêts convergent vers le consommateur. De cette évidence découle tout naturellement le côté pile et le côté face de la morale dans la négociation commerciale : la loyauté (A) et la non-discrimination (B).

A – La négociation commerciale doit être loyale.

Il s'agit pour moi d'une évidence : fournisseur et distributeur ont tout intérêt à se comporter honnêtement et sincèrement l'un envers l'autre dans la négociation commerciale. Il n'est pas question ici de collusion, ni de conspiration, ni d'entente illégale qui relèvent de l'article 7 de l'Ordonnance du 1er décembre 1986. C'est, au contraire, tout simplement le fait de dire ce que l'on veut faire et faire ce que l'on a dit. En d'autres termes, il ne faut pas, et il ne sert à rien à moyen et long terme, de tenter de jouer au jeu des « cachotteries », de laisser planer un doute, une opacité, une confusion sur les négociations. Un tel comportement crée un climat de suspicion entre les partenaires, et vis-à-vis de l'administration (fiscale et DGCCRF), et est vouée à l'échec dans la mesure où les professionnels sont amenés à passer d'un « camp » à l'autre (c'est-à-dire d'un fournisseur à un distributeur), ou d'un fournisseur ou distributeur à un autre dans le même camp.

Mener la négociation avec loyauté, ne relève pas de la théorie, mais de la pratique. J'en ai fait l'expérience moi-même.

B – De plus, la négociation commerciale ne doit pas être injustement discriminatoire. Cette nécessité découle d'abord des textes, mais elle est également et surtout de bon sens.

L'Article 36-1 de l'Ordonnance du 1er décembre 1986 précise que l'auteur de discriminations non justifiées par des contreparties réelles créant un avantage ou un désavantage dans la concurrence, engage sa responsabilité. Sur les 30 000 enquêtes menées par les 4 000 agents de le DGCCRF en France en 1994, un bon nombre concernait les discriminations entre partenaires économiques.

Au-delà de cette réglementation, exiger que la négociation commerciale soit non-discriminatoire c'est faire preuve de bon sens. Mener une négociation loyalement doit aboutir tout naturellement à ne pas discriminer injustement envers son partenaire économique. Ceci est vrai tant pour le fournisseur que pour le distributeur. Le fournisseur ne doit pas proposer des conditions de vente, ni des accords commerciaux discriminatoires : par exemple, le fournisseur ne peut accorder à deux clients qui sont en concurrence l'un avec l'autre, des prix, délais de paiement, conditions de livraison, ou pénalités différents alors qu'il s'agit de la même marchandise. A l'inverse, le distributeur ne saurait imposer un traitement discriminatoire en sa faveur. Ceci serait le cas notamment si le distributeur exigeait de son fournisseur, sans contrepartie réelle, des rabais, remises ou ristournes non prévues aux conditions générales de vente du fournisseur, ou obtenait de lui la rémunération

1. Lettre des Juristes d'Affaires du 20 février 1995.

de services commerciaux (mise en avant de marchandises, publicité, etc.) alors que ceux-ci n'ont pas été réellement effectués.

J'en vient tout naturellement à la morale dans la phase d'exécution des accords commerciaux entre fournisseurs et distributeurs.

II – LA MORALE DANS L'EXÉCUTION DES PRESTATIONS COMMERCIALES

Ici aussi, il y a deux idées phares qui éclairent le débat : celle de la réalité de la prestation (A) et de sa proportionnalité par rapport à la contrepartie (B).

A – En premier lieu, une prestation commerciale ne doit être rémunérée que si elle a réellement été exécutée : Quoi de plus évident ? Imaginez-vous un instant qu'il vous soit possible de remplir votre caddie au supermarché du coin et de partir sans payer ? Ou de faire appel aux services d'un avocat, notaire, huissier, architecte ou autre consultant, et ne pas régler les honoraires ? Pourquoi en irait-il autrement entre fournisseurs et distributeurs ? Il n'y a pas de raison valable, et pourtant...

Parler de morale dans l'exécution des accords qui reflètent la négociation commerciale cela revient, à mon sens, à exiger que la contre-prestation ne soit due qu'en échange de la prestation. C'est l'argent en échange du beurre. Or, cette évidence banale ne reflète pourtant pas toujours la réalité quotidienne. En effet, il n'est pas inhabituel dans le monde de la grande distribution d'aujourd'hui qu'un fournisseur – surtout s'il s'agit d'une PME-PMI – soit « obligé » de remplir son obligation même si le contrat n'est pas rempli ; en d'autres termes, qu'il soit « obligé » de payer la prestation commerciale même si celle-ci n'a pas été rendue.

La morale intervient ici, selon moi, à plusieurs niveaux : tout d'abord, il est amoral pour le fournisseur d'accepter de négocier et de signer des accords commerciaux s'il sait pertinemment que ceux-ci ne seront pas respectés mais qu'il est prêt à payer quand même pour ne pas perdre la relation d'affaires (je ne dis pas qu'il faut refuser de payer le pas-de-porte ou le référencement de marchandises selon les usages commerciaux ; non, simplement il ne faut pas dire vouloir des pommes et acheter des poires) ; par ailleurs, il n'est pas plus moral pour le distributeur d'exiger le paiement prévu au contrat commercial alors que celui-ci n'a pas été réalisé ou n'a été réalisé qu'incomplètement, parfois sous la menace plus ou moins mise en exécution du « déréférencement » des produits du fournisseur (c'est-à-dire de la suspension des achats) ; enfin, il n'est pas non plus moral pour le juriste de vouloir plus ou moins bien camoufler les apparences par un « habillage » habile.

B – En second lieu, la prestation et la contre-prestation (c'est-à-dire la rémunération) doivent être proportionnelles :

Ici aussi il s'agit d'une règle de bon sens qui doit vous sembler évidente – et je vous prie de m'excuser de parler ainsi de banalité. Il ne faut pas payer un million de francs une prestation qui n'en vaut que mille. Je ne parle pas des cas d'exception où cela serait possible, par exemple où la prestation aurait pour moi plus que pour un autre une valeur supérieure à la normale. En règle générale, et notamment dans la négociation commerciale entre industriels et commerçants, il faut que la prestation soit réelle, c'est-à-dire qu'elle doit exister – nous l'avons vu il y a un instant – mais aussi qu'elle concorde avec le prix payé. Chacun d'entre nous comprend ceci aisément. Avoir un comportement différent reviendrait à créer un déséquilibre entre les partenaires économiques, un avantage pour l'un et un désavantage pour l'autre, sans justification valable. Cette disparité heurte notre sens des valeurs et des règles, donc de notre morale.

III – LA MORALE DANS LE CONTRÔLE DE LA NÉGOCIATION COMMERCIALE

Par contrôle j'entends la surveillance ou la vigilance de l'autorité administrative qu'est la DGCCRF en laissant volontairement de côté les autorités judiciaires. Il s'agit donc des 4 000 agents, dont 2 000 sur le terrain, qui effectuent les 30 000 enquêtes annuelles que j'évoquais tout à l'heure.

Dans l'exercice de leur contrôle l'on constate que ces agents sont mus par un désir de transparence (A), ce qui est souhaitable, mais qu'il y a des excès et une certaine incohérence (B), ce qui est regrettable.

A – Une vigilance pour plus de transparence.

Au contrôle des prix issu de l'après-guerre, l'Ordonnance du 1er décembre 1986 a substitué la liberté des prix, et ce en des termes on ne peut plus clairs : « Article 1er – L'Ordonnance du 30 juin 1945 est abrogée. Les prix des biens, produits et services relevant antérieurement de ladite Ordonnance sont librement déterminés par le jeu de la concurrence. » Mais le Gouvernement a également exigé une plus grande transparence pour éviter les abus vis-à-vis des consommateurs et entre professionnels : information sur les prix, les limites de responsabilité et conditions particulières ; ventes avec prime réglementées ; refus de vente en principe interdit ; revente à perte sanctionnée ; CGV à communiquer ; factures à détailler, etc. L'Ordonnance de 1986, les lois récentes du 31 décembre 1992 et du 29 janvier 1993 et les directives apparemment décrétées au sein même de la DGCCRF, témoignent de la nécessaire transparence dans les relations entre opérateurs économiques et avec les consommateurs.

Mais le Directeur Général de la DGCCRF, Monsieur Christian Babusiaux, a eu l'occasion de dire tout récemment[2] qu'il n'y a nulle part, dans l'Ordonnance, le principe de transparence absolue.

Totale ou pas, transparence ou « translucidité », selon Maître Francis Delbarre, il importe surtout pour nos propos d'aujourd'hui de constater et prendre acte de cette transparence moralisatrice ou plutôt moralisante qui, nul ne peut en douter, a amélioré considérablement la nature des relations entre industriels et commerçants.

Mais il faut aussi constater que la vigilance de l'administration est parfois excessive et fait prcuvc d'un manque de cohérence qui fragilise les dites relations.

B – Dcs prises de position et un manque de cohérence regrettables.

Notre droit refuse la présomption d'innocence en matière de restriction à la concurrence. En effet, et à l'inverse de la règle dominante en droit communautaire, les autorités administratives françaises refusent l'analyse selon laquelle une restriction de concurrence peut bénéficier d'une présomption d'innocence justifiée par le constat du caractère pro-concurrentiel d'un système dans son ensemble (par exemple, l'exclusivité dans les licences d'exploitation[3]).

A l'inverse, en matière d'entente entre entreprise, il existe presque une « présomption de culpabilité » dans la mesure où toute entente, quelle qu'elle soit, est susceptible de tomber sous le coup de l'article 7 de l'Ordonnance de 1986 et être examinée par le Conseil de la Concurrence. Cette situation est regrettable à mon avis.

Je voudrais ajouter qu'il est difficile de vouloir instaurer une transparence, voire une morale, dans les rapports entre industriels et commerçants sans maintenir une politique rigoureuse, cohérente et stable. Un exemple suffira : en matière de facture, l'article 31 de l'Ordonnance précise que celle-ci doit mentionner les remises ou ristournes dont le principe est acquis et le montant chiffrable lors de la vente. Cette notion de principe acquis a fait couler beaucoup d'encre.

Jusqu'en 1991-92, l'administration a considéré que les ristournes conditionnelles et la rémunération de la coopération commerciale n'ont pas, par application de l'Article 31, à figurer sur la facture du fournisseur. En 1993, selon une nouvelle interprétation, les ristournes conditionnelles sont au contraire à mettre sur la facture s'il s'agit de conditions accessoires (ex : condition de la régularité des paiements) ou si le montant est facilement chiffrable (si l'objectif a toutes les changes d'être atteint).

Depuis 1994, toutes les ristournes conditionnelles sont susceptibles de devoir être portées sur la facture, si la réalisation de la condition dépend de la seule volonté du distributeur ; de plus, la coopération commerciale devrait se limiter aux seuls services rendus par le distributeur et intéressant directement le consommateur.

Ces changements et revirements introduisent une confusion dans les relations entre fournisseurs et distributeurs qui ne va pas dans le sens d'une meilleure moralité.

2. Séminaire FICIME/CCI des 6-7 avril 1995.
3. Revue DGCCRF n° 76 (p. 15).

En conclusion, le petit Larousse illustré nous précise que la morale constitue l'ensemble des règles d'action et des valeurs qui fonctionnent comme normes dans une société. Or, est-il possible d'avoir un ensemble cohérent, une morale applicable et appliquée, lorsque les règles changent d'une année sur l'autre ?

Le mot de la fin, je le laisse à Blaise Pascal *(Pensées)* pour qui la vraie morale se moque de la morale.

MORALE ET DROIT DU TRAVAIL

par A. POUSSON
Maître de conférences à l'Université des Sciences Sociales de Toulouse
Chercheur au Laboratoire Interdisciplinaire de Recherche sur les Ressources Humaines et l'Emploi (LIRHE)

L'étude des rapports entre le droit et la morale a de tous temps inspiré les auteurs[1]. La plupart d'entre eux insistent sur les différences : la morale énonce les règles de conduite qu'un groupe social tient pour obligatoires et qu'il s'efforce de respecter, elle est un idéal dont la satisfaction est abandonnée à la conscience de chacun ; le droit est un ensemble de normes, agencées les unes aux autres selon une structure pyramidale, ayant vocation à régir l'organisation sociale sans référence aux consciences individuelles. La thèse de la séparation défendue par Kant ne suffit pas à masquer les points de convergence, les objets de l'impératif moral et de la règle de droit sont identiques, *« l'une et l'autre régissent les comportements humains »*[2], *« la morale rôde autour du droit »* disait excellemment le doyen Roubier[3]. Le rapprochement ne peut être poussé trop loin, surtout s'agissant du droit du travail.

« La seule vraie morale, écrit Spinoza, *est l'amour du prochain »*[4] or le lien de travail se caractérise par un rapport de subordination dont les employeurs ont souvent abusé dans les temps jadis. Jusqu'à la fin du XIXe siècle la classe ouvrière connut, sous couvert du principe philosophique de l'autonomie de la volonté, les pires conditions qui soient. Le travail n'était qu'une marchandise comme les autres et la personne totalement occultée[5].

Le sentiment de l'aliénation dans le travail n'a que peu suscité la curiosité des moralistes et des philosophes malgré l'intérêt qu'il présente pour une phénoménologie de la liberté. A l'opposé les sociologues ont exploré ce thème et se sont élevés

---

1. Dans une production abondante on peut citer :
G. RIPERT, *La règle morale dans les obligations civiles,* Paris, LGDJ, 4e éd. 1949.
C. CARDAHI, *Droit et morale,* 3 volumes, 1961.
P. JESTAZ, « Les frontières du droit et de la morale », *RRJ*, 1983-2, p. 334.
F. RIGAUX, *La vie privée. Une liberté parmi les autres ?,* Bruxelles, Larcier, 1992.
« Morale et droit », *Revue juridique du Centre-Ouest,* 1993, 11.
2. F. RIGAUX, *La vie privée...,* op. cit., p. 171
3. Comp. JELLINEK pour qui le droit représentait un minimum éthique.
4. *Traité théologico-politique,* 1670, traduction de C. Appuhn, chap. 14, p. 244
5. Le premier sens du verbe tripaliare est torturer.
Dans le latin populaire travail désignait une machine formée de trois pieux qui servait à assujettir les bœufs ou les chevaux difficiles pour les ferrer.
Voy. aussi J. LACROIX, *Les sentiments et la vie morale,* PUF, coll. Initiation philosophique, 5e éd. 1963, p. 83.

contre le transfert à l'État de certaines fonctions économiques[6]. C'est ainsi que Gurvitch a émis des réserves quant à l'intervention de l'État en faveur de la protection des faibles pour des mobiles purement empiriques, sans rapport avec les normes morales de la dignité humaine et de la vocation spirituelle de l'homme, *« l'interprétation du droit social que nous rejetons n'est pas seulement théoriquement erronée, elle est pratiquement dangereuse pour la démocratie et la liberté. Elle ne voit dans les moins favorisés économiquement et les opprimés sociaux, exclusivement que des bénéficiaires et des destinataires passifs des mesures de bienfaisance de l'État »*[7].

Force est de constater la percée de l'ordre public de protection depuis un siècle. Le droit du travail fait en sorte de combler l'inégalité de départ par une *« vision émancipatrice des rapports sociaux »*[8]. Alors même que le chômage n'a jamais été autant présent le travail est valorisé. Avec l'aide des encycliques papales le travailleur a retrouvé sa dignité ; sans être strictement égaux les rapports sont empreints de confiance et de loyauté. Corseté par un ensemble de textes internationaux ou nationaux l'individu est l'heureux destinataire d'un grand nombre de libertés publiques et de droits fondamentaux qui pour beaucoup d'entre eux répondent à des idéaux moraux. Les rapports se sont faits plus humains, moins brutaux ; de dictature l'entreprise est devenue démocratie. Le droit a rejoint la morale.

La reconnaissance de la personne en tant qu'être humain paraît avoir trouvé un autre appui dans un mouvement récent venu d'Outre-Atlantique qui vise à donner aux entreprises un supplément d'âme, *« l'éthique des affaires »*. En fait cette éthique, purement utilitariste, ne prétend pas servir un idéal mais plus prosaïquement de permettre l'amélioration du fonctionnement de la firme et d'accroître son efficacité[9].

La morale après avoir été découverte par le droit est mise au service de l'économie.

La morale avait favorisé l'émancipation de l'individu, l'éthique contribue à sa perte. Les contraintes économiques se soldent par un durcissement du sort des salariés. L'émergence d'une sorte d'idéal commun, *« l'intérêt de l'entreprise »*, se traduit par l'occultation de l'individu au profit de la collectivité. La législation industrielle en s'éloignant de la personne humaine a perdu une grande partie de sa finalité purement sociale au profit de l'économie. Au nom de la flexibilité le débat s'est déplacé, l'État s'est désengagé et a confié aux partenaires sociaux la mission de préciser les règles régissant leurs rapports, *« comme autant d'États dans l'État,*

---

6. G. BASTIDE, *Traité de l'action morale,* T. II, « Dynamique de l'action morale », PUF, coll. Logos, 1961, p. 773 et suiv.

7. G. GURVITCH, *La déclaration des droits sociaux,* Paris, Vrin, p. 74.

Du même auteur voy. *L'idée du droit social,* Paris, Sirey, 1932, p. 154, « Le principe suprême de la morale, le flot transpersonnel de l'activité créatrice, dans son éternité vivante, a un caractère essentiellement social ».

8. J.-E. RAY, « Mutation économique et droit du travail ». *Les transformations du droit du travail. Etudes offertes à G. Lyon-Caen,* Dalloz, 1989, p. 17.

9. E. DUPREEL, *Traité de morale,* Presses Universitaires de Bruxelles,

J. ORSONI, « Théorie des organisations : la question de la morale d'entreprise », *Mélanges en l'honneur de G. Mérigot,* Economica, 1992.

des entreprises établissent depuis 1982 leurs propres règles juridiques, puis morales : elles s'individualisent chaque année davantage, s'autoréglementant et s'autorégulant » [10].

La morale individuelle fait place à la morale collective, elle ne peut pour autant servir de gadget ou de paravent dissimulant tous les abus.

Il ne peut y avoir qu'une seule morale définie comme étant un effort de discernement visant à faire triompher le bien.

I – L'HUMANISME

Pendant longtemps la force de travail fut considérée comme une marchandise, susceptible par définition d'appropriation, abandonnée au libre jeu de l'offre et de la demande.

Il est apparu par la suite que la prestation de travail ne pouvait être comparée à une marchandise semblable à celle faisant l'objet d'un contrat de vente. Du contrat de travail naît un lien personnel entre l'employeur et le salarié. Même placé dans un rapport de subordination le salarié se voit reconnaître un certain nombre de droits fondamentaux, de libertés publiques ou bien encore de droits de l'homme auxquels nul individu, y compris l'employeur, ne saurait porter atteinte.

Au droit des biens succède le droit des personnes[11]. Le rapport d'échange s'efface au profit de normes destinées à sauvegarder la dignité et la sécurité de la personne humaine au travail[12].

A – DU TRAVAIL MARCHANDISE

A Rome les relations de maître à esclave ne furent pas toujours les mêmes. Les conquêtes militaires se traduisirent par un afflux d'esclaves et par une dégradation de leur condition. Traités comme des animaux ils étaient cédés en même temps que le fonds à l'exploitation duquel ils participaient. Le droit de vie et de mort qu'eut toujours le maître sur l'esclave ne fut exercé qu'à compter du moment où l'esclave cessa d'être considéré comme une personne. « *Le passage de la relation morale à la relation juridique valut à l'esclave romain la plus infamante et la plus malheureuse des conditions* »[13].

10. J.-E. Ray, « Droit du travail et règles morales » dans ouvrage collectif *Ethique, déontologie et gestion de l'entreprise,* Economica, coll. gestion, 1992, p. 103.

Voy. aussi A. Supiot, « Déréglementation des relations de travail et auto-réglementation de l'entreprise », *Dr. soc.,* 1989, p. 479.

11. Voy. J. Rivero et J. Savatier, *Droit du travail,* PUF, Thémis, 12e éd. 1991, p. 27.

« Le droit du travail est fait pour des personnes : les travailleurs salariés, dans leurs rapports individuels et collectifs avec leurs employeurs ».

12. M. Jamoulle, *Le contrat de travail,* T. I, Faculté de droit de Liège, 1982, p. 19.

13. F. Sellier, *Morale et vie économique,* PUF, coll. Initiation philosophique, 1959, p. 35.

L'utilisation de la force de travail de l'esclave par son maître ne nécessitait aucune convention, elle découlait de la nature des choses, de l'usus dont était investi tout propriétaire sur ses biens. Si l'esclave était mis à la disposition d'un tiers, un contrat de « locatio rei » était conclu. Sur ce modèle fut imaginée la « locatio operarum », contrat par lequel un homme libre louait ses services à un autre homme libre.

Cette représentation strictement patrimoniale du rapport de travail a été d'autant mieux accueillie par les codificateurs du XVIIIe siècle qu'elle correspondait à leur volonté de rompre avec la tradition du compagnonnage qui dominait le monde du travail depuis le Moyen-Age[14].

En cette époque pétrie de liberté et d'égalité le contrat, antithèse du corporatisme et de son carcan autoritaire, est apparu comme une évidence[15]. Les rédacteurs du Code civil sont par ailleurs demeurés fidèles au droit romain en écartant le cadre juridique de la vente pour adopter celui du louage. D'un point de vue strictement juridique cette qualification n'est pas à l'abri de la critique. Le contrat de louage suppose que l'objet de la convention, correspondant ici à l'activité humaine, puisse être restitué à l'issue de la relation ; or rien de tel, l'activité développée dans l'intérêt de l'employeur ne peut donner lieu à restitution, à moins de considérer que l'objet contractuel réside dans le corps et la personne mêmes du travailleur[16].

La révolution française a supprimé le système féodal mais non les abus. Le Code civil, en élevant au rang de dogme l'autonomie de la volonté et en insérant la valeur travail dans le droit commun de la propriété, a mis à la disposition des employeurs une main d'œuvre bon marché dont la seule protection résidait dans la prohibition des engagements à vie. Ce locateur de services était le lointain descendant de l'esclave romain[17].

Les quelques progrès réalisés par la législation révolutionnaire ne suffisent pas à masquer la misère de la classe ouvrière tout au long du XIXe siècle. Les conséquences du libéralisme économique sont bien connues. Privés de toute réglementation protectrice et dans l'impossibilité de se regrouper en associations ou

---

14. J. M. LATTES, « Le travail : objet de propriété ? », dans ouvrage collectif *Propriété & Révolution,* Textes réunis par G. KOUBI, éd. du CNRS, Université de Toulouse I, p. 221.

15. J. CLESSE et V. BERTRAND, « La bonne foi et le droit du travail », dans un ouvrage collectif *La bonne foi* sous la direction de S. DAVID-CONSTANT, Editions du jeune barreau de Liège, 1990, p. 202.

16. M. JAMOULLE, op. cit., p. 11.

Voy. aussi L. MENGONI, « Le contrat de travail en droit italien » dans ouvrage collectif *Le contrat de travail dans le droit des pays membres de la C.E.C.A,* Luxembourg, 1965, p. 440.

Une autre thèse a récemment été développée qui présente l'avantage de répondre à la critique. Devrait être opérée une distinction entre dépossession matérielle et dépossession juridique. voy. T. REVET, – *La force de travail,* thèse Montpellier I, 1991, Bibliothèque de droit de l'entreprise, Litec, T. 28, 1992, Préface F. ZENATI ; – « L'objet du contrat de travail », *Dr. soc.*, novembre 1992, pp. 859-870.

« Si, en cette hypothèse, le preneur acquiert la maîtrise matérielle de la chose, dans le louage de travail, le bailleur (salarié) conserve la maîtrise matérielle de la chose. Il n'y a donc point de mise à disposition de la force de travail sans présence du salarié. Mais, comme la force de travail est juridiquement dissociable du sujet, elle peut être effectivement considérée comme mise à la disposition de l'employeur : dès lors que le salarié obtempère aux ordres de l'employeur, il met juridiquement sa force de travail à la disposition de ce dernier. L'absence de dépossession matérielle n'interdit pas, ainsi, l'existence d'une dépossession juridique. », p. 868.

17. voy. T. REVET, « L'objet du contrat de travail », *loc. cit.* « La force de travail ne peut être transformée en chose ordinaire qu'avec la "désubjectivation" maximale du salarié » p. 864.

en syndicats les salariés vivent – survivent – dans des conditions que l'on a peine à imaginer. Rémunérations dérisoires, tâches harassantes, journées de travail démesurées, absence d'hygiène et de sécurité – *« les conditions de travail sont telles que la « marchandise » humaine est rapidement avariée »*[18]. Ces excès, dépeints par le célèbre rapport du docteur Villermé[19], vont susciter de toutes parts des réactions et des mouvements de révolte, d'autant que la révolution industrielle, dont le rythme s'accélère à partir de 1850, se traduit par une dégradation de la condition ouvrière.

Au cours du XIXe siècle les réformateurs ont cru que le monde pouvait être réformé par un moyen qu'ils érigeaient en démiurge social. Saint Simon a mis sa foi dans la science, puis dans l'industrie ; Fourier et Louis Blanc dans l'association ; Pierre Leroux dans l'égalité ; Cabet dans la fraternité ; Comte dans une suprême doctrine sociale ; Marx dans la nécessité économique et Proudhon, enfin, dans la liberté[20]. Ces penseurs, persuadés qu'ils étaient de détenir la vérité morale et politique, se sont non seulement préoccupés du présent, dont ils se croyaient les maîtres infaillibles, mais encore de l'avenir, d'où la prolifération des utopies et des prophéties[21]. Plutôt qu'aux institutions Proudhon et Comte s'intéressent à la morale et aux mœurs ; *« les principales difficultés sociales ne sont pas aujourd'hui essentiellement politiques, mais surtout morales, de sorte que leur solution possible dépend réellement des opinions et des mœurs beaucoup plus que des institutions »* écrit Comte dans son discours sur l'esprit positif. C'est en philosophes et en moralistes qu'ils cherchent à faciliter la coopération sociale.

Entre le capitalisme sauvage générateur de tous les abus et le socialisme utopique s'ouvre une troisième voie rejetant les excès des uns et des autres. L'Église catholique va se joindre au combat et s'élever contre l'assimilation du travail humain à une marchandise soumise aux lois de l'offre et de la demande. De la synthèse du *« problème ouvrier à caractère économique »* et du *« progrès à finalité intellectuelle »* naît le catholicisme social[22]. Dans son encyclique Rerum Novarum, promulguée le 15 mai 1891, le Pape Léon XIII élabore la doctrine sociale de l'Église avec courage à une époque où certains accusaient l'Église catholique de se borner à prêcher la résignation aux pauvres et exhorter les riches à la générosité. Dans ce texte le pontife pose les bases d'une réorganisation du secteur économique et applique au domaine social les thèses thomistes du droit naturel et social. Le travail doit être traité non plus comme une marchandise, mais comme l'expression de la personne humaine. L'État, dont la raison d'être est la réalisation du bien commun, ne peut rester absent du monde économique ; son devoir est de protéger les plus faibles et les plus démunis et de contribuer activement à l'amélioration des

18. M. DESPAX, *Le droit du travail,* PUF, Que sais-je ?, n° 1268, 7e éd. 1991, p. 6, « selon Dupin, rapporteur de la loi du 22 mars 1841 devant la Chambre des Pairs, en 1840, sur 10 000 travailleurs passant devant le conseil de révision des 10 départements les plus manufacturiers de France, 8990 sont réformés pour rachitisme ».

19. Dr. VILLERME, *Tableau de l'état physique et moral des ouvriers employés dans les manufactures de coton, de laine et soie,* Union Générale d'Editions, coll. 10/18, n° 582 ; Paris, Edmis 1979, 2 vol. T. II, p. 251.

20. M. LEROY, *Histoire des idées sociales en France, d'Auguste Comte à P.J. Proudhon,* nrf, bibliothèque des idées, 1954, p. 282

21. M. LEROY, op. cit., préface p. 8.

22. J. M. LATTES, « L'encyclique Rerum Novarum et son influence sur la mise en place du droit du travail au XXe siècle », dans un ouvrage collectif *Lourdes ou l'appel des pauvres,* Mame, 1991, p. 127.

conditions de vie des ouvriers. Il doit veiller à ce que les relations de travail se développent en justice et équité et que dans les milieux de travail la dignité de la personne humaine soit préservée.

Cette attente fut satisfaite, l'interventionnisme législatif se fit de plus en plus pressant ; au dogme de l'autonomie de la volonté on opposa la protection légale des travailleurs. La multiplication des textes contribua à donner aux salariés un statut protecteur[23], répondant en cela à l'affirmation du R.P. Lacordaire, *« Entre le fort et le faible, entre le riche et le pauvre, entre le maître et le serviteur, c'est la liberté qui opprime et la loi qui affranchit »*[24]. Cette recrudescence textuelle se prolongea ultérieurement, tant au niveau des entreprises que des secteurs professionnel et national, par le jeu des conventions collectives.

Une analyse contractuelle n'en est pas moins demeurée possible et cohérente. Toutefois l'expression louage de services, étant intimement liée à l'exploitation des travailleurs, fut abandonnée et remplacée par celle de louage de travail. La substitution ne permit pas d'occulter les critiques, ces deux qualifications insistant exagérément sur le rapport d'échange dont précisément le droit social tend à détruire ou à atténuer les effets. Il apparut donc nécessaire de supprimer toute référence au droit des biens et de retenir l'expression contrat de travail, de manière à évoquer l'originalité de l'objet de la convention, à savoir l'activité humaine[25]. Le droit du travail a coupé le cordon ombilical avec le droit des biens, la constitution de l'Organisation Internationale du Travail n'affirme-t-elle pas que le travail n'est pas une marchandise ? Les auteurs estiment majoritairement que la force du travail, en tant que telle, n'appartient pas au patrimoine, parce qu'elle est intimement liée à la personne, laquelle par essence est en dehors du patrimoine[26].

B – AU TRAVAIL EXPRESSION DE LA PERSONNE HUMAINE

A partir de l'instant où le travail humain cessa d'être accolé au droit des biens pour désormais être en phase avec le droit des personnes le travailleur, dans le cadre de son activité, put prétendre à tous les droits et à toutes les libertés qui contribuent à faire de l'homme un être humain. Cette idée est largement présente dans l'encyclique Rerum Novarum, *« c'est en tant que personne que l'homme est sujet de travail »*[27]. Le travailleur, même s'il est placé dans un rapport de subordination,

---

23. A. ROUAST, « Quelques réflexions sur l'originalité sociologique du contrat de travail », dans *Mélanges offerts à Jean Brethe de La Gressaye,* éd. Brière, Bordeaux, 1967, p. 663.

24. XXVe Conférence à Notre Dame, 1848, dans *Œuvres du R. P. LACORDAIRE,* Paris, 1872, IV, 494.

25. M. JAMOULLE, *Le contrat de travail,* op. cit., p. 18 ; A. SUPIOT, critique du droit du travail, PUF, les voies du droit, 1994, p. 51 et suiv.

26. J. CARBONNIER, *Droit civil. Les biens,* PUF.

27. Cette évolution correspond aux différentes lectures de la Genèse. Après avoir été saisi comme peine, comme malédiction divine le travail est devenu expression de la personne humaine. Voy. les encycliques *Redemptor Hominis* (4 mars 1979) et *Laborem Exercens* (14 septembre 1981) du Pape Jean Paul II ainsi que la lettre pour le centenaire de Rerum Novarum.

J. M. LATTES, « L'encyclique Rerum Novarum... », loc. cit.

A. SUPIOT, « A propos d'un centenaire : la dimension juridique de la doctrine sociale de l'Église », *Dr. soc.*, décembre 1991, p. 916.

n'abdique pas sa qualité de personne en se mettant à la disposition d'un employeur[28].

Non seulement le salarié a accédé au rang de personne mais qui plus est la personne s'est vue reconnaître au fil du temps des droits de plus en plus nombreux et de plus en plus étendus. Libertés publiques, droits fondamentaux, droits de l'homme se liguent pour donner à l'individu une protection renforcée[29]. Ces différents droits quoique dérivant d'une sorte de droit naturel ont besoin d'une reconnaissance officielle pour exister ; il est vrai que les textes visant à assurer les droits de l'homme dans l'entreprise se sont multipliés depuis quelques années. Mais au delà des textes qui ont pour vocation principale d'assurer la sécurité de l'homme au travail se rencontrent des notions souples telles la dignité ou la loyauté, nulle part définies dans les textes, qui guident le juge dans sa recherche de l'équité. Ces notions, ces exigences pourrait-on dire, ne peuvent que prospérer dans un contexte de moralisation des relations contractuelles.

1 – La sécurité de la personne

Cette sécurité est d'abord économique, le travail doit permettre à l'homme de vivre décemment ; elle est aussi physique dans la mesure où toutes dispositions doivent être prises destinées à préserver l'intégrité de la personne.

a) *La sécurité économique*

Le droit au travail est le premier des droits de l'homme, il figure dans la plupart des Constitutions et des encycliques pastorales, c'est ainsi que le Pape Pie XII rappelle que le travail est en même temps un devoir et un droit de chaque être humain. Mais ce droit est dépourvu de toute signification juridique puisqu'il n'est assorti d'aucune sanction. Le travail étant une activité privée il n 'appartient pas directement aux pouvoirs publics de fournir du travail. L'État doit toutefois créer les conditions économiques favorables à la création d'emplois et poser les règles propres à favoriser le partage des ressources, à défaut de pouvoir imposer le partage du travail[30]. L'individu, faute de pouvoir exiger le respect et l'exécution de sa créance d'emploi, risque de se retrouver au chômage qui est la pire des détresses. Le

28. Le précis de droit du travail de MM. RIVERO et SAVATIER commence par ces mots « Le droit du travail est fait pour des personnes », précis Thémis.

29. Dans une production très abondante citons : J. RIVERO, « Les libertés publiques dans l'entreprise », *Dr. soc.*, 1982, p. 421 ; J. M. VERDIER, « Quelle problématique spécifique pour les droits de l'homme dans l'entreprise ? » XXe Congrès de l'IDEF, *Rev. jur. et pol., indépendance et coopération,* n° 3 et 4, juillet-octobre 1989, p. 310 ; J. M. VERDIER, « En guise de manifeste : le droit du travail, terre d'élection pour les droits de l'homme », *Les orientations sociales du droit contemporain. Ecrits en l'honneur de Jean Savatier,* PUF, 1992, p. 427 ; B. BOSSU, « Droits de l'homme et pouvoirs du chef d'entreprise : vers un nouvel équilibre », *Dr. soc.*, 1994, p. 747.

30. Le Conseil Constitutionnel a estimé qu'il appartenait à la loi « de poser des règles propres à assurer au mieux le droit pour chacun d'obtenir un emploi tout en permettant l'exercice de ce droit par le plus grand nombre d'intéressés possible et le cas échéant en faisant contribuer les personnes exerçant une activité professionnelle à l'indemnisation de celles qui en sont privées ».

Déc. n° 83-156 du 28 mai 1983, Rec. 1983, p. 41 ; *Dr. soc.* 1984, 159, note L. HAMON.

Déc. n° 84-200 du 16 janvier 1986, *Dr. soc.* 1986, p. 372, note Y. GAUDEMET.

législateur, sans aller jusqu'à consacrer le droit à l'emploi, a néanmoins pris des mesures ayant toutes une même finalité, à savoir la protection de l'emploi.

Les différentes réformes concernant le licenciement poursuivent deux objectifs. Le premier consiste à protéger le salarié contre la perte de son emploi en éliminant les risques d'arbitraire. Tout licenciement doit, depuis la loi du 13 juillet 1973, reposer sur une cause réelle et sérieuse. Lorsque le licenciement ne peut être évité et que l'emploi est perdu la protection consiste à organiser un système juridique facilitant l'obtention d'un nouvel emploi[31].

En dernier lieu la loi du 27 janvier 1993 exige, en matière de licenciement économique, l'élaboration d'un *« plan visant au reclassement de salariés »* s'intégrant au plan social. Le nouvel alinéa 2 de l'article L. 321-4-1 range au titre des mesures à proposer aux salariés des actions de reclassement interne ou externe à l'entreprise, des créations d'activités nouvelles, des actions de formation ou de conversion, des mesures de réduction ou d'aménagement de la durée du travail. En l'absence de plan de reclassement la procédure de licenciement est frappée de nullité, sans que cette nullité s'élargisse aux licenciements eux-mêmes[32].

Si le travail permet à l'homme de se réaliser encore faut-il qu'il puisse prétendre à un salaire décent. L'approche purement contractuelle de la relation de travail risque de se traduire par le sacrifice du salarié compte tenu de l'inégalité des partenaires. Une libre convention n'est pas forcément juste. Toutes les encycliques, de Léon XIII à Jean Paul II, se sont préoccupées de cette question et n'ont eu cesse de définir le juste salaire[33]. Au dessus de la volonté des partenaires *« il est une loi de justice naturelle plus élevée et plus ancienne »*[34], ce que le Pape Jean XXIII exprime dans les termes suivants : *« la rétribution du travail ne peut être ni entièrement abandonnée aux lois du marché ni fixée arbitrairement : elle est déterminée en justice et équité. Cela exige que soit accordée aux travailleurs une rémunération qui leur permette, avec un niveau de vie vraiment humain, de faire face avec dignité à leurs responsabilités familiales »*[35]. Ces préceptes ont été recueillis par la plupart des normes internationales ou constitutionnelles. La Déclaration universelle des droits de l'homme, comme le préambule de la Constitution française de 1946, proclament que *quiconque travaille a droit à une rémunération équitable et satisfaisante.*

La prédominance accordée à la dignité de l'être humain ne se traduit cependant pas par une intervention continue des pouvoirs publics en faveur des plus démunis. *« L'action de l'État en matière économique... ne peut supprimer la liberté d'action*

31. J. Pelissier, « L'élaboration laborieuse d'un droit du licenciement » dans *Les transformations du droit du travail. Etudes offertes à Gérard Lyon – Caen,* Dalloz, 1989, p. 349.

32. X. Pretot, « Licenciement collectif pour motif économique : reclassement des salariés et contrôle de l'Administration », *Rev. jur. soc. F. Lefebvre* 2-93, p. 87.

G. Couturier, « Plan social et mesures de reclassement », *Dr. soc.*, 1993, p. 219.

G. Couturier, « Plans sociaux et exigences de reclassement », *Dr. soc.*, mai 1994, numéro spécial Les plans sociaux, p. 436.

33. Voy. J. M. Aubert, *Droits de l'homme et libération évangélique,* Le Centurion, 1987, p. 256.

P. Le Tourneau, « La vision chrétienne de l'entreprise » dans ouvrage collectif *Exigences chrétiennes et droit de l'entreprise,* Tequi, 1987, p. 80.

34. Léon XIII, *Rerum Novarum.*

35. Jean XXIII, *Mater et Magistra,* n° 72.

des individus ; elle doit au contraire la favoriser, pourvu que soient sauvegardés les droits essentiels de chaque personne humaine »[36]. S'il est vrai que le principe selon lequel *« la fixation des rémunérations salariales et de leurs accessoires relève de contrats librement passés entre employeurs et salariés »* est un principe fondamental du droit du travail[37] l'article 2 de la loi du 11 février 1950 a introduit une limite à cette liberté : un salaire minimum interprofessionnel garanti. Cette protection était illusoire, aussi comprend-on que des réformes soient intervenues visant à la renforcer, *« un glissement s'est ainsi opéré du salaire traditionnel vers un revenu salarial englobant désormais un revenu d'activité qui, en constitue la composante fondamentale et un revenu de garantie destiné à pallier les vicissitudes de la vie professionnelle »*[38]. Contrairement à la règle de droit commun le salarié, pendant les périodes de suspension du contrat (maladie – maternité...) a droit à un revenu de substitution. Aux prestations de sécurité sociale s'ajoute, depuis la loi du 19 janvier 1978 relative à la mensualisation, un salaire d'inactivité calculé de façon à permettre au salarié provisoirement inactif de prétendre à une rémunération voisine de celle qui lui est d'ordinaire allouée.

De même lorsque la relation de travail prend fin, de manière naturelle (limite d'âge) ou accidentelle (démission – licenciement) le salarié peut prétendre à des aides financières qui prennent le relais du salaire perdu. Les revenus de garantie sont multiples : retraites légales – indemnités de licenciement – indemnité de précarité d'emploi à l'issue d'un contrat de travail à durée déterminée – rentes et pensions d'invalidité servies aux victimes d'accidents de travail...

Outre les problèmes de financement des institutions de prévoyance sociale, aujourd'hui d'actualité, ces revenus de substitution se traduisent par un rapprochement contre-nature, *« on était habitué à associer d'un côté travail et rémunération, et, de l'autre, inactivité et prestation sociale ; or une garantie de ressources directement assumée par l'entreprise conduit à associer rémunération et inactivité »*[39]. Que les premiers versets de la Bible paraissent éloignés ! *« c'est à force de peine que tu tireras du sol ta nourriture tous les jours de ta vie... C'est à la sueur de ton visage que tu mangeras du pain »*[40]. Cet immoralisme des temps modernes doit être cependant nuancé, les revenus de substitution servis au salarié trouvent leur origine dans le travail qu'il a antérieurement effectué.

Autre signe des temps : l'entrée de la femme dans la vie professionnelle, ainsi selon le Pape Jean XXIII *« de plus en plus consciente de sa dignité humaine la femme n'admet plus d'être considérée comme un instrument »*[41]. Toute discrimination est prohibée.

---

36. Jean XXIII, *Mater et Magistra.*
37. Conseil Constitutionnel, 11 juin 1963, *D.* 1964, 108, note Léo HAMON.
38. Y. SAINT-JOURS, « Du salaire au revenu salarial », *Les transformations du droit du travail. Etudes offertes à Gérard Lyon – Caen,* Dalloz, 1989, p. 317 ; Voy. aussi J. J. DUPEYROUX, « Contrat de travail et garantie de ressources », tendances du droit du travail français contemporain. *Etudes offertes à G. H. Camerlynck,* Dalloz, 1978, p. 149.
39. J. J. DUPEYROUX, « Contrat de travail et garantie de ressources », loc. cit., p. 165.
40. Genèse 3, 18-19.
41. Jean XXIII, *Pacem in terris.*

De très nombreux textes visent à assurer une égalité parfaite entre les hommes et les femmes en matière de rémunération[42], répondant en cela à l'adage *« à travail égal, salaire égal »*.

Cette efflorescence ne suffit toutefois pas à masquer les inégalités, les précisions apportées par la loi Roudy du 13 juillet 1983 quant à la définition à donner à l'expression *« travaux de valeur égale »* n'ont pas permis l'élimination de toutes les traces de discrimination.

b) *La sécurité physique*

Le XIXe siècle fut le siècle de tous les abus. L'organisation du placement rendue nécessaire par la vie industrielle permit de considérer le travailleur comme une unité interchangeable, un bien fongible. Cette dépersonnalisation de l'individu légitima tous les excès. A la veille de la loi du 22 mars 1841 la durée de travail atteignait quinze à dix sept heures. Ce texte a interdit le travail des enfants de moins de huit ans et limité à huit heures la journée de travail pour les enfants âgés de huit à douze ans. Certains parlementaires n'hésitèrent pas à voir dans ce texte les prémisses d'un nouveau droit : le droit à la paresse et, au nom de la morale, critiquèrent l'intervention de l'État, *« Limiter la durée du travail des enfants, c'est risquer de les retrouver un jour objet de votre sollicitude, dans un tel état que vous serez forcés de les envoyer dans une maison de correction »*[43].

Par ailleurs le développement du machinisme s'est traduit par de très nombreux accidents dont les salariés furent les innocentes victimes, ou pour reprendre la formule saisissante du doyen Ripert, *« la victime a été choisie par la force obscure du destin »*[44]. Sur le plan de la morale les partisans de la théorie des risques substituèrent le risque à la faute comme fondement de la responsabilité et ont considéré que le risque était la contrepartie du profit. La réparation du dommage incombait de ce fait à l'entrepreneur qui, en utilisant des machines, a eu pour volonté d'accroître ses profits[45].

---

42. * au plan international :
convention n° 100 de l'O.I.T.
* au plan européen :
article 119 du Traité de Rome
directive n° 75-117 du 10 février 1975.
directive n° 79-7 du 19 décembre 1978
J. J. Ribas, « L'égalité des salaires féminins et masculins dans la Communauté Economique Européenne », *Dr. soc.*, 1966, p. 556.
P. Clair, « L'article 119 du Traité de Rome. Le principe de l'égalisation des salaires masculins et féminins dans la Communauté Economique Européenne », *Dr. soc.*, 1968, p. 149.
* en droit interne :
loi du 22 décembre 1972
décret du 15 novembre 1973
loi Roudy du 13 juillet 1983
A. Arseguel et B. Reynes, « L'égalité entre hommes et femmes dans le droit du travail », *Annales de l'Université des Sciences Sociales de Toulouse,* 1985, p. 173.

43. Y. Guyot, *La tyrannie socialiste,* Paris, Delagrave, 1893, p. V.

44. G. Ripert, *La règle morale dans les obligations civiles,* Paris, LGDJ, 4e éd., 1949, n° 116.

45. Sur la théorie du risque voy. J. Flour et J. L. Aubert, *Droit civil. Les obligations,* vol. II, Le fait juridique, Armand Colin, coll. U.

Sur ces différents terrains des progrès non négligeables ont été réalisés. Pour tenir compte des lois biologiques le temps de travail a été progressivement abaissé. Dans le même temps est apparue une obligation générale de sécurité à la charge de l'employeur[46]. Cette obligation, d'abord découverte par la jurisprudence[47], a été enrichie par de très nombreuses dispositions législatives. La loi du 6 décembre 1976 a développé une conception de la sécurité orientée vers la prévention des accidents et des maladies professionnelles tandis que la loi du 23 décembre 1982 a conféré au salarié le droit de signaler *« immédiatement à l'employeur ou à son représentant toute situation de travail dont il a un motif raisonnable de penser qu'elle présente un danger grave et imminent pour sa vie ou sa santé »* (art. L. 231- 8, al. 1), mais aussi de se retirer d'une pareille situation (art. L. 231-8-1). Cette obligation générale de sécurité s'inscrit dans un ensemble plus vaste, elle *« s'enracine dans une organisation de droits individuels et collectifs effectivement sanctionnés et orientés à la réalisation d'un droit précis de la personne : celui de la protection de son intégrité physique. L'obligation générale de sécurité apparaît alors comme l'expression d'un principe nouveau, prolongement dans la vie professionnelle d'un droit fondamental de la personne : le droit à l'intégrité physique »*[48]. L'émergence de ce nouveau droit fondamental est susceptible d'accroître la marge d'autonomie du salarié dans l'entreprise.

2 – L'épanouissement de la personne

Vivre moralement c'est vivre dignement *« de façon à ne jamais ressentir la honte »*[49].

L'harmonie d'un groupe réclame la reconnaissance et l'accomplissement des droits et des devoirs de chacun. Cet ordre est d'essence morale, il implique que soient respectées non seulement des règles juridiques mais aussi des règles transcendantales qui dépendent bien plus de la loi éternelle que de la raison humaine[50].

a) *La dignité de la personne*

« La morale, écrit Alain, *consiste à se savoir esprit et, à ce titre, obligé absolument ; car noblesse oblige. Il n'y a rien d'autre dans la morale que le sentiment de la dignité »*[51].

La dignité est à la mode, elle est au cœur de tous les instruments juridiques et de toutes les proclamations. Ainsi, selon Jean-Paul II *« le travail est un bien digne,*

---

46. H. SEILLAN, *L'obligation de sécurité du chef d'entreprise,* Dalloz, 1981.

V. VIEILLE, « L'obligation générale de sécurité du chef d'entreprise : nouvelle actualité », *Dr. soc.* 1988, p. 185.

J. P. MURCIER, « Origine, contenu et avenir de l'obligation générale de sécurité », *Dr. soc.*, 1988, p. 610.

47. Cass. crim. 29 octobre 1968, *Bull.*, n° 274, p. 656, publié en annexe de l'étude de J.P. MURCIER, loc. cit.

48. J. P. MURCIER, loc. cit., p. 614.

49. M. CONCHE, *Epicure, Sentence vaticane,* p. 76, cité par A. COMTE-SPONVILLE, *Vivre. Traité du désespoir et de la béatitude* – 2, PUF, Perspectives critiques, 3e éd., 1993, p. 128.

50. THOMAS D'AQUIN, *Somme Théologique,* I a - II ae, q. 19, a. 4.

51. ALAIN, *Lettres à S. Solmi sur la philosophie de Kant,* Hartmann, 1946, p. 63.

c'est-à-dire qu'il correspond à la dignité de l'homme, un bien qui exprime cette dignité et qui l'accroît... par le travail, non seulement l'homme transforme la nature, mais encore il se réalise lui-même »[52].

La dignité de la personne humaine constitue le soubassement de la théorie des droits de l'homme ; elle est proclamée par tous les textes internationaux récents : Déclaration Universelle de 1948, Déclaration américaine de 1948, Acte final de la Conférence d'Helsinki, Déclaration du Parlement européen de 1989[53]. Le juge constitutionnel français, auquel a été déférée la loi du 29 juillet 1994 relative au respect du corps humain, a conféré à la dignité de la personne valeur constitutionnelle[54].

Si l'accession de la dignité de l'homme au rang des principes fondamentaux ne fait plus de doute aujourd'hui en revanche le sens à donner à la notion est toujours incertain. « *La dignité est réciprocité* »[55], elle est le respect auquel l'homme peut prétendre en tant qu'être humain, respect de sa personne, respect de ses idées, respect de ses droits. La dignité ainsi définie est le plus souvent protégée en elle-même, d'autres fois cependant elle n'est qu'indirectement protégée.

• Chacun a droit au respect de ses croyances, de ses opinions et de sa vie privée. Ce principe proclamé avec force par le préambule de la Constitution du 27 octobre 1946 et par l'article 9 du Code civil a été consolidé par de très nombreux textes qui, depuis quelques années, tendent à assurer le respect des droits de l'homme dans l'entreprise. La disposition assurément la plus connue est l'article L. 122-45 du Code du travail, issu de la loi du 4 août 1982 relative aux libertés des travailleurs dans l'entreprise, qui prohibe toute discrimination tant à l'époque de la formation du lien contractuel qu'à celle de sa rupture[56]. Ce texte depuis son

---

52. Jean-Paul II, *Laborem exercens,* 1981, § 9.

53. Voy. J. M. Verdier, « En guise de manifeste : le droit du travail, terre d'élection pour les droits de l'homme », dans *Les orientations sociales du droit contemporain. Ecrits en l'honneur de Jean Savatier,* PUF, 1992, p. 431.

54. Dec. n° 94-343 du 27 juillet 1994.

Voy. J. C. Galloux, « De corpore ius. Premières analyses sur le statut juridique du corps humain, ses éléments et ses produits selon les lois n° 94-653 et 94-654 du 29 juillet 1994 », *Les petites affiches,* numéro spécial, bioéthique, les lois du 29 juillet 1994, 14 décembre 1994, p. 18.

J. Karila de Van, « Le corps et la morale. Réflexions sur trois lois récentes », *Les petites affiches,* 16 juin 1995, p. 10.

55. P. De La Chapelle, *La déclaration universelle des droits de l'homme et le catholicisme,* Paris, LGDJ, bibliothèque constitutionnelle et de science politique, T. XXIX, 1967, p. 415.

56. Art L. 122-45 C.T. (L. n° 92-1446 du 31 décembre 1992) « Aucune personne ne peut être écartée d'une procédure de recrutement, aucun salarié ne peut être sanctionné ou licencié en raison de son origine, de son sexe, de ses mœurs, de sa situation de famille, de son appartenance à une ethnie, une nation ou une race, de ses opinions politiques, de ses activités syndicales ou mutualistes, de ses convictions religieuses ou, sauf inaptitude constatée par le médecin du travail dans le cadre du titre IV du livre II du présent code, en raison de son état de santé ou de son handicap. – Aucun salarié ne peut être sanctionné ou licencié en raison de l'exercice normal du droit de grève. Toute disposition ou tout acte contraire à l'égard d'un salarié est nul de plein droit. »

Ce texte se prolonge par les articles 225-1 et suiv. du Code pénal.

Art. 225-1 : « Constitue une discrimination toute distinction opérée entre les personnes physiques à raison de leur origine, de leur sexe, de leur situation de famille, de leur état de santé, de leur handicap, de leurs mœurs, de leurs opinions politiques, de leurs activités syndicales, de leur appartenance ou de leur non-appartenance, vraie ou supposée, à une ethnie, une nation, une race ou une religion déterminée.

adoption n'a cessé de s'enrichir de nouveaux cas de discrimination ; il n'en demeure pas moins que le procédé utilisé, à savoir la liste énumérative, d'un point de vue juridique présente des faiblesses, aussi est ce l'une des raisons pour lesquelles le législateur est par la suite intervenu afin de poser un principe général d'interdiction de restriction des libertés, *« nul ne peut apporter aux droits des personnes et aux libertés individuelles et collectives des restrictions qui ne seraient pas justifiées par la nature de la tâche à accomplir ni proportionnées au but recherché »* (art. L. 120-2 C.T.)[57]. De très nombreux textes prennent le relais de ces dispositions générales aux fins de protéger au mieux la vie privée du salarié. Tandis que l'article L. 122-25 du Code du travail interdit à l'employeur *« de rechercher ou de faire rechercher toutes informations »* concernant l'état de grossesse d'une femme, l'article L. 412-2 du Code du travail lui interdit de prendre en considération l'appartenance à un syndicat ou l'exercice d'une activité syndicale pour arrêter ses décisions en ce qui concerne notamment *« l'embauchage, la conduite et la répartition du travail, la formation professionnelle, l'avancement, la rémunération et l'octroi d'avantages sociaux »*. Toute investigation dans la vie privée du salarié est interdite à l'employeur qui, par ailleurs, ne peut révéler aux tiers des informations sur la vie personnelle et familiale des personnes placées sous son autorité. La Cour de cassation veille au respect de l'article 9 du Code civil et admet la condamnation à dommages-intérêts pour atteinte à la vie privée en cas de *« révélation de faits ayant le caractère d'intimité »*[58]. L'exclusion de toute atteinte à la vie privée est confortée par l'interdiction des mesures inutiles au regard des intérêts de l'entreprise. Cette inutilité est susceptible de résulter soit *« de l'absence de justification technique »* soit *« de la disproportion de la mesure prise à l'objectif visé »*[59]. Sont déclarées illicites les clauses du règlement intérieur qui interdiraient aux salariés de se marier entre eux, les soumettraient à l'épreuve de l'alcootest, leur imposeraient une tenue vestimentaire ou bien encore autoriseraient la fouille des sacs ou des vestiaires, sauf à imaginer que ces atteintes aux libertés des salariés ne puisent leur légitimité dans la tâche à accomplir.

L'homme au travail, loin de renoncer à ses droits fondamentaux en pénétrant dans l'entreprise, bénéficie en réalité d'un accroissement desdits droits lorsque son emploi est menacé. Dans la loi du 13 juillet 1973 le licenciement était précédé d'un entretien destiné à permettre au salarié de défendre efficacement sa cause et au cours duquel il pouvait être assisté par un membre du personnel de l'entreprise : soutien autant moral que juridique. La loi du 18 janvier 1991 a permis de faire appel à un conseiller du salarié, extérieur à l'entreprise, dès lors que celle-ci est dépourvue

---

L'article 225-2 punit de deux ans d'emprisonnement et de 200 000 F d'amende toute personne ayant commis une discrimination considérant à refuser d'embaucher, à sanctionner ou à licencier une personne. »

57. Voy. J.-E. Ray, « Une loi macédonienne ? Etude critique du titre V de la loi du 31 décembre 1992 « Dispositions relatives au recrutement et aux libertés individuelles », *Dr. soc.*, février 1993, p. 103.

58. La littérature sur la protection de la vie privée est abondante, citons :

P. Kayser, « Aspects de la protection de la vie privée dans les sociétés industrielles », *Mélanges G. Marty,* Université des Sciences Sociales de Toulouse, 1978, p. 725.

P. Kayser, *La protection de la vie privée,* Economica, 2e éd., 1990.

J. Savatier, « La protection de la vie privée des salariés », *Dr. soc.*, avril 1992, p. 329.

59. B. Teyssie, « Personnes, entreprises et relations de travail », *Dr. soc.*, mai 1988, p. 380.

d'institutions représentatives du personnel. Ce conseiller bénéficie d'un statut protecteur identique à celui applicable au délégué syndical[60]. Ce texte destiné à renforcer la protection des droits de la défense a néanmoins été critiqué comme attentatoire aux droits de l'homme. *« Il faut bien comprendre que l'important n'est pas en soi d'apporter une protection particulière à une catégorie de personnes mais d'assurer le respect des droits fondamentaux »*[61], de sorte que la protection organisée par le texte en faveur du conseiller du salarié n'avait pas lieu d'être.

On sait que le droit du travail a pour vocation de protéger les plus faibles, objectif qui n'est en rien incompatible avec le principe d'égalité sur lequel repose notre système juridique. Dans cette recherche d'un équilibre tous les salariés ne sont pas *« logés à la même enseigne »* ; le législateur a eu pour volonté de se placer aux côtés des plus démunis[62], c'est ainsi que la loi du 2 août 1989 relative à la prévention du licenciement économique et au droit à la conversion précise que les critères retenus pour fixer l'ordre des licenciements *« prennent notamment en compte..., la situation des salariés qui présentent des caractéristiques sociales rendant leur réinsertion professionnelle particulièrement difficile, notamment des personnes handicapées et des salariés âgés »* (art. L. 321-1-1).

De même l'employeur doit, à l'occasion de l'information annuelle du comité d'entreprise sur l'évolution de l'emploi, préciser les mesures qu'il envisage de prendre *« au bénéfice des salariés âgés ou présentant des caractéristiques sociales ou de qualification qui les exposent plus que d'autres aux conséquences de l'évolution économique ou technologique »* (art. L. 432-1-1).

L'intention est louable mais les résultats sont décevants et la protection illusoire. Dès lors que l'ensemble des critères sont pris en considération et qu'aucune discrimination n'est commise à l'intérieur d'une catégorie prioritaire les partenaires sociaux peuvent décider de sauvegarder l'emploi de personnes autres que les salariés fragiles en portant l'accent par exemple sur les qualités professionnelles[63]. D'autre part la méconnaissance des critères servant à établir l'ordre des licenciements ouvre droit à des dommages intérêts sans que ce licenciement soit considéré comme étant dépourvu de cause réelle et sérieuse[64].

• Dans les cas précédents le législateur réprime l'atteinte à la dignité de la personne en considérant qu'il s'agit d'un droit fondamental de la personne, de sorte que toute atteinte est réprimée sans que le moindre élément perturbateur ne vienne paralyser la sanction.

D'autres fois la dignité n'est pas protégée pour elle même, le prononcé de la sanction étant subordonné à la réalisation d'un certain nombre de conditions. C'est

---

60. Voy. J.-E. RAY, « Une fausse bonne idée : « le conseiller du salarié » (loi du 18 janvier 1991) », *Dr. soc.*, 1991, p. 476.

61. B. BOSSU, « Droits de l'homme et pouvoirs du chef d'entreprise : vers un nouvel équilibre », *Dr. soc.*, sept.-oct. 1994, p. 750.

62. Voy. M. L. MORIN, « La loi du 2 août 1989 et la définition des salariés fragilisés » dans *Actes du colloque La loi du 2 août 1989 sur la prévention des licenciements économiques et le droit à la conversion : un remède à la crise de l'emploi ?,* Toulouse, 4 mai 1990, p. 59.

63. P.-Y. VERKINDT, « Le travailleur vieillissant », *Dr. soc.*, décembre 1993, p. 941.

64. J. SAVATIER, « L'ordre des licenciements dans les licenciements pour motif économique », *Dr. soc.*, juin 1990, p. 515.

ainsi que la loi du 2 novembre 1992 relative à l'abus d'autorité en matière sexuelle dans les relations de travail s'attache non à la dignité de la personne mais au détournement de pouvoir de l'employeur ou de toute autre personne détenant un pouvoir d'autorité. Les agissements de harcèlement ayant pour but d'obtenir des faveurs de nature sexuelle ne donnent lieu à sanction qu'autant que son auteur a abusé de son autorité. Entre « collègues » n'ayant pas de fonctions permettant l'exercice de pressions toute sanction est prohibée.

Ainsi le législateur refuse de se prononcer sur la reconnaissance d'un droit à la dignité pour tout salarié[65], en cela il s'éloigne de la solution communautaire. La Recommandation de la Commission du 27 novembre 1991 sur la protection de la dignité des femmes et des hommes au travail définit le harcèlement sexuel comme étant *« un comportement intempestif à connotation sexuelle ou tout autre comportement fondé sur le sexe qui affecte la dignité de la femme et de l'homme au travail. Ces termes peuvent recouvrir tout comportement physique, verbal ou non verbal importun »*[66].

Cette définition très étendue du harcèlement sexuel s'inspire de la jurisprudence d'Outre-Atlantique où la notion *« d'hostile environnent »* vise *« un comportement sexuel non désiré qui aboutit à contrarier indûment le déroulement du travail d'une personne »* ou crée *« des conditions de travail intimidantes, hostiles ou outrageantes »*. De même les droits européens qui se sont intéressés à ce problème n'opèrent aucune distinction en fonction de l'auteur du harcèlement sexuel[67]. Outre le fait qu'elle est singulièrement isolée dans le contexte européen la loi française apparaît en contradiction avec les résultats d'enquêtes sociologiques. Une étude menée en Belgique en 1985 a révélé que les personnes victimes de harcèlement sexuel le sont, dans 73 % des cas, du fait d'actes commis par des collègues[68].

b) *Le devoir de loyauté*

Si la dignité de l'homme est consacrée par la doctrine de l'Église et par les Constitutions les plus récentes, en revanche le devoir de loyauté n'est pas directement visé par les textes. Le Code du travail français, rappelle simplement, à l'article L. 135-3, que les parties à une convention ou à un accord collectif sont

65. M.-A. Moreau, « A propos de l'abus d'autorité en matière sexuelle », *Dr. soc.*, février 1993, p. 115.

A. C. Paschoud-Gallier, « L'abus d'autorité en matière sexuelle dans les relations de travail en droit français d'après la loi du 2 novembre 1992 et le nouveau Code pénal », dans ouvrage collectif *Le travail et le droit,* Editions Universitaires, Fribourg, 1994, pp. 163-173.

J. P. Antona, « Le harcèlement sexuel, une approche sociologique et juridique », *Les petites affiches,* 23 décembre 1992.

66. S. Plogstedt, K. Bode, *Übergriffe : Sexuelle Belästigung in Büros und Betrieben,* Line Dokumentation der Grünen Frauen im Bundestag, Hambourg, 1984

M. Rubinstein, « La dignité de la femme dans le monde du travail. Rapport sur le problème du harcèlement sexuel dans les Etats membres », Commission des Communautés européennes, 1989, Association Européenne contre les violences faites aux femmes au travail, *De l'abus de pouvoir sexuel, le harcèlement sexuel au travail,* éd. La Découverte, Boréal, 1989.

67. *La lutte contre le harcèlement sexuel sur les lieux de travail,* Sénat, Service des affaires européennes, Cellule de législation comparée, mai 1992, n° 32.

68. Voy. *Revue du travail* (Ministère belge du travail et de l'emploi), n° 8-9, octobre 1992 – mars 1993, Harcèlement sexuel : elles n'aiment pas ça !

tenues *« de ne rien faire qui soit de nature à en compromettre l'exécution loyale ».* En fait il apparaît que la loyauté *« imprègne le droit tout entier au travers du principe de bonne foi »*[69], elle participe à la transformation d'une notion juridique objective en une notion psychologique à caractère moral[70]. L'article 1134, al. 3 du Code civil pose le principe selon lequel *« les conventions doivent être exécutées de bonne foi ».* Malgré sa généralité ce texte pendant très longtemps a été perdu de vue ; il n'a été découvert que récemment, de directive d'interprétation il est devenu norme de comportement permettant d'apprécier l'exécution par chacune des parties de ses obligations[71]. *« Il est immoral d'user d'un droit de manière peut-être parfaite techniquement mais en ne pensant qu'à soi même, sans aucun égard pour autrui. Au contraire les droits doivent être exercés, civilisés, dans un esprit de sociabilité humaine et de civilisation, impliquant le respect des personnes que cet exercice peut toucher directement ou indirectement »*[72]. Certes l'angélisme n'est pas de mise, il n'est pas exigé de chacun des contractants qu'il aime l'autre *« comme un frère »* [73], l'équivalence des prestations est un mirage. Il n'en demeure pas moins que la référence à la bonne foi a facilité l'intrusion de la morale dans le droit des obligations et a permis en quelque sorte un rééquilibrage des contrats, *« en droit du travail elle contribue certes à instaurer et à maintenir la paix sociale dans l'entreprise, mais elle est aussi une règle juridique, source de droits et d'obligations aux multiples applications pratiques »*[74].

Ce souci de veiller aux intérêts des parties se rencontrent à chacun des stades de la vie du contrat.

• Loyauté lors de la formation du lien contractuel

L'employeur est *« seul maître à bord »* ; l'appréciation des intérêts de l'entreprise le conduit à librement choisir ses collaborateurs. Pour que cette sélection puisse être judicieusement opérée il doit disposer d'un grand nombre d'informations. Dans cette quête les nouvelles technologies sont susceptibles d'apporter une aide non négligeable que l'employeur peut vouloir augmenter en recourant à des méthodes moins scientifiques : graphologie, numérologie, astrologie, morphopsychologie, gestuologie, phrénologie,... Nombre des informations collectées n'ont qu'un lointain rapport avec les aptitudes du sujet et les caractéristiques du poste à pourvoir. Leur révélation est susceptible de porter atteinte à l'intimité de la vie privée et plus largement aux droits fondamentaux de l'individu. De là naquit l'idée de réglementer la collecte des données. La loi du 6 janvier 1978 relative à l'informatique, aux fichiers et aux libertés a interdit tout moyen de collecte

---

69. J. GHESTIN, *Traité de droit civil. Les obligations. Le contrat : formation,* LGDJ, 2e éd. 1988, n° 184.

70. G. RIPERT, *La règle morale dans les obligations civiles,* LGDJ, 4e éd. 1949.

71. Depuis quelques années, bonne foi et loyauté ont les honneurs de nombreux travaux de qualité : *La bonne foi,* Journées louisianaises de l'Association Henri Capitant, T. XLIII, 1992, Litec, 1994
Y. PICOD, *Le devoir de loyauté dans l'exécution du contrat,* LGDJ, Bibliothèque de droit privé, t. 208, 1989.

72. J. DABIN, *Le Droit subjectif,* Dalloz, 1952, pp. 297-298.

73. A. SERIAUX, *Droit des obligations,* PUF, coll. droit fondamental, 1992, n° 55.

74. D. CORRIGNAN-CARSIN, « Loyauté et droit du travail », *Mélanges en l'honneur de Henry Blaise,* Economica, 1995, p. 127.

frauduleux, déloyal ou illicite (art. 26) et octroyé un certain nombre de garanties aux personnes concernées par les données nominatives : droit d'accès, de rectification et de contestation des informations – droit de s'opposer à leur traitement informatique...[75] Les mesures prises n'ont pas suffit à éliminer les abus, *« beaucoup reste à faire pour inciter les acteurs sociaux à prévenir les atteintes aux libertés, à intégrer systématiquement une démarche légaliste et déontologique lors de la mise en œuvre des nouvelles technologies »*[76]. Après que M. le Professeur G. Lyon-Caen, dans un rapport publié en 1992 sur les libertés publiques et l'emploi, ait attiré l'attention sur nombre de pratiques contestables[77] le législateur, par unc loi du 31 décembre 1992, a placé sous le sceau de la loyauté les entretiens d'embauche[78]. La nouvelle philosophie est exposée à l'article L. 121-7, *« le candidat à un emploi est expressément informé, préalablement à leur mise en œuvre, des méthodes et techniques d'aide au recrutement utilisées à son égard »* ; aucune information ne peut être collectée par un dispositif qui n'a pas été porté préalablement à la connaissance du candidat à un emploi (art. L. 121-7).

La transparence souhaitée ne serait rien si elle n'était complétée par le principe de la pertinence : les méthodes et techniques d'aide au recrutement doivent être pertinentes au regard de la finalité poursuivie (art. L. 121-7 al. 2). Les informations collectées doivent permettre d'apprécier la capacité du candidat à occuper l'emploi proposé ou ses aptitudes professionnelles (art. L. 121-6 al. 2), de sorte que la personne est en droit de refuser de répondre aux questions sans lien direct et nécessaire avec le poste à pourvoir. Ce droit reconnu aux salariés débouche sur une interrogation plus large : l'obligation à un minimum de loyauté qui pèse sur l'employeur s'impose-t-elle au candidat à l'embauche ? Selon les termes de l'article L. 121-6 ce dernier est tenu de répondre de bonne foi ; mais en ne visant que la réponse ce texte paraît consacrer un *« droit général de non-révélation »*[79] et ainsi être dans la droite ligne de la jurisprudence très tolérante *« à l'égard des candidats amnésiques »*[80]. L'employeur est tenu de s'informer, il ne peut en conséquence imputer au salarié une rétention d'informations s'il n 'a pas pris l'initiative de se renseigner[81].

Cette solution n'est guère satisfaisante pour un contrat qui postule des rapports de confiance. *« Normalement il ne saurait être question d'apprécier, selon des critères différents, le degré de loyauté qui peut être exigé de chacun, sauf à considérer que le droit du travail... fait varier l'étendue des obligations respectives à raison de la situation économique des contractants »*[82]. D'autre part on ne peut

75. J. Frayssinet, *Informatique, fichiers et libertés,* Litec, 1992
A. Mole, « Informatique et libertés du travail ; les nouveaux enjeux », *Dr. soc.* 1990, p. 59.
76. J. Frayssinet, « Nouvelles technologies et protection des libertés dans l'entreprise », *Dr. soc.*, juin 1992, numéro spécial, Le droit du travail à l'épreuve des nouvelles technologies, p. 600.
77. *Les libertés publiques et l'emploi,* La documentation française, mars 1992.
78. J.-E. Ray, « Une loi macédonienne ? Etude critique du titre V de la loi du 31 décembre 1992 « Dispositions relatives au recrutement et aux libertés individuelles », *Dr. soc.*, février 1993, p. 103.
79. G. Lyon-Caen, rapport précité, p. 68.
80. J.-E. Ray, « Une loi macédonienne ?... », loc. cit., p. 113.
81. J. Mouly, note sous Cass. soc. 25 avril 1990 et 3 juillet 1990, *D.* 1991, 507.
Voy. aussi : J. Savatier, « La protection de la vie privée des salariés », *Dr. soc.*,1992, p. 329.
82. D. Corrignan-Carsin, « Loyauté et droit du travail », loc. cit., p. 131.

couper le droit du travail du droit commun des obligations au point de faire abstraction de la théorie des vices du consentement, d'autant que l'intuitus personae est extrêmement marqué dans le contrat de travail. D'ordinaire les tromperies, les mensonges et autres fourberies sont constitutifs de dol sanctionné par la nullité du contrat. Or la jurisprudence la plus récente adopte une position excessivement libérale. Non seulement le dol par réticence mais aussi le dol positif échappent à toute sanction. Si l'article L. 122-25 autorise la femme enceinte à ne pas révéler son état de grossesse, sans qu'il doit distingué en fonction de la nature de l'emploi[83], reconnaissant par la même un droit au silence, en revanche refuser de prendre en compte un dol positif est davantage contestable. Dans une espèce rocambolesque où la femme d'un candidat à un emploi avait rédigé à sa place la lettre de motivation et lui avait ainsi permis d'obtenir le poste la Cour de cassation censure les juges du fond pour n'avoir pas constaté que sans les manœuvres invoquées la société n'aurait pas contracté[84]. L'employeur, pour parvenir à la rupture de l'union contractuelle, devra établir que l'écriture réelle du candidat l'aurait dissuadé de contracter.

Quelle est triste cette loyauté en sens unique !

• Loyauté lors de l'exécution des obligations contractuelles

Les relations individuelles sont placées sous le signe de la fidélité, de la confiance et de la discrétion.

Sans aller jusqu'à voir dans la relation unissant le salarié à l 'entreprise un mariage une obligation de fidélité pèse sur le salarié aussi longtemps que dure la relation de travail[85]. Même en l'absence de clause expresse il doit s'abstenir, jusqu'à l'expiration de la relation, de tout acte de concurrence déloyale, quels que soient les moyens utilisés. Cette obligation de non-concurrence se prolonge par une obligation de confidentialité qui interdit à certaines catégories de salariés, les cadres prioritairement, de diffuser des informations susceptibles de nuire aux intérêts de l'entreprise[86]. Toutefois, l'hypertrophie du secret des affaires qui caractérise la société contemporaine menace la liberté d'expression des salariés et parfois même sa liberté de conscience.

Ce devoir d'allégeance du salarié devrait logiquement disparaître avec la rupture de l'union contractuelle, or *« l'obligation de loyauté à laquelle est astreint le salarié s'affaiblit mais ne s'éteint pas lorsque meurt le contrat »*[87]. L'ombre de

83. Soc. 23 février 1972, *Bull.* V, n° 152.

Soc. 2 février 1994, *Bull.* V, n° 38 ; P.-Y. Gautier, *Rev. trim. dr. civ.*, janvier-mars 1995, chr. obligations et contrats spéciaux, p. 144.

84. Soc. 5 octobre 1994, *Bull.* V, n° 256 ; *D.* 1995, 282, note P. Mozas ; P.-Y. Gautier, *Rev. trim. dr. civ.*, janvier-mars 1995, p. 146.

85. Voy. numéro spécial « La fidélité à l'entreprise », *Dr. soc.* mai 1991 dont J. E. Ray « Fidélité et exécution du contrat de travail », p. 376.

D. Corrignan-Carsin, « Loyauté et droit du travail », loc. cit., p. 144.

86. J. C. Javillier, « L'obligation de loyauté des cadres », *Dr. ouvrier,*

J.-E. Ray, « Fidélité et exécution du contrat de travail », *Dr. soc.* 1991, p. 376.

Le « contrat implicite » que pendant longtemps ne concerna que les cadres s'adresse aujourd'hui à l'ensemble du personnel. Les salariés doivent adhérer aux valeurs de l'entreprise. Voy. Lichtenberger «Syndicalisme et performance économique », CFDT. Aujourd'hui, juillet 1990.

87. B. Teyssie, *Droit du travail. Relations individuelles du travail,* Litec, n° 642.

celui-ci réduit la liberté d'action du salarié ; même en l'absence d'une clause de non-concurrence il doit s'abstenir de tout comportement déloyal.

La soumission du salarié n'exonère pas l'employeur de toute obligation ; le devoir de loyauté est réciproque. Si le salarié n'a pas à divulguer des informations à caractère confidentiel en échange l'employeur doit veiller à ne pas communiquer des renseignements qui porteraient atteinte à la vie privée du salarié. C'est ainsi que l'employeur auquel ont été transmis des faits confidentiels intéressant la santé d'un travailleur est tenu à une obligation de discrétion[88]. Dans un arrêt du 19 novembre 1985 la chambre criminelle de la Cour de cassation observe que *« celui qui a reçu la confidence d'un secret a toujours devoir de le garder »*.

Outre cette obligation l'employeur ne peut utiliser n'importe quel moyen pour collecter les informations souhaitées. S'il a le droit de contrôler l'activité des salariés pendant le temps de travail le recours aux nouvelles technologies ne doit pas être source d'abus et de dérive. Les formes de contrôle sont de plus en plus perfectionnées : l'auto commutateur téléphonique, la vidéo surveillance, les badges électroniques, les logiciels de contrôle et d'évaluation, les épinglettes interactives... placent le salarié dans *« une toile d'araignée technologique »*[89].

La bonne foi de l'article 1134 du Code civil n'a pas suffit à éviter les dérapages aussi de nombreux textes ont-ils été adoptés visant à réhabiliter la personne du salarié et à lui restituer sa dignité perdue. Le droit applicable aux nouvelles technologies repose sur trois principes : la loyauté – l'article L. 121-8 du Code du travail précise qu'*« aucune information concernant personnellement un salarié... ne peut être collectée par un dispositif qui n'a pas été porté préalablement à la connaissance du salarié »* – la proportionnalité et la finalité – l'article L. 120-2 C.T. prévoit que *« nul ne peut apporter aux droits des personnes et aux libertés individuelles et collectives de restrictions qui ne seraient pas justifiées par la nature de la tâche à accomplir ni proportionnées au but recherché »*.

La transparence organisée par les textes ne permet toutefois pas de placer les rapports de travail sous le signe d'une loyauté *« pure et parfaite »*. Le législateur français a fait preuve de frilosité en n'osant pas atteindre *« le second degré de loyauté »*[90], le consentement de la personne surveillée n'étant pas requis[91], contrairement à la solution préconisée en matière de conservation en mémoire informatisée de données nominatives (art. 31 de la loi du 6 janvier 1978).

La loyauté qui devrait être le ferment de la relation individuelle de travail imprègne aussi les relations collectives[92]. La loi et la jurisprudence font en sorte de sanctionner les pratiques déloyales de travail.

---

88. J. SAVATIER, « Secret médical et obligation de discrétion de l'employeur », *Dr. soc.*, 1986, p. 419.

89. J. FRAYSSINET, « Nouvelle technologie et droits fondamentaux des salariés », loc. cit., p. 36.

Voy. aussi : J.-E. RAY, « Nouvelle technologie et nouvelles formes de subordination », dans numéro spécial *Dr. soc.*, le droit du travail à l'épreuve des nouvelles technologies, 1992, p. 525.

La réflexion de P.-Y. GAUTIER, *Rev. trim. dr. civ.*, 1992, p. 419, n° 7, « L'entreprise serait-elle en passe de devenir un nid d'espions ? »

90. J.-E. RAY, « Nouvelles technologies... », loc. cit., p. 536.

91. Voy. les exemples étrangers cités par J.-E. RAY, ibid : droit espagnol – droit italien.

92. Sur ces différents aspects voy. J.-E. RAY, « Droit du travail et règles morales » dans ouvrage collectif *Ethique, Déontologie et gestion de l'entreprise,* Economica, collection Gestion, 1992, p. 109.

« La négociation collective appelle un minimum de confiance dans la rectitude du partenaire. Celle-ci ne se décrète pas. Elle se conquiert. Elle implique bonne foi et loyauté dans la conduite de la négociation »[93]. Pour parvenir à un accord les partenaires sociaux doivent s'abstenir d'exercer tout moyen de pression et une fois l'accord conclu de s'engager dans un conflit collectif. En Allemagne, en Suède et aux États-Unis les accords engendrent une obligation de paix, immanente à la convention ou dérivant d'une clause expresse[94].

Aux États-Unis le Labor Management Relations Act de 1947 impose à chacune des parties de négocier de bonne foi, avec la volonté sincère de parvenir à un accord.

Le National Labor Relations Board et les cours fédérales contrôlent les divers comportements. *« Dans certains cas, l'examen portera seulement sur des actes bien définis, comme la prise de décision unilatérale sans offre véritable de concertation avec l'autre partie, le fait d'imposer des préalables à la négociation... le refus de communiquer au partenaire les informations dont il a besoin, le recours à des manœuvres dilatoires ou frauduleuses... l'utilisation abusive d'armes économiques comme la grève ou le lock-out »*[95]. En France rien de tel, chacun peut recourir à des moyens de pression pour assurer le triomphe de ses idées, cependant depuis quelques années des mesures ont été prises visant à introduire un minimum de loyauté dans le déroulement des négociations. Afin d'empêcher les salariés de se mettre en grève pour obtenir l'ouverture de pourparlers le législateur, par la loi du 13 novembre 1982, a imposé aux employeurs une obligation annuelle de négocier avec les représentants syndicaux sur les salaires effectifs, la durée effective et l'organisation du temps de travail. Tant que la négociation est en cours *« l'employeur ne peut, dans les matières traitées, arrêter de décisions unilatérales concernant la collectivité des salariés, à moins que l'urgence ne le justifie »* (art. L. 132-29 al. 1). Cette disposition tend à éviter que l'employeur, par une décision intempestive, ne mette fin à des négociations difficiles ; la stratégie reste de mise malgré tout et la conclusion d'un accord nullement inéluctable. *« Le manquement de l'employeur à l'obligation de négocier de bonne foi ne peut entraîner aucune sanction pénale »*[96].

La moralisation naissante des échanges sociaux se retrouve au stade de l'exécution des conventions collectives. Selon l'article L. 135-3 *« Les organisations de salariés et les organisations ou groupements d'employeurs, ou les employeurs pris individuellement, liés par une convention ou un accord collectif de travail, sont*

93. B. Teyssie, « A propos de la négociation collective d'entreprise », *Dr. soc.* 1990, p. 578.

94. G. Aubert, *L'obligation de paix du travail. Etude de droit suisse et comparé,* Genève, Librairie de l'Université, Georg, 1981.

S. Jauffret-Epstein, « Le devoir de négocier de bonne foi en droit du travail américain », *Rev. int. dr. comp.* 1982, p. 1123.

X. Blanc-Jouvan, « La négociation d'entreprise en droit comparé », *Dr. soc.* 1982, p. 718.

X. Blanc-Jouvan, « La négociation collective d'entreprise : l'expérience des États-Unis », *Dr. soc.* 1990, p. 638.

H. Thiebault, « La négociation collective, l'expérience allemande », *Dr. soc.* 1990, p. 647.

95. X. Blanc-Jouvan, « La négociation collective d'entreprise : l'expérience des États-Unis », loc. cit., p. 641.

96. J. Savatier, « L'obligation de négociation annuelle dans l'entreprise : quelle sanction ? «, *Dr. soc.* 1990, p. 154.

tenus de ne rien faire qui soit de nature à en compromettre l'exécution loyale ». Est-ce à dire qu'une obligation de paix sociale découle de la convention ? La solution française est semble-t-il très éloignée de celle préconisée par les droits allemand et américain. En Allemagne l'obligation de paix est relative, les travailleurs peuvent recourir à la force lorsque l'employeur ne satisfait pas à ses obligations. Aux États-Unis, elle est absolue, de nombreuses conventions collectives prohibent tous les actes d'hostilité, quel que soit leur but[97].

Pour la doctrine française le droit de grève ayant valeur constitutionnelle la convention collective ne saurait donner naissance à une obligation de paix. Pourtant selon Durand et Vitu, sauf à en compromettre l'exécution loyale, employeurs et travailleurs *« ne peuvent exercer une pression sur tout cocontractant, par le moyen d'un conflit collectif, pour obtenir une modification de la convention »*[98]. Cette obligation de paix n'est pas immanente à la convention mais est susceptible de découler de clauses insérées dans l'accord que seuls ses signataires auront à respecter. Les tiers ont bien évidemment le droit de cesser leur activité aux fins de faire triompher leurs revendications.

Les conflits collectifs ont eux aussi favorablement accueilli la loyauté dans les comportements. Loin de se résumer à un écrasement de l'adversaire ils se développent dans le respect des lois de la guerre[99]. Une éthique des conflits du travail est née *« autour des idées d'égalité des armes et du refus des pratiques déloyales »*[100]. Afin d'éviter les débordements les juges ont posé les règles du jeu ; la grève étant définie comme un arrêt collectif et concerté de travail destiné à faire aboutir des revendications professionnelles les juges refusent cette qualification toutes les fois que l'une quelconque de ces conditions n 'est pas remplie. La grève politique, l'exécution défectueuse ou au ralenti donnent lieu à sanction. Mais sous couvert de désorganisation de l'entreprise les tribunaux tendent à rétrécir exagérément l'exercice normal du droit de grève (cf. § 2).

- Loyauté lors de la rupture du lien contractuel

La loyauté caractérisant la relation de travail s'appuie sur des rapports de confiance, aussi la question s'est elle posée de savoir si une crise de confiance devait engendrer une rupture de l'union contractuelle. La frontière est difficile à tracer car il n'est pas toujours aisé de déterminer *« le seuil à partir duquel la perte de crédit, peut fonder la résiliation unilatérale du contrat »*[101]. La loi du 13 juillet 1973 en subordonnant le licenciement à l'existence d'une cause réelle et sérieuse devait éliminer tous les abus autrefois constatés et le subjectivisme qui jusqu'alors caractérisait le licenciement.

Cet objectif, pendant un temps, a été perdu de vue, la perte de confiance est *« devenue un moyen de routine dans le contentieux du licenciement, presque une*

97. G. AUBERT, *L'obligation de paix du travail,* op. cit., p. 74 et suiv.
98. P. DURAND et A. VITU, *Traité de droit du travail,* t. III, Paris 1956, p. 592.
99. J.-E. RAY, *Droit du travail et règles morales,* loc. cit., p. 110.
Voy. aussi J.-E. RAY, *Les pouvoirs de l'employeur à l'occasion de la grève,* Litec, 1986.
100. J.-E. RAY, *Droit du travail et règles morales,* ibid.
101. B. BOUBLI, « La rupture du contrat. Rapport général », *Dr. soc.* 1986, p. 570.

clause de style »[102]. Il suffisait que le fait invoqué par l'employeur soit réel, mais le sérieux des motifs échappait largement au contrôle des tribunaux de sorte que le licenciement du salarié relevait de la subjectivité de l'employeur.

Par deux arrêts du 29 novembre 1990 et du 9 janvier 1991[103], la Cour de cassation rejoint la loi, *« un licenciement pour une cause inhérente à la personne du salarié doit être fondé sur des éléments objectifs ; la perte de confiance à l'égard du salarié ne constitue pas en soi un motif de licenciement »*. L'objectivation tant souhaitée par le législateur est ici réalisée, le divorce pour incompatibilité d'humeur n'est plus de mise.

La référence à l'exigence de loyauté se rencontre en dernier lieu en matière probatoire. *« Si l'employeur a le droit de contrôler et de surveiller l'activité de ses salariés pendant le temps de travail, tout enregistrement, quels qu'en soient les motifs, d'images ou de paroles à leur insu, constitue un mode de preuve illicite »*[104]. L'obligation de correction qui doit présider à la recherche des éléments de preuve est ainsi préservée. *« L'employeur doit proportionner son action à la situation et n'agir que d'une manière ouverte et contradictoire »*[105].

II – L'ÉCONOMISME

Vue sous l'angle de l'individualisme libéral qui triomphait au début du XIXe siècle l'entreprise se résumait à une lutte des classes. L'asservissement de l'homme répondait à une logique de profits. L'approche était exclusivement contractuelle, l'employeur détenant les moyens de production abusait de sa suprématie économique en imposant aux salariés des conditions inhumaines.

Ultérieurement le législateur s'est préoccupé du sort des salariés et a gommé tous les abus anciennement constatés. Puis l'analyse a été renouvelée, la théorie contractuelle a subi l'influence de la théorie institutionnelle. *« L'entreprise moderne est, dit-on, une communauté d'hommes – communauté au sein de laquelle règne une certaine solidarité due à la collaboration à l'œuvre économique commune. Elle constitue une sorte d'institution... dans l'entreprise ainsi conçue le chef cesse d'agir*

102. F. GAUDU, « Le licenciement pour perte de confiance », *Dr. soc.* 1992, p. 32.

Voy. aussi A. CHIREZ, « La perte de confiance de l'employeur constitue-t-elle une cause réelle et sérieuse de licenciement ? », *D.* 1981, chr. p. 193.

103. En annexe de l'article de F. GAUDU, loc. cit., p. 38.

104. Cass. soc. 20 novembre 1991, Mme Néocel c. Spacter, Bull. civ. V, n° 519, p. 323 ; *D.* 1992, p. 73. Concl. Y. CHAUVY ; *Dr. soc.* 1992, p. 28 rapport Ph. WAQUET ; *Rev. trim. dr. civ.* 1992, p. 365, n° 2, obs. J. HAUSER ; p. 418, n° 7, obs. P.-Y. GAUTIER.

Voy. aussi Aix, 18° ch. 4 janvier 1994, n° 9, *Bulletin d'Aix,* Extraits, Contributions du centre de droit social 1993 et 1994, note J. COLONNA, p. 118.

« Compte tenu des possibilités de montage et de trucage qu'offre l'évolution des techniques, un film vidéo ne présente pas des garanties suffisantes d'authenticité, d'impartialité et de sincérité, concernant tant sa date que son contenu, pour pouvoir être considéré comme probant des fautes invoquées comme motif de licenciement ».

105. Rapport du conseiller Ph. WAQUET, « Un employeur peut-il filmer à leur insu ses salariés ? », *Dr. soc.*, 1992, p. 31.

dans son intérêt propre et s'il dirige c'est parce qu'une fonction de direction lui incombe naturellement »[106].

Cette dissociation devrait logiquement avoir pour conséquence une amélioration du sort des salariés dans la mesure où les intérêts personnels de l'employeur ne sont plus seuls en jeu.

La réalité est plus perfide, les conflits entre employeur et salariés ont fait place à une opposition entre salariés eux-mêmes. Les intérêts du plus grand nombre occultent ceux de l'individu. Le bien commun absorbe en quelque sorte les intérêts égoïstes, il en résulte des solutions très défavorables pour les salariés.

A – LES DROITS DES SALARIÉS RUINÉS PAR L'INTÉRÊT DE L'ENTREPRISE

La recherche du bien commun répond à un idéal philosophique qui dépasse souvent les limites de l'entreprise. La jurisprudence s'inscrit dans cette quête et ce en dehors de toute invitation législative. Toutefois, l'intérêt de l'entreprise se confondant trop souvent avec l'intérêt de l'employeur une réaction s'est faite jour tendant à épargner les salariés de solutions trop brutales.

1 – Les précédents philosophiques

Le bonheur du plus grand nombre a guidé depuis fort longtemps la démarche des philosophes.

Selon Aristote l'objet du droit est le partage des richesses, la distribution et la redistribution des biens et des fonctions publiques selon les exigences d'un groupe[107] mais le rôle du juriste n'est pas de se mettre au service de la recherche du plaisir. Profondément différente est la conception du droit admise par Bentham qui se caractérise par la confusion entre le juste et l'utile. Il assigne au législateur l'obligation de faire des lois dont le but est de procurer le plus grand plaisir au plus grand nombre. Selon Bentham *« la morale, en général, est l'art de diriger les actions des hommes, de manière à produire la plus grande somme possible de bonheur. La législation doit avoir précisément le même objet »*[108]. Cette assimilation de la morale au droit de l'état de nature n'a cependant pas pour vocation de réaliser le bonheur universel, elle sert les intérêts d'une seule classe, celle qui possède déjà la richesse économique[109].

La doctrine de l'Église ne pouvait ignorer cette question. A la suite de Saint Thomas d'Aquin le Pape Léon XIII porta l'accent sur le bien commun, *« on ne*

---

106. G. Lyon-Caen, « L'entreprise dans le droit du travail », dans *Etudes de droit contemporain,* VII Congrès international de droit comparé, Uppsala 1966, éd. Cujas, 1966, p. 333.

Voy. aussi M. Despax, *L'entreprise et le droit,* LGDJ, Bibliothèque de droit privé, T. 1, 1957, p. 195 et suiv.

107. Aristote, *Ethique à Nicomaque,* V, 6, 1131a, 1-32.

Voy. M. Villey, *Leçons d'Histoire de la philosophie du droit,* Paris, 2e éd. 1962, p. 118 et suiv.

108. Bentham, *Principes de législation,* chapitre XII, Dumont, Œuvres, vol. I, p. 37.

109. Voy. M. El Shakankiri, *La philosophie juridique de Jeremy Bentham,* LGDJ, Bibliothèque de philosophie du droit, vol. XI, 1970, p. 244.

saurait en aucune façon permettre que l'autorité civile tourne au profit d'un seul ou d'un petit nombre, car elle a été instituée pour le bien commun de tous »[110]. *« Tous les citoyens sans exception doivent apporter leur part à la masse des biens communs qui, du reste, par un retour naturel, se répartissent de nouveau entre les individus »*[111]. Ramené au niveau de l'entreprise le bien commun n'est pas la somme des intérêts particuliers, *« il suppose qu'on les évalue et qu'on les harmonise en fonction d'une hiérarchie des valeurs équilibrée et en dernière analyse d'une conception correcte de la dignité et des droits de la personne »*[112].

La théorie institutionnelle de l'entreprise s'est développée dans l'entre deux-guerres. La loi allemande du 20 janvier 1934, produit du national – socialisme, reconnaissait l'entreprise en tant que communauté de travail. Chacun de ses membres, actionnaire, dirigeant, travailleur, concourait à la réalisation de l'idéal commun. Pour parvenir à ce but les syndicats avaient été démantelés, les conventions collectives abrogées et les conflits collectifs interdits[113].

L'article 2 de cette loi évoquait le devoir du führer (autorité de droit public distincte du chef d'entreprise) de veiller au bien-être du personnel et celui des salariés de se conduire de manière loyale et fidèle vis à vis du führer[114].

Ces idées devaient, en France, inspirer Paul Durand, chantre de la théorie institutionnelle de l'entreprise[115]. Universalité de fait l'entreprise n'a plus pour finalité de satisfaire les intérêts égoïstes des seuls dirigeants, *« non plus lacis d'opérations juridiques et économiques agencé par et pour les détenteurs du capital, mais au contraire institution unissant autour d'un intérêt commun – l'intérêt de l'entreprise – le capital et le travail »*[116]. L'intérêt de l'entreprise transcende les intérêts conflictuels des membres qui la composent et demeure une réalité constante quels que soient les événements perturbant sa structure ou son organisation. En particulier les dirigeants doivent être guidés par un seul but : assurer la pérennité et l'intégrité de l'entreprise.

Cette conception a été critiquée par beaucoup. Il lui a été reproché de *« masquer les réalités fondamentales que sont socialement l'antagonisme de classes*

110. *Encyclique Immortale Dei,* Acta Leonis XIII, V, 1985, p. 121.

111. *Rerum novarum,* n° 27-3.

112. Jean Paul II, *Centesimus Annus,* 1991, §. 47.

Voy. aussi le §. 35 « Le but de l'entreprise n'est pas uniquement la production du profit, mais l'existence même de l'entreprise comme communauté de personnes qui, de différentes manières recherchent la satisfaction de leurs besoins fondamentaux et qui constituent un groupe particulier au service de la société toute entière ».

113. W. SIEBERT, *Das Arbeitverhältnis in der Ordnung der nationalen Arbeit,* Hanseatische Verlagans-talt, Hambourg, 1935.

A. NIKISCH, *Abeitsvertrag und Arbeitserhältnis,* Deutscher Rechsverlag, Berlin, 1941.

114. Sur cette loi voy. L. FRANÇOIS, « La nature juridique du règlement d'atelier. Etude de droit allemand, belge et français », *Ann. Fac. dr. Liège,* 1961, p. 592.

115. P. DURAND, « La notion juridique d'entreprise », *Travaux de l'Association H. Capitant,* T. 3, 1947, p. 45.

P. DURAND et JAUSSAUD, *Traité de droit du travail,* t. I, Dalloz, 1947.

A. ROUAST et P. DURAND, *Droit du travail,* Précis Dalloz, 1957.

116. A. SUPIOT, « Groupes de sociétés et paradigme de l'entreprise », *Rev. trim. dr. com.*, 1985, p. 623.

et juridiquement la primauté du droit de propriété des apporteurs de capitaux »[117]. Malgré tout cette construction doctrinale a profondément imprégné le droit contemporain du travail. Le droit positif, sans y adhérer ostensiblement, reconnaît que l'entreprise est une communauté organisée.

Le professeur Supiot a démontré avec talent que le développement de l'idée d'intérêt de l'entreprise s'est accompagné du sacrifice de la fraternité. *« L'intérêt remplace le sentiment comme principe d'union des individus »*[118].

Le capitalisme fait reposer le droit sur des considérations rationnelles et a repoussé le sentiment, l'affection et le sacré comme ciment social. *« La nouveauté est que la fraternité apparaît comme un objectif explicite auquel le droit, entre autres instruments, doit concourir, et non plus comme le produit spontané d'une parenté mythique. Tandis que dans la fraternité le sentiment communautaire précède et conditionne le droit, c'est l'inverse qui se produit dans une conception instrumentale : le droit social est censé précéder le sentiment communautaire, qui n'en est qu'une conséquence éventuelle, mais non nécessaire »*[119].

La présence de *« l'intérêt de l'entreprise »* est de plus en plus perceptible en jurisprudence qui y fait référence pour asseoir nombre de ses décisions. Mais curieusement alors même qu'il pourrait sembler que cette notion phare est de nature à renforcer les droits des salariés c'est une tendance contraire qui se manifeste. Sous couvert des intérêts de l'entreprise sont imposées aux salariés des solutions qui leur sont fort préjudiciables.

2 – La consécration jurisprudentielle

La référence à l'intérêt de l'entreprise n'a de sens que si son appréciation échappe à l'employeur pour être confiée au juge. Il apparaît que la reconnaissance de cet intérêt supérieur passe par le sacrifice des intérêts inférieurs du salarié ; nombre de ses droits fondamentaux ou libertés publiques sont menacés et son emploi fragilisé.

a) *Les restrictions aux libertés individuelles*

La nature particulière de l'entreprise peut justifier que des restrictions soient apportées aux libertés des salariés. Dans les entreprises dites de tendance (entreprises de presse, établissements scolaires privés, partis politiques...) des atteintes sont susceptibles d'être introduites à la liberté du mariage ou à la liberté de conscience[120]. Dans un arrêt du 19 mai 1978 l'assemblée plénière de la Cour de cassation a jugé qu'il pouvait être porté atteinte à la liberté du mariage *« dans des*

---

117. G. Couturier, « L'intérêt de l'entreprise », dans *Les orientations sociales du droit contemporain Ecrits en l'honneur du Professeur Jean Savatier,* PUF, 1992, p. 147.

118. A. Supiot, *critique du droit du travail,* PUF, Les voies du droit, 1994, p. 129.

119. Ibid.

120. Voy. R. Vatinet, « L'expression des salariés », dans *Les transformations du droit du travail. Études offertes à G. Lyon-Caen,* Dalloz, 1989, p. 395.

cas très exceptionnels où les nécessités des fonctions l'exigent impérieusement »[121]. Dans les entreprises de presse les journalistes sont tenus de respecter l'orientation affichée ; c'est ainsi qu'un journaliste a du quitter un quotidien parisien après avoir signé une pétition en faveur du candidat François Mitterand alors même que ce quotidien défendait une autre idéologie.

Outre ces sujétions particulières la jurisprudence offre de multiples illustrations d'atteinte au droit d'expression. Les tribunaux se sont montrés soucieux d'assurer la protection de cette liberté fondamentale et n'ont admis une amputation de ce droit qu'aux cas où les intérêts de l'entreprise l'imposent.

S'agissant des membres d'un ordre professionnel le Conseil d'État, dans un arrêt du 29 juillet 1950, a précisé que les règles impératives édictées par l'ordre *« n'ont une base légale que lorsque les restrictions auxquelles elles soumettent les libertés individuelles des membres de l'ordre ont un rapport direct avec les fins assignées à son activité et répondent aux besoins de son fonctionnement normal »*[122].

L'obligation de discrétion du salarié se justifie par la nature de la tâche à accomplir, la finalité de l'entreprise et le trouble caractérisé qui s'y est produit[123]. Les juges ont toutefois eu la volonté de préserver au mieux le droit d'expression du salarié et n'ont accueilli le trouble caractérisé que dans des hypothèses extrêmes. Si la cour de Grenoble a justifié le licenciement du responsable d'une association d'aide communautaire pour avoir tenu, en dehors de son travail, des propos méprisant envers la population locale[124] en revanche la Cour de cassation, à l'occasion de la célèbre affaire Clavaud – ouvrier caoutchoutier au service de la société Dunlop qui avait relaté dans l'Humanité en des termes critiques une de ses nuits de travail – déduit que l'exercice du droit d'expression dans l'entreprise étant dépourvu de sanction il ne pouvait en être autrement hors de l'entreprise où il s'exerce, sauf abus, dans toute sa plénitude[125].

Cette obligation de discrétion se transforme-t-elle en certains cas en une obligation de révélation ? la question se pose lorsque le salarié a connaissance d'agissements frauduleux ou criminels d'un collègue de travail. Si la jurisprudence française est étrangement discrète sur cette question par contre nombreuses sont les décisions au Québec[126]. A l'occasion d'une affaire où un salarié contestait le

---

121. Ass. Plén. 19 mai 1978, *D.* 1978, 541 concl. R. Schmelck, note Ph. Ardant ; *J.C.P.* 1978, II, 19009, note R. Lindon (enseignante licenciée par un établissement d'enseignement confessionnel pour avoir divorcée et s'être remariée).

122. *Rev. dr. public* 1951, p. 212, concl. Odent, note Waline.

Voy. aussi trib. adm. Paris, 2 février 1987, *Dr. soc.* 1987, p. 649.

123. M. Buy, « Libertés individuelles des salariés et intérêts de l'entreprise : un conflit de logiques », dans *Les droits fondamentaux des salariés face aux intérêts de l'entreprise,* Presses universitaires d'Aix-Marseille, 1994, p. 24.

124. Grenoble 21 décembre 1989, *B. S. Lefebvre* 10 / 90, p. 473.

125. Affaire Clavaud.

* Riom 2 mars 1987, *Dr. ouvrier* 1987, p. 97, note G. Lyon-Caen ; *D.* 1987, p. 427, note E. Wagner.

* Cass. soc. 28 avril 1988, *Dr. soc.* 1988, p. 428 concl. H. Ecoutin, note G. Couturier ; *Dr. ouvrier* 1988, p. 249, A. Jeammaud et M. Le Friant ; *J.C.P.* 1988, éd. E, II, 15270, n° 6, obs. B. Teyssie.

126. N. Di Iorio et L. Lesage, « La bonne foi et le contrat de travail : affaire de morale ou morale d'affaires », *La revue juridique Thémis,* numéro spécial Journées Maximilien-Caron, la morale et le droit des affaires, 1993, vol. 27, n° 2-3, p. 351.

congédiement qui lui avait été notifié à la suite de son refus de collaborer à une enquête menée par l'employeur au sujet des agissements malhonnêtes d'un groupe de travailleurs l'arbitre précise qu'*« en s'embauchant auprès d'une entreprise, un employé accepte implicitement de partager une communauté d'intérêts. S'il lui arrive de devoir choisir entre la loyauté à cette communauté et la loyauté à des personnes qui ont transgressé les règles de conduite du milieu de travail, il doit supporter les conséquences du choix qu'il fait »*[127].

b) *La paralysie du droit de grève*

Pour faire triompher leurs revendications les salariés peuvent recourir à la grève. Ce mode d'action, longtemps interdit, a été permis par une loi du 25 mai 1864 abolissant le délit de coalition. L'Église, depuis Léon XIII, reconnaît aux travailleurs l'usage de la grève mais dans des limites assez étroites. La grève, se concrétisant parfois par des actes de violence, tombe sous le coup de la loi générale de la moralité de l'emploi de la force. Elle conserve en conséquence un caractère exceptionnel, c'est en quelque sorte l'échec des discussions qui donne à la grève sa légitimité. Les salariés doivent s'abstenir de paralyser la vie socio-économique, *« cela serait contraire aux exigences du bien commun de la société, qui correspond également à la nature bien comprise du travail lui même »*[128].

Rien de tel dans la loi civile. La grève a reçu la reconnaissance constitutionnelle, *« longtemps considérée comme un simple phénomène de violence, la grève est devenue, dans les sociétés démocratiques évoluées, une liberté collective nécessaire ou encore une modalité légitime de défense des intérêts professionnels, faisant contrepoids au pouvoir de la direction »*[129]. Si la grève est en général licite comme étant l'exercice d'un droit elle peut devenir abusive ou fautive lorsqu'elle est exercée avec l'intention de nuire ou en violation des modalités normales[130]. Le législateur, à défaut d'apporter des précisions, s'est réfugié dans la notion malléable *« d'exercice normal du droit de grève »*. Les juges ont du, en conséquence, tracer les limites à respecter à l'occasion de l'expression de ce droit.

La conciliation entre les intérêts antagonistes des capitalistes et des travailleurs serait, selon une partie de la doctrine, recherchée référence faite à l'intérêt de l'entreprise. La condamnation des grèves répétées, des grèves – bouchons et autres grèves tournantes illustrerait la démarche[131].

Mais cette conciliation est *« parfaitement utopique »*[132] aussi apparaît-il souvent que l'intérêt de l'entreprise n'est rien d'autre qu'un alibi, un amenuisement

---

Voy. aussi C. D'Aoust, L. Leclerc et G. Trudeau, *Les mesures disciplinaires : étude jurisprudentielle et doctrinale,* Montréal, Ecole des relations industrielles de l'Université de Montréal, 1982.

127. Affaire Syndicat des travailleurs et travailleuses de l'Hôpital Maisonneuve-Rosemont c. Hôpital Maisonneuve-Rosemont, 8 novembre 1991.

128. Jean-Paul II, *Laborem Exercens,* 21, 7.

129. G. Lyon-Caen, J. Pelissier, A. Supiot, *Droit du travail,* Précis Dalloz, 17e éd., 1994, p. 830.

130. G. Lyon-Caen, J. Pelissier, A. Supiot, *Droit du travail,* op. cit., p. 832.

131. G. Lyon-Caen, « Les principes généraux du droit du travail », dans *Tendances du droit du travail français contemporain. Etudes offertes à G. H. Camerlynck,* Dalloz, 1978, pp. 42-43.

132. H. Sinay et J. C. Javillier, « La grève » dans *Traité de droit du travail* de G. H. Camerlynck, 2e éd. 1984, n° 117, p. 185.

d'un droit à valeur constitutionnelle. Toutefois, après un moment d'égarement les tribunaux sont revenus à la raison en retenant l'abus du droit de grève non plus au cas de désorganisation de la production, puisque par définition elle est la conséquence nécessaire de toute grève, mais désormais au cas de désorganisation de l'entreprise[133]. L'insécurité reste grande en l'absence de définition précise.

c) *L'emploi menacé*

Les contraintes de gestion sont-elles compatibles avec le respect de l'être humain ?

Le conflit fondamental, selon Max Weber, oppose la morale de la responsabilité à la morale de la conviction[134]. La première est tributaire des contraintes que le gestionnaire rencontre, *« sa caractéristique est d'être une conduite qui, une fois le but posé après mûre réflexion, choisit les moyens les plus appropriés en tenant compte des conséquences prévisibles susceptibles de contrecarrer le déroulement de l'action»*[135]. L'éthique de la responsabilité est essentiellement fondée sur la recherche de l'efficacité et le choix des moyens les mieux adaptés aux fins poursuivies. Pour réaliser le but qu'il s'est fixé le gestionnaire n'hésitera pas à prendre des décisions que sa morale réprouve : licenciement de ses collaborateurs – non respect des règles de sécurité...

L'éthique de la conviction, tout au contraire, tend vers un idéal et vise à faire triompher le bien sur le mal. Le chef d'entreprise agit selon ses croyances sans se préoccuper des conséquences nuisibles pour la firme[136]. Pareille attitude ne peut très longtemps se désintéresser des contraintes de la vie économique.

Ce débat se retrouve dans la pensée chrétienne. L'Église ne condamne pas les profits qu'elle considère comme étant la contrepartie des risques encourus et la condition nécessaire au développement de l'entreprise. Mais le profit n'est qu'un moyen et non une fin en soi.

L'Église condamne les entrepreneurs qui cherchent à tirer *« le profit le plus élevé possible de l'entreprise »*[137]. Selon Pie XI *« il faut tout mettre en œuvre afin que, dans l'avenir du moins la part des biens qui s'accumule aux mains des capitalistes soit réduite à une plus équitable mesure et qu'il s'en répande une suffisante abondance parmi les ouvriers »*[138].

En jurisprudence cette conception s'est heurtée au pouvoir de direction du chef d'entreprise. Malgré la subordination du licenciement à l'existence d'une cause réelle et sérieuse, *« l'employeur reste, dans l'exercice d'un pouvoir inhérent à sa*

133. Cass. soc. 10 juillet 1991 cité par J.-E. RAY, « 1988-1991 : un nouveau droit jurisprudentiel de la grève », *Dr. soc.* 1991, p. 717.

134. M. WEBER, *Politik als Beruf, Le savant et le politique,* Paris, Plon, 1959, p. 186 et suiv.

135. J. FREUND, *Sociologie de Max Weber,* PUF, coll. Le sociologue, 1966, p. 93.

Voy. aussi R. ARON, *Les étapes et la pensée sociologiques,* Gallimard – Tel, 1967.

136. J. ORSONI, « Théorie des organisations : la question de la morale d'entreprise », *Mélanges en l'honneur de G. Mérigot,* Economica, 1992.

137. Jean Paul II, *Laborem Exercens,* 17, 3.

138. *Acta apostolicae sedis,* 1931, p. 198.

qualité de responsable, seul juge de ce que requiert l'intérêt de l'entreprise »[139], le juge ne peut en conséquence substituer sa propre appréciation à celle de l'employeur.

Depuis la fin des Trente Glorieuses l'entreprise se meut dans un univers économique difficile, voire impitoyable. Ses représentants, afin de préserver sa compétitivité et de l'adapter aux exigences de la concurrence, sont amenés, au nom de l'intérêt de l'entreprise, à prendre des décisions difficiles se traduisant soit par des sacrifices pour les salariés, soit, pire encore, par une perte de leurs emplois. Ce raisonnement est toutefois vicié, l'intérêt de l'entreprise alors même qu'il transcende les intérêts catégoriels est abandonné à l'appréciation souveraine de l'employeur. La séparation est artificielle, l'employeur ayant vraisemblablement tendance à ramener les intérêts de l'entreprise à ses intérêts personnels.

Malgré cette dérive les tribunaux ont admis que la restructuration de l'entreprise répondant à une logique de marché justifiait le licenciement de salariés. Ainsi au sujet du licenciement de plusieurs salariés ayant refusé une modification substantielle de leur contrat de travail impliquant une baisse de leur salaire la Cour de cassation a estimé « *que la réorganisation des salaires destinée à supprimer des différences existant entre deux établissements industriels identiques et, ainsi, rendre les coûts de fabrication comparables à ceux des entreprises concurrentes, était une mesure prise dans l'intérêt de l'entreprise* »[140]. La réorganisation peut être également justifiée par la recherche d'une égalité de rémunération entre les salariés de même catégorie professionnelle[141], l'amélioration de la qualité des produits[142] ou la restructuration d'un réseau commercial[143].

Une réaction toutefois se fait jour. Dans un arrêt du 28 septembre 1994 la Cour d'appel de Dijon a constaté que compte tenu de la progression du chiffre d'affaire de 8 % pour l'année « *la réduction de la charge salariale répondait moins à une nécessité économique qu'à la volonté de l'employeur de privilégier le niveau de profit au détriment de la stabilité de l'emploi* » et qu'en conséquence « *l'intérêt de l'entreprise, envisagé dans sa globalité* » ne justifiait pas les mesures de licenciement[144]. Cet arrêt, s'il était consolidé par d'autres, aurait une grande portée en matière internationale. La poursuite d'une protection de l'emploi et non pas simplement d'une amélioration de la compétitivité sur le marché international ou européen se traduirait par une élimination des abus[145]. « *La prise en compte des nécessités de l 'emploi, dans le groupe international et dans le pays concerné par les suppressions d'emploi permettrait d'exiger que l'employeur mette en œuvre des*

139. A. Jeammaud, *Le licenciement,* Dalloz, connaissance du droit, 1993, p. 64.

140. Cass. soc. 26 janvier 1994, *Bull. civ.* V, p. 19, n° 28 ; *R.J.S.* 3/ 94, n° 234. Voy. aussi Cass. soc. 6 avril 1994.

141. Soc. 14 décembre 1993, *UIMM* n° 94-569, p. 57.

142. Soc. 29 mars 1994, *Liaisons sociales,* n° 7044.

143. Soc. 6 avril 1994, *Liaisons sociales,* loc. cit.

144. Voy. *Rev. prat. dr. soc.*, avril 1995, pp. 135-136.

145. En ce sens, voy. J. M. Legrand et A. Lyon-Caen, Communication aux journées de droit social de Nanterre du 17 juin 1994.

alternatives aux suppressions d'emploi, de façon à ce que l'avantage tiré de l'opération de délocalisation ne soit pas opéré au seul détriment des salariés »[146].

B – LES DROITS DES SALARIÉS CONSOLIDÉS PAR L'INTÉRÊT DE L'ENTREPRISE

Le renforcement des droits des salariés se manifeste autant en cours de relation qu'à l'issue de celle-ci.

1 – Le contrôle des pouvoirs du chef d'entreprise

L'émergence de l'intérêt de l'entreprise s'est traduite par la finalisation des pouvoirs de l'entrepreneur. On sait qu'en droit des sociétés l'intérêt social est très présent « *c'est un impératif de conduite, une règle déontologique, voire morale, qui impose de respecter un intérêt supérieur à son intérêt personnel* »[147]. A l'instar du contrôle de détournement de pouvoir imaginé par le droit administratif a été instauré un contrôle portant sur les intentions de l'employeur. En cas de méconnaissance de l'intérêt social les dirigeants encourent des sanctions civiles et pénales.

Les résultats sont cependant décevants, « *le concept de détournement de pouvoir n'a vocation à assurer qu'un contrôle élémentaire de moralité, un contrôle que, dans une autre conception du droit, on pourrait qualifier de contrôle du respect de la règle du jeu* »[148]. L'opportunité des décisions prises par le titulaire du pouvoir n'est jamais abordée de sorte qu'il pourrait sembler que la règle de « *l'employeur seul juge* » conserve toute sa force. Des indices laissent à penser qu'un renforcement du contrôle est souhaité tant par le législateur que les tribunaux.

a) *Le contrôle du pouvoir de direction*

« *L'entreprise n'est qu'un outil, pas un citoyen* »[149]. L'employeur est au service de l'entreprise, il est tout à la fois maître et serviteur du bien commun. La loi, au cas de licenciements économiques, l'oblige à pourvoir à la conversion professionnelle des salariés licenciés. La jurisprudence a, de son côté, décidé que l'employeur, « *tenu d'exécuter de bonne foi, le contrat de travail, a le devoir d'assurer l'adaptation des salariés à l'évolution de leurs emplois* »[150]. A supposer qu'une

146. M.-A. Moreau, « La délocalisation des entreprises à l'étranger », dans ouvrage collectif *Les droits fondamentaux des salariés face aux intérêts de l'entreprise,* Presses Universitaires d'Aix-Marseille, 1994, p. 95.

147. M. Cozian et A. Viandier, *Droit des sociétés,* Litec, 7e éd. 1994, p. 169.

Voy. aussi : J. Schapira, « L'intérêt social et le fonctionnement de la société anonyme », *Rev. trim. dr. com.* 1971, p. 970.

148. E. Gaillard, *Le pouvoir en droit privé,* préface de G. Cornu, Economica, coll. droit. civil, 1985, p. 129.

Cet auteur renvoie à A. J. Arnaud, *Essai d'analyse structurale du Code civil français. La règle du jeu dans la paix bourgeoise,* LGDJ, 1973.

149. A. Supiot, *Critique du droit du travail,* puf, les voies du droit, 1994, p. 182.

150. Cass. soc. 25 février 1992, *Dr. soc.* 1992, p. 379 ; A. Lyon-Caen, « Le droit et la gestion des compétences », *Dr. soc.* 1992, p. 573.

clause de mobilité ait été insérée dans le contrat de travail l'employeur ne peut y recourir que dans le seul intérêt de l'entreprise. Il se rendrait coupable d'un abus de pouvoir dans le cas contraire[151].

b) *Le contrôle du pouvoir disciplinaire*

Avant qu'un texte ne se soit intéressé à cette question les juges du fond ont très souvent prononcé la nullité de mesures disciplinaires qui leur paraissaient disproportionnées avec la faute avérée commise par le salarié, mais la Cour de cassation, craignant de porter atteinte à l'appréciation de l'opportunité de la mesure litigieuse, normalement abandonnée à l'employeur, censurait les décisions des juges du fond, sauf abus manifeste[152]. Désormais l'article L. 122-43 al. 2 du Code du travail, en donnant au conseil de prud'hommes le pouvoir *« d'annuler une sanction irrégulière en la forme ou injustifiée ou disproportionnée à la faute commise »*, reconnaît au juge la faculté d'apprécier ce qui est conforme à l'intérêt de l'entreprise.

L'employeur détourne le pouvoir qu'il tient de sa qualité si la mesure disciplinaire procède *« d'autres considérations tenant à la protection d'intérêts purement personnels tels que l'assouvissement d'une vengeance ou l'élimination d'un salarié qui aurait cessé de plaire »*[153]. Il doit donc motiver sa décision et justifier la conformité de la sanction qu'il envisage de prononcer avec l'intérêt de l'entreprise.

2 – La privation du droit de rupture de l'union contractuelle

L'intérêt de l'entreprise rend plus difficile cette rupture mais aussi prive parfois de son efficacité l'engagement de non-concurrence souscrit par le salarié.

a) *La protection de la vie privée*

Le salarié n'est placé sous l'autorité de l'employeur qu'au temps de l'activité. En dehors de celui-ci l'individu a son jardin secret, sa sphère d'intimité, son domaine réservé[154], espaces clos à l'intérieur desquels nul ne peut pénétrer sans son autorisation. La séparation entre la vie publique et la vie privée n'est toutefois pas hermétique, des traits d'union les relient. La difficulté réside dans la recherche du point d'équilibre entre le pouvoir de contrôle du chef d'entreprise et le respect minimal de la vie privée[155]. En particulier la question se pose de savoir si

---

151. Cass. soc. 9 mai 1990, *Bull. civ.* V, n° 210, p. 127.

152. H. Sinay, « Le contrôle de proportionnalité des sanctions disciplinaires au regard des fautes commises », *Dr. soc.* 1979, p. 275.

153. P. Franck, conclusions, *Dr. soc.* 1991, p. 622 cité par G. Couturier, « L'intérêt de l'entreprise », loc. cit., p. 152.

154. Ph. Malaurie, *Droit civil. Les personnes. Les incapacités,* éd. Cujas 1989, n° 319.

155. M. Despax, « La vie extra-professionnelle du salarié et son incidence sur le contrat de travail », *J.C.P.* 1963, I, 1176

J. Savatier, « La protection de la vie privée des salariés », *Dr. soc.*, 1992, p. 329.

B. Bossu, « Droits de l'homme et pouvoirs du chef d'entreprise : vers un nouvel équilibre », *Dr. soc.*, 1994, p. 747.

l'employeur est en droit de licencier le salarié pour une cause tirée de sa vie privée. Le devoir de loyauté qui s'impose au salarié franchit-il les limites de l'entreprise ?

Le principe de solution est exposé par un arrêt du 22 janvier 1992, *« chacun a droit au respect de sa vie privée ; il ne peut être procédé à un licenciement pour une cause tirée de la vie privée du salarié que si le comportement de celui-ci, compte tenu de la nature de ses fonctions et de la finalité propre de l'entreprise, a créé, un trouble caractérisé au sein de cette dernière »*[156].

Nombreuses sont les illustrations jurisprudentielles. La chambre sociale a estimé justifié le licenciement d'un agent de surveillance d'une société de gardiennage qui avait commis un vol à l'étalage dans un centre commercial en dehors du temps de travail au motif *« qu'une entreprise de gardiennage a l'obligation d'avoir un personnel dont la probité ne peut être mise en doute »*[157]. A l'opposé elle a considéré abusif le licenciement d'une secrétaire qui avait acheté une voiture d'une marque célèbre alors que son employeur commercialisait des voitures d'une autre marque, non moins célèbre, au motif que *« dans sa vie privée, le salarié est libre d'acheter les biens, produits ou marchandises de son choix »*[158].

L'atteinte aux bonnes mœurs est souvent incriminée par l'employeur à l'appui d'une mesure de licenciement, c'est ainsi que l'Association Fraternité Saint Pie X avait licencié un aide – sacristain en raison de ses mœurs contraires aux principes de l'Église catholique. La Cour de cassation, après avoir rappelé que les articles L. 122-35 et L. 122-45 du Code du travail *« interdisent à l'employeur de congédier un salarié pour le seul motif tiré de ses mœurs ou de ses convictions religieuses »*, censure les magistrats du fond pour avoir rejeté la demande de dommages-intérêts pour rupture abusive sans avoir constaté que les agissements du salarié avaient crée un trouble caractérisé au sein de l'association employeur[159].

Au travers de ces quelques décisions se dégage une directive claire : les comportements extra-professionnels susceptibles de nuire au bon fonctionnement de l'entreprise peuvent être pris en considération par l'employeur pour se séparer du salarié[160]. L'importance de la perturbation dépend de la nature des fonctions du salarié et de l'objet de l'activité de l'entreprise. *« C'est la spécificité de l'activité professionnelle qui détermine l'étendue du devoir de loyauté »*.[161]

b) *Le droit à la santé*

S'il est un domaine où la morale occupe une place privilégiée c'est bien celui de la santé. Le droit qui résulte de la confrontation de doctrines et de tendances idéologiques *« ne peut être qu'une expression temporairement stabilisée, pas*

156. Cass. soc. 22 janvier 1992, *Bull. civ.* V n° 30 ; *R.J.S.* 3/92, n° 247 ; *Dr. soc.* 1992, p. 329.

157. Cass. soc. 20 novembre 1991, *Dr. soc.* 1992, p. 79.

Voy. aussi J. SAVATIER, « Le licenciement pour des faits susceptibles d'incrimination pénale », *Dr. soc.* 1991, p. 626.

158. Cass. soc. 22 janvier 1992, loc. cit.

159. Cass. soc. 17 avril 1991, *Dr. soc.* 1991, p. 485, note J. SAVATIER ; *J.C.P.* 1991, II, 21724 note A. SERIAUX ; *Droit ouvrier* 1991, p. 201, note P. BOUAZIZ ; *Rev. trim. dr. civ.*, 1991, p. 706, obs. J. HAUSER.

160. M. BUY, « L'exigence de bonne foi dans l'exécution du contrat de travail », dans ouvrage collectif *Le juge et l'exécution du contrat,* Presses Universitaires d'Aix-Marseille, 1993, p. 82.

161. D. CORRIGNAN-CARSIN, « Loyauté et droit du travail », loc. cit., p. 150.

toujours totalement rationalisée, de craintes et de sérénité, d'a priori et de réflexions, de moralité et de pitié, un droit sinon flexible, du moins fluctuant comme la vie et parfois aussi déroutant que la maladie elle-même »[162].

D'un côté la morale exige que le salarié puisse prétendre conserver son emploi malgré un état de santé défaillant, de l'autre elle jette le discrédit sur un certain nombre de maladies associées aux dérives de notre temps (libération des mœurs – toxicomanie...). Le sida, nouveau fléau des temps modernes, a engendré des discussions passionnées. Il est admis aujourd'hui que le sida est une maladie qui ne doit pas être traitée différemment des autres maladies (contrairement à la séropositivité qui n'est pas qualifiée de maladie)[163].

La volonté de protéger le droit fondamental à la santé a conduit le législateur à frapper de nullité tout comportement discriminatoire de l'employeur fondé sur l'état de santé et le handicap. Par contre une absence se prolongeant au point de rendre nécessaire le remplacement du salarié malade justifie le licenciement[164]. Les juges ne se contentent pas des allégations de l'employeur sur la gêne apportée par l'absence du salarié. Ils procèdent à un examen attentif des circonstances et tiennent compte notamment des caractéristiques de l'entreprise et de la qualification du salarié. L'employeur doit prouver par des faits précis la désorganisation de l'entreprise et la nécessité de pourvoir au remplacement définitif du salarié absent.

c) *L'appréciation restrictive des clauses attentatoires à la liberté du salarié*

Le devoir de loyauté qui pèse sur le salarié se prolonge au delà de la rupture de l'union contractuelle lorsque le contrat, ou la convention collective, renferme une clause de non-concurrence. Mais compte tenu du danger que cette clause est susceptible de représenter sa validité a été subordonnée au respect de conditions définies par la jurisprudence. Ces conditions, à l'origine nombreuses, se sont effilochées au fil du temps de sorte que la clause de non-concurrence tendait à devenir une clause de style que le salarié devait dans tous les cas respecter alors même que les risques de détournement de clientèle ou de diffusion d'informations à caractère confidentiel étaient quasi-inexistants. *« Il en résultait des solutions fort critiquables qui admettaient la validité des clauses imposées à des salariés dépourvus de qualification particulière et situés au plus bas niveau de l'échelle hiérarchique* »[165]. Dans un arrêt du 13 octobre 1988 la Cour de cassation rappelle que, conformément à l'article 1134 du Code civil, *« il n'appartient pas au juge de*

162. P.-J. Hesse, « Médecine morale et droit : de la maladie honteuse à la maladie professionnelle », dans *Religion, société et politique. Mélanges en hommage à Jacques Ellul*, PUF.

163. D. Berra, *Aspects juridiques des problèmes posés par le sida dans les relations de travail,* Semaine juridique Lamy 1988, supplément n° 416.

164. J.P. Laborde, « Quelques observations à propos de la loi du 12 juillet 1990 relative à la protection des personnes contre les discriminations en raison de leur état de santé ou de leur handicap », *Dr. soc.*, 1991, p. 617.

J.P. Laborde, « L'état de santé du salarié », dans *Les droits fondamentaux des salariés face aux intérêts de l'entreprise,* Presses Universitaires d'Aix-Marseille, 1994, p. 49.

165. A. Arseguel et M.-C. Amauger-Lattes, « L'obligation de non-concurrence et la relation de travail », *Revue française de comptabilité,* décembre 1994, p. 55.

substituer son appréciation de l'utilité pour l'employeur de l'obligation imposée au salarié à la force obligatoire de la convention des parties »[166].

La fidélité contractuelle ne se conçoit qu'autant que le contrat est juste, *« elle se présente comme une transposition de la fidélité éthique. Elle fait appel à une justice prescrivant une continuité d'attitude, l'identité de soi à soi »*[167]. Le droit du travail ayant pour raison d'être de compenser une inégalité de fait par un avantage juridique[168], on imagine mal qu'une clause de non-concurrence soit par principe validée bien *« qu'elle représente une limitation à la liberté du travail qui, ayant valeur constitutionnelle, est très certainement une règle d'ordre public »*[169].

Ces différentes critiques ont conduit la Cour de cassation à opérer un revirement radical dans un arrêt du 14 mai 1992 puisque désormais elle subordonne la validité de la clause de non-concurrence à la sauvegarde *« des intérêts légitimes de l'entreprise »*[170]. Outre le fait qu'elle met le droit français en harmonie avec la plupart des législations étrangères[171] cette décision présente l'immense mérite de faire dépendre la validité de la clause de l'activité anciennement tenue par l'intéressé dans l'entreprise. Seront prioritairement victimes de cette clause les salariés en position de cadres, et ceux détenteurs d'un savoir-faire technique ou ayant des contacts commerciaux avec une clientèle non captive.

Cette condition nouvellement introduite donne à l'obligation du salarié une cause, celle-ci n'est licite que si elle a pour but d'interdire une concurrence réellement possible.

On ne peut qu'approuver cet appel à la licéité dont on sait qu'elle n'est guère éloignée de la moralité.

Un autre exemple peut être donné de l'interprétation restrictive des clauses contractuelles. Le salarié est tenu au respect de la clause de mobilité contenue dans le contrat. En cas de refus d'accepter un déplacement une mesure de licenciement

---

166. Cass. soc. 13 octobre 1988, *D.* 1989, 122, note Y. SERRA ; *D.* 1989, Somm. 165, obs. P. FIESCHI-VIVET ; *J.C.P.*, 1989, éd. E, II, 15474, note J. AMIEL-DONAT.

167. J.M. TRIGEAUD, « Justice et fidélité dans les contrats », *Archives de philosophie du droit,* Sirey, 1983, T. 28, pp. 210-211.

168. F. LUCHAIRE, *La protection constitutionnelle des droits et des libertés,* Economica, 1989, p. 227.

J. M. VERDIER, « En guise de manifeste : le droit du travail, terre d'élection pour les droits de l'homme », dans Les orientations sociales du droit contemporain. *Écrits en l'honneur de Jean Savatier,* PUF, 1992, p. 436.

169. M. DESPAX, note sous Dijon, 18 juin 1969, *D.* 1969, 690.

170. Cass. soc. 14 mai 1992, *D.* 1992, 350, note Y. SERRA ; *J.C.P.* 1992, II, 21889, note J. AMIEL-DONAT

A. ARSEGUEL et M. C. AMAUGER-LATTES, loc. cit.

D. CORRIGNAN-CARSIN, « Validité de la clause de non-concurrence et protection des intérêts légitimes de l'entreprise », *Dr. soc.* 1992, p. 967.

Voy. aussi : Cass. soc. 8 juillet 1992, *J.C.P.* 1992 pan. 1423 ; Lyon, 30 novembre 1992, *R.J.S.* 3/93, n° 273 ; Aix, 16 juin 1993, *Bulletin d'Aix,* Contributions du centre de droit social, 1993 et 1994, note V. RENAUX Cass. soc. 1er mars 1995, R.J.S. 4/95, n° 377, p. 257

(s'agissant d'un garçon de café la clause de non-concurrence est validée à raison de ses contacts directs avec la clientèle).

171. § 74 du code de commerce allemand (HGB), « la convention restrictive de concurrence n'est pas obligatoire si elle ne sert pas à la protection d'un intérêt légitime de l'employeur ».

Il est à noter qu'en cette matière l'intérêt de l'entreprise se confond souvent avec l'intérêt de l'employeur.

est susceptible de lui être notifiée reposant sur une cause réelle et sérieuse. Toutefois, dans un arrêt du 9 mai 1990[172], il a été jugé que la mutation était susceptible de constituer de la part de l'employeur un abus de pouvoir dès lors *« qu'il n'était pas justifié que sa décision était dictée par l'intérêt de l'entreprise »*.

Le droit doit-il tendre vers la morale ? la morale doit-elle imprégner le droit ?[173]. A priori ils ne devraient jamais se rencontrer puisque *« la morale est tournée vers le dedans, le droit vers l'extérieur »*[174]. Toutefois le contrat de travail étant fortement marqué par l'intuitus personae l'autonomie de la volonté est de nature à favoriser tous les abus si les comportements des contractants ne sont pas canalisés par la morale. Certes il n'est pas question de faire triompher la morale dans toute sa plénitude, l'employeur n'a pas à faire œuvre de charité. Reste que la morale doit inspirer la conduite du chef d'entreprise en lui faisant prendre en compte le facteur humain. Dans cette quête le législateur et le juge ne sont pas totalement absents. Les lois les plus récentes visent à mieux protéger les personnes économiquement défavorisées, quant au juge l'équité et la bonne foi l'autorisent à introduire dans les interstices de la loi des solutions dictées par la loyauté et la dignité.

Un danger toutefois menace, l'éthique des affaires à force de porter l'accent sur les impératifs de saine gestion et de rentabilité risque de tuer la morale en dédaignant l'homme au profit de la collectivité.

---

172. Cass. soc. 9 mai 1990, *Bull. civ.* V, n° 210, p. 127.

173. Voy. F. Rigaux, *La vie privée. Une liberté parmi les autres ?,* Larcier, 1992, p. 161, « Il ne saurait s'agir pour le juriste assujettir la morale au droit non plus que, pour le moraliste, de subordonner le droit à la morale ».

174. B. Starck, *Introduction au droit,* Litec, 3e éd. 1991, p. 12.

MORALE ET PROCÉDURES DE PASSATION DES MARCHÉS PUBLICS (Brèves réflexions d'un publiciste)[1]

par L. RAPP
Professeur à l'Université des Sciences Sociales de Toulouse

1. – Apparemment, la morale n'a qu'un rapport lointain avec la procédure de passation des marchés publics. Pour s'en convaincre, il suffit de considérer la liste des malversations et autres délits de prises d'intérêts illégitimes qui émaillent régulièrement la chronique judiciaire. Pourtant, le droit des marchés publics, et singulièrement leurs procédures de passation, font l'objet d'un encadrement juridique très dense, contenu, pour une large part, dans le Code des marchés publics. L'on ne peut dès lors que s'étonner du peu d'effets de cette réglementation, si l'on veut bien par ailleurs faire la part des choses et ne pas accorder une importance trop grande aux quelques affaires qui ont retenu l'attention de la grande presse.

2. – En réalité, la difficulté de concilier la morale et les procédures de passation des marchés publics vient de ce que la morale peut être entendue, en ce qui les concerne, de deux façons :

– la morale publique qui correspond à celle de l'administration pour laquelle il s'agit d'obtenir la meilleure prestation au moindre coût ; et,

– la morale privée pour laquelle il s'agit de sélectionner le meilleur candidat dans des conditions satisfaisantes de transparence et de strict respect du principe d'égalité.

3. – La procédure suivie sera ainsi jugée plus ou moins morale ou amorale d'une manière différente, selon que l'on est du côté de l'administration ou parmi les entreprises en concurrence. Pour l'administration, la morale sera sauve dès lors que les deniers publics ont été sauvegardés. Pour les concurrents, elle ne pourra l'être que si la procédure suivie est transparente et respectueuse de leur égalité.

4. – Sans doute ne doit-on pas tomber dans l'angélisme. Et dans ce domaine très délicat de la morale, publique ou privée, il faut admettre que les règles les meilleures ne valent que ce que valent les hommes qui les appliquent.

5. – Sous cette réserve, il semble néanmoins que l'on puisse apprécier la valeur de l'encadrement juridique existant des procédures de passation des marchés publics pour tenter de déterminer si cet encadrement apporte des garanties suffisantes sur le plan de la morale, publique ou privée. C'est dans cet esprit que l'on

1. Le texte ci-après reproduit, sans aménagements, les développements d'une communications orale faite à l'occasion du colloque du DJCE de Toulouse sur le thème : « Éthique et droit des affaires ».

voudrait organiser cette réflexion sur le couple «morale et marchés publics», en s'interrogeant d'abord sur la légitimité des règles existantes (I) et ensuite, sur leur efficacité (II).

I – LA MORALE À L'ENCONTRE DES MARCHÉS PUBLICS

6. – C'est pour introduire une certaine moralisation des procédures des marchés publics que l'on a défini, il y a bien longtemps, des règles pour leur passation. Ces règles sont pour l'essentiel contenues dans le Code des marchés publics (A), qui énonce un certain nombre de principes fondamentaux (B).

A – 7. – Le Code des marchés publics adopté en 1964 définit les règles applicables aux marchés de fournitures, de travaux, de passations de services des administrations de l'État et des collectivités locales, ainsi que des établissements publics administratifs. Ce champ d'application, défini à l'article premier du Code (sur cet article et ses imperfections voir L. RICHER. L'article premier du Code des Marchés Public doit-il être révisé ? AJDA, 1994, n° spécial p. 13), exclut traditionnellement les marchés des établissements publics industriels et commerciaux que l'on considère comme des marchés privés. Toutefois, le souci de réglementer les procédures de passations des marchés des différentes personnes publiques a conduit à remettre en cause ce champ d'application, en ne cessant de l'étendre. A la distinction classique des marchés publics et des marchés privés, s'est ainsi peu à peu substitué un ensemble très flou de marchés semi-publics ou semi-privés, relevant en tout ou en partie du code des marchés publics (voir notamment la typologie dressée par R. ROUQUETTE, Les Marchés Publics, ADJA, 1994, n° spécial p. 18). Cette situation résulte pour une large part du développement au cours des dernières années d'une réglementation européenne des marchés publics dont le champ d'application est plus large que celui de la réglementation française (voir notamment les directives 93/36, 93/37, 93/38 et 92/50). Plus récemment, le schéma s'est encore compliqué avec l'entrée en vigueur de règles internationales adoptées en marge des négociations du cycle d'Uruguay et dont les opérateurs européens doivent désormais tenir compte (voir nos réflexions ou « Les marchés des entreprises publiques et les Accords du GATT » AJDA 1995 p. 9). Certes, les lois de transpositions s'efforcent de combiner les particularités juridiques des dispositions nationales et les exigences des réglementations européennes et internationales. Mais ces règles de transposition sont souvent, à leur tour, à l'origine d'une complexité nouvelle s'ajoutant aux problèmes particuliers posés par les règles précitées (pour un exemple, voir l'ordonnance rendue le 2 novembre 1994 dans l'affaire du grand stade AJDA 1995, p. 147).

Sur ce premier point tout au moins le souci de moralisation a produit des effets contraires à l'efficacité, qui peut aujourd'hui faire douter de la légitimité d'un tel encadrement juridique.

B – **8.** – Le contenu de la réglementation applicable aux marchés publics apporte de nombreuses garanties du point de vue de la morale. Les principales tendent en une organisation des procédures de passation, certes différentes les unes des autres, autour de quelques principes essentiels.

9. – Le premier est celui de la *collégialité* qui implique en général que les décisions d'attribution des marchés soient prises par des organismes collégiaux, essentiellement des commissions d'adjudications ou d'appels d'offres. Ces organismes collégiaux n'exercent pas à la vérité de pouvoir de décision, ou très rarement. Le plus souvent, ils émettent un avis, qui néanmoins est presque toujours suivi par l'organe de décision proprement dit : ministre pour l'État, directeur général ou conseil d'administration pour les établissements publics, assemblée délibérante ou organe exécutif local pour les collectivités territoriales.

10. – Le deuxième principe est celui de *l'égalité*. Il signifie que les candidats qui postulent à un marché public sont traités d'une manière strictement égale, pour autant qu'ils relèvent d'une même catégorie juridique. Ce principe fait l'objet d'une surveillance étroite par la jurisprudence. Désormais, celle-ci n'est pas seulement celle des juridictions administratives, mais elle est aussi celle des juridictions pénales, après l'incrimination des nouveaux comportements frauduleux, parmi lesquels la méconnaissance du principe d'égalité des candidats à un marché public (voir notamment les incriminations contenues dans la loi du 3 janvier 1993 relative à la transparence et à la régularité des procédures de marchés).

11. – Un dernier principe est celui de *publicité* qui postule que la passation des marchés public soit précédée de la publication d'un avis d'appel d'offre fixant les caractéristiques du marché et les critères qui seront retenus pour son attribution. Par ailleurs, l'ouverture des plis contenant les propositions des candidats est généralement effectuée en séance publique, dans des conditions qui favorisent à une assez grande transparence.

12. – L'ensemble de ces principes qui commandent la procédure de passation des marchés publics, une fois encore au-delà des différences qui caractérisent le régime applicable à chaque type de marché, est évidemment inspiré par la morale et justifie la légitimité de l'encadrement juridique existant. Un système de recours, reposant notamment sur l'existence de procédures de référés pré-contractuels (article L 22 du Code des Tribunaux administratifs et des Cours Administratives d'Appel) en assure aujourd'hui l'efficacité.

13. – On voit donc que cet encadrement ne fait pas seulement une part légitime à la morale, publique et privée. Il est lui-même marqué d'une assez grande légitimité qui en fonde le respect par tous, les administrations comme les entreprises. Il est très significatif d'observer que c'est aujourd'hui beaucoup moins la légitimité de cet encadrement qui est remis en cause que son efficacité économique.

II – LA MORALE AU SERVICE DES MARCHÉS PUBLICS

14. – Une plus grande efficacité économique de la réglementation des marchés publics implique que la morale et le souci de son respect ne représentent pas une préoccupation exclusive, inspirant la réglementation applicable, mais qu'elle en constitue seulement une préoccupation dominante. L'efficacité économique n'est en effet possible qu'au prix d'une amélioration des procédures (A) et d'une adaptation des critères d'attribution des marchés publics (B).

A – 15. – L'amélioration des procédures peut être facilement obtenue à partir d'une analyse de l'état des procédures existantes. Pour ne citer que cet exemple, la procédure d'attribution des marchés de travaux des collectivités locales se présente désormais de la manière suivante :

– les marchés dont le montant toutes taxes comprises est inférieur à la somme de 300 000 FF peuvent être passés librement, non seulement sur le plan de leur forme mais encore du point de vue des procédures de passation. Une collectivité locale peut donc s'entendre avec un entrepreneur de gré à gré, dans le cadre d'une procédure négociée ;

– les marchés dont le montant est compris entre 300 000 et 700 000 FF sont assujettis à la seule obligation de passer un acte écrit, les collectivités locales restant en revanche libres du choix de la procédure : procédure d'adjudication ou d'appel d'offre ou procédures négociées. Ce choix qui, une fois encore leur est largement ouvert, n'exclut pas un certain nombre d'obligations, parmi lesquelles celle de suivre toute la procédure d'appel d'offre, si elles font le choix de cette procédure ;

– les marchés compris entre 700 000 et 34 000 000 FF sont assujettis à la procédure de mise en concurrence de plusieurs candidats : par appel d'offre, ouvert ou restreint. En dessous de 34 000 000 FF la procédure à suivre est toutefois seulement la procédure nationale à l'exclusion des procédures européennes ;

– les marchés au dessus de 34 000 000 FF relèvent désormais des procédures européennes qui impliquent notamment des règles de publicité plus larges et un mécanisme de contrôle original de la part de la Commission de l'Union Européenne.

16. – La procédure qui vient d'être décrite est certes loin d'être parfaite. Elle offre toutefois un cadre apparemment satisfaisant combinant les exigences de moralisation et le souci d'une certaine efficacité économique des collectivités locales. Un tel schéma pourrait inspirer l'encadrement juridique d'autres types de marchés publics.

B – 17. – Le véritable problème est aujourd'hui celui des critères d'attribution des marchés publics. Les obligations qui pèsent sur les administrations portent davantage sur leur forme et leur caractère juridique que sur leur contenu. On attend de ces critères qu'ils soient à la fois transparents, non discriminatoires et respectueux de l'égalité des candidats. En revanche, les collectivités publiques sont laissées libres de la définition de leur contenu qui relève de notions vagues dites du « mieux disant », pour les marchés dans lesquels l'élément de prix n'est pas le seul pris en compte, ou du « moins disant » pour les marchés dans l'élément de prix est exclusif de tout autre. Il faut ici reconnaître qu'une telle situation n'est pas le fruit du hasard, mais la conséquence de l'échec par la mise en désuétude de procédures inefficaces, voire perverses, comme celle de l'adjudication. On rappellera très rapidement que la procédure de l'adjudication a pour conséquence de lier la décision des administrations, nationales ou locales, au choix de la proposition la plus basse possible. Cette situation a eu pour conséquence :

– d'abord des propositions anormalement basses qu'il fallait ensuite corriger par des avenants souvent très coûteux ;

– ensuite des ententes entre entreprises pour se partager les marchés d'une même administration, en coordonnant leur politique tarifaire.

18. – De telle sorte que loin d'apporter un élément de moralisation – dans le sens de la morale publique précédemment décrite -, cette procédure de l'adjudication se révèle être un facteur de perversité réelle du point de vue de l'efficacité administrative et de la morale privée. La formule du «mieux disant» – reposant sur les critères qualitatifs de valeurs techniques, de délai d'exécution, de qualité, de sécurité, d'environnement, etc. – comporte à son tour des avantages et des inconvénients. Les premiers résultent de la liberté d'appréciation reconnue aux administrations. Les seconds consistent en une imprécision totale du contenu de cette notion, qui peut ouvrir la voie à un certain arbitraire ou à de nouvelles combinaisons défiant tout à la fois la morale publique et la morale privée. C'est pourquoi l'on s'achemine vers une réforme des procédures de passation des marchés publics qui confinerait les deux critères, en faisant du mieux-disant la règle et non plus l'exception sous un régime d'élimination des offres anormalement basses. Toute offre dont le prix serait inférieur d'au moins 10 % à la moyenne des autres offres serait d'emblée suspecte. L'entrepreneur devrait alors la justifier par des procédés innovants que ne possèdent pas ses concurrents ou par des conditions particulières. Au cas de justifications insuffisantes, il serait éliminé de la compétition. Il reste néanmoins à régler le problème posé par les offres jugées anormalement basses parce que les autres offres sont anormalement hautes. Pour faire face à ces pratiques ou pour tenter d'en réduire le risque, que l'on a récemment renforcé le régime des incriminations pénales applicables aux marchés publics, y compris par un renforcement des règles de concurrence. Mais ce retour à la morale risque d'apporter à son tour de nombreux inconvénients, notamment celui d'une démobilisation des organes publics de décision.

19. – Démobilisation ou plus exactement démoralisation. Comme si la morale venant à l'encontre de l'efficacité économique était plus pernicieuse que la morale au soutien de cette même efficacité économique. Comme si dans ce couple original, à l'image des autres, le mélange des genres n'était pas aussi facile à obtenir, les morales publiques ou privées – éternels féminins – ne pouvaient être satisfaites qu'au prix d'une atteinte irréversible au moral – singulier masculin.

MORALE DANS LES CONTRATS D'AFFAIRES

par L. VILDÉ
Associé du Cabinet de conseil en stratégie « Financial »
Chargé d'enseignement à l'Université de Paris II

DES PROPOS TIRÉS D'EXPÉRIENCES PERSONNELLES

Je ne suis ni avocat, ni conférencier professionnel, c'est en simple représentant des métiers du conseil que j'interviens.

Ainsi, vous l'aurez compris, il me sera difficile d'apporter une réelle valeur ajoutée à ce débat sur le terrain de la théorie. Je laisse – non sans une certaine admiration – les personnalités ad hoc se charger de vous relater les différentes pensées en la matière en étant certain qu'elles auront veillé à vous proposer une syntaxe parfaite et un verbe de grande qualité.

Pour ma part, ce n'est qu'en homme pragmatique, confronté aux réalités de la vie économique que je vous présenterai ce que je crois en matière de morale dans les contrats d'affaires avec un vocabulaire que je veux d'aujourd'hui. Je vous prie donc, par avance, de bien vouloir excuser la forme de mes propos, mais il m'a semblé plus important de vous parler de mon expérience opérationnelle plutôt que de stérilement compiler les quelques textes qui existent sur le sujet. Je prends donc le risque de déplaire et d'être non conventionnel, mais je vous demande de retenir la réalité du fond de mon propos, à savoir que dans le milieu des affaires *la perte de la moralité est sans appel !*

Les propos que je tiens n'ont pour sens que celui de vous exposer une vision opérationnelle de ce qu'est la morale dans certains contrats d'affaires et comment elle est perçue par des hommes d'affaires en 1995. En conséquence, ces propos doivent être relativisés s'ils sont repris dans un contexte plus vaste.

LE CONTRAT D'AFFAIRES IDÉAL !

Si je devais définir le meilleur contrat d'affaires, je dirais que c'est simplement un contrat qui ne sert plus, une fois paraphé et signé.

Dans sa forme, le contrat d'affaires est court. J'ai participé – en tant que conseil – à la signature de contrats d'affaires portant sur des montants très importants, alors que ceux-ci étaient courts, clairs et compréhensibles par tous. La complexité en matière de contrat d'affaires a trop souvent trait à une mauvaise analyse de son objet et à une médiocre maîtrise de ses implications potentielles.

L'OBJECTIF D'UN CONTRAT D'AFFAIRES : L'OUVERTURE VERS LA THÈSE DU DISCRÉDIT

Il sert à définir les règles du jeu entre des parties.

Il permet de s'assurer que les parties ont perçu clairement l'ensemble des charges qu'elles engagent et des produits qu'elles attendent. Ceci n'est pas toujours le cas dans la mesure où la matière juridique qui entoure les contrats est souvent inutilement complexe.

Le contrat d'affaires sert également à présenter l'équité de son objet.

Telle est ma vision du contrat d'affaires.

Thèse accréditée dans le monde des affaires et dans le milieu des négociateurs, où la subtilité suprême dans l'utilisation d'un contrat d'affaires réside dans la manière dont chacune des parties présente de façon ordonnée et successive l'état d'avancement de l'objet et des conséquences d'une affaire.

C'est pourquoi, au cours de mon exposé, je laisse volontairement de côté la partie répressive du contrat d'affaires qui émane de l'interprétation des règles de droit dans la mesure où la punition théorique est parfois remise en cause, plaidée et souvent transformée. En effet, il est fréquent qu'un homme d'affaires ayant perdu un procès sorte du Palais avec le sourire en déclarant haut et fort que l'avocat adversaire était trop fort, laissant ainsi habilement la faute sanctionnée à une médiocre place dans le débat public.

La véritable sanction qui est implicite dans les contrats d'affaires est la perte de la moralité, c'est-à-dire le discrédit.

LA VÉRITABLE SANCTION : LE DISCRÉDIT PLUTÔT QUE LE JUGE

La brièveté (en terme de contenu) des « bons contrats d'affaires » démontre à l'évidence que les conséquences de l'inobservation de l'une des clauses d'un contrat est plus fortement sanctionnée par une autre correction que celle que peut ou doit infliger le gardien du droit : Credere !

Credere, la Confiance était la mère du Crédit, elle est aujourd'hui sa maîtresse. Dans un monde d'affaires petit, étroit où tout se sait, sans crédit l'homme d'affaires n'est plus.

L'expérience que j'ai, démontre que la morale domine ainsi le monde des affaires, mais malheureusement pas pour la morale elle même, plutôt parce que le monde des affaires est si petit qu'un discrédit est une sanction très forte. C'est ainsi que la morale devient devise d'affaires par égoïsme ou par protection !

Au début de ma « carrière » (ce terme ne peut approcher raisonnablement mon parcours professionnel), le Président de la Banque dans laquelle j'ai fait quelques armes m'a demandé qu'elles étaient mes références lors d'un entretien d'embauche. Il n'a pas jugé opportun de me demander un extrait de casier judiciaire ! C'est ainsi que j'ai compris que la présentation d'un acte immoral avait bien plus d'impact qu'un procès perdu. La métaphore que me suggère cette anecdote est que j'aurais pu commettre un « hold-up » du moment que j'avais encore mon « non-discrédit » !

Cette banque, comme ses consœurs, a gagné et perdu moult procès, mais l'intégrité morale de ses troupes a plus d'importance encore. La morale doit être totale au sein de l'établissement, quitte à prendre de l'avance en la matière en proposant à sa clientèle des parts de fonds commun de placement caritatif ! La SICAV du Christ, tel le « joker » d'un jeu télévisé, rassure notre établissement qui peut alors se comporter différemment devant la justice des hommes ! Quelle vaste plaisanterie me direz-vous ! C'est pourtant une bien triste réalité.

Nombre de groupes sont aujourd'hui discrédités sans pour autant avoir été jugés.

Commentaire de l'orateur en fonction de l'actualité du matin de l'intervention.

Le droit est détrôné, vive la nouvelle morale !

N'en déplaise à certains, j'affirme que le droit n'est plus roi dans le contrat d'affaires.

Structurellement et d'un point de vue pratique, les affaires ne sont pas souvent jugées par des professionnels du droit, mais bien par des hommes et des femmes qui n'ont reçu qu'une formation (initiale ou continue) médiocre, qui – pour la plupart – ne connaissent pas les mécanismes fondamentaux des affaires et – pour certains – ne savent même pas lire un bilan correctement (1). Nommons ici les Prud'hommes ou bien encore plus les Tribunaux de commerce. Dans ce dernier lieu, la réalité veut qu'un artisan boulanger puisse décider de la poursuite de l'activité d'un grand groupe face à des difficultés financières. Qui du droit ou de la morale emporte les raisons d'une décision de justice dans ce cas ! Cette constatation est de plus en plus forte avec l'apparition de « conciliateurs » qui règlent les litiges avec comme seule arme la dénonciation d'un « plaidoyer » non conforme à la morale.

Mon conseil : les deux parties d'un contrat d'affaires.

Le droit doit être au contrat d'affaires ce que les mathématiques sont à la physique, c'est-à-dire un ensemble d'axiomes qui génère des théorèmes (ou des théories) qui servent à établir l'équité entre les parties.

Je vois deux parties dans un contrat : une partie qui présente la morale au sens le plus élaboré du terme et une partie qui présente les modalités juridiques.

La rédaction d'un contrat d'affaires doit commencer par un exposé sans termes juridiques, qui présente les objectifs et moyens du contrat et qui démontre l'absence potentielle de lésion. Cette première partie définit ce qui est difficile à présenter avec un vocabulaire et une rédaction juridique. Cet exposé est important car si un litige intervient, il est possible qu'il soit résolu sans faire appel directement à un professionnel de droit, soit pour des raisons structurelles (précédemment exposées), soit pour des raisons plus pragmatiques avec l'appel du conciliateur. Dans ce cas, la compréhension de l'exposé servira de base au règlement de l'affaire sur son « fond de morale » par un non professionnel du droit.

J'ai ainsi récemment participé à l'élaboration d'un contrat où l'ingénieur s'était engagé à « fournir ses meilleurs efforts » pour réaliser un procédé technique. Le cocontractant, qui devait commercialiser le procédé mis au point par cet ingénieur n'a pas souhaité encadrer l'ingénieur dans un carcan juridique sophistiqué dans la mesure où la subjectivité des « meilleurs efforts » est évidente. L'affaire s'est bien déroulée. Mais, imaginons qu'elle ait échoué, quels recours pour le cocontractant ?

Certains trouveront de multiples arrêts ou encore des textes poussiéreux relatant telle ou telle théorie datant de Napoléon ! La réalité est toute autre. La perte de moralité pour l'ingénieur qui sera discrédité et la leçon d'expérience pour le cocontractant qui transformera sa perte en un excellent investissement incorporel ! Dans notre cas, la fiction du droit s'arrête là où commence le réalisme du profit opérationnel.

Avant de conclure comme il se doit, je vous demanderais de bien vouloir relativiser mes propos, qui novateurs ou provocateurs, doivent être replacés dans le contexte bien précis qu'est celui très fermé des affaires.

En guise de conclusion, et comme il convient de finir sur une phrase adéquate à ce genre de réunion, je vous dirai en toute modestie que dans un monde d'affaires petit, où la clause subjective de la perte de moralité est une arme non négligeable, il convient de comprendre que la morale est inscrite virtuellement dans les contrats.

III
La morale et l'argent

MORALE
ET DROIT DES SOCIÉTÉS

par J.-F. BARBIERI
Professeur à l'Université des Sciences Sociales de Toulouse
Avocat à la Cour

1. – La morale n'est l'apanage ni des philosophes, ni des théologiens. Depuis fort longtemps, les juristes aussi s'interrogent sur les rapports de la morale et du Droit[1]. Plus récemment, les gestionnaires se sont emparés de la morale, sous l'appellation « modernisée » d'éthique[2], en découvrant les vertus de l'éthique comme instrument susceptible d'améliorer la gestion des entreprises[3].

En cette dernière décennie du XXe siècle, historiens, sociologues et penseurs de tous bords s'intéressent aux relations de la morale et de l'entreprise, de la finance ou de l'économie, et prônent, sinon un « retour à la morale », au moins « davantage de morale »[4].

2. – Encore faut-il s'entendre sur ce dont on parle, et donc sur les termes employés. A cet égard, il semble que l'accord soit loin d'être parfait car si les uns continuent d'user du terme d'origine latine « morale », auquel ils donnent le sens le plus noble, d'autres lui ont préféré le terme d'origine grecque « éthique », auquel ils donnent un sens voisin, alors que les premiers n'y voient qu'une application plus « vulgaire » de la morale ; enfin, l'intrusion supplémentaire du terme « déontologie », obscur pour les profanes, ne facilite pas la compréhension du discours.

3. – Pour certains puristes, la morale est l'ensemble des valeurs supérieures qui amènent chacun à différencier le bien du mal, et qui devraient fonder les conduites humaines, tout au moins pour les individus conscients de leurs devoirs et responsables de leurs actes.

---

1. Sans remonter au XVIIe siècle et aux principes moraux énoncés par DOMAT *(Les lois civiles dans leur ordre naturel),* pour s'en tenir à la première moitié de ce siècle et aux positivistes, il suffit de rappeler, pour exemple et pour mémoire, le célèbre *La règle morale dans les obligations civiles* de RIPERT, et le plus oublié *De l'esprit des lois et de leur relativité* de JOSSERAND.

2. L'étymologie grecque du terme n'apporte rien d'autre, pour le commun des mortels, qu'un peu d'ésotérisme.

3. La « vague éthique », originaire des États-Unis, submerge désormais l'Europe, v. spéc. les communications de P. SPITERI et J. IGALENS, *in Droit des affaires, éthique et déontologie,* L'Hermès, 1994, p. 21 et p. 141. V. également O. GÉLINIER, *L'éthique des affaires. Halte à la dérive !,* Seuil, 1991 ; J.-M. ENA, *La conscience morale de l'entreprise,* Cahiers *Organisation et management,* n° 7, Université de Genève, 1992, et la bibliographie citée par l'auteur.

4. V. la bibliographie citée par J. MOUSSÉ, *Éthique et entreprise,* Vuibert, 1993, pp. 191-192. *Adde :* A. CABANIS et M. MARTIN, *Réflexions liminaires à propos du droit des affaires ;* A. COURET, « La déontologie des activités financières », *in Droit des affaires, éthique et déontologie,* prec., p. 9 et p. 115 ; A. MINC, *La morale et l'argent,* RJC 1991, 145 ; J. LÉONNET, *Éthique et sociétés,* Petites Affiches, 8 juin 1994, n° 68, p. 4 ; G. BERNARD, *Économie et morale,* Petites Affiches, 23 déc. 1994, n° 153, p. 4.

Pour ceux-là, l'éthique serait moins noble : elle correspondrait à une appréciation du bon et du mauvais dans des conditions données. Elle exprimerait les pratiques et coutumes, fruits de l'histoire et de la culture d'une société humaine, c'est-à-dire sans doute ses « mœurs » quelque peu idéalisées[5]. Elle serait donc l'application de certains principes moraux en un temps et dans des circonstances données.

Quant à la déontologie, elle traduirait en règles codifiées et sanctionnées disciplinairement l'éthique propre à une activité professionnelle[6].

4. – Il apparaît toutefois que l'usage qui est pratiqué des termes morale et éthique, ce dernier étant souvent associé à déontologie, est tellement ambivalent qu'il serait vain de prétendre les distinguer et d'en opposer le sens[7].

Nous partirons donc du postulat que la morale (ou l'éthique) correspond à la recherche du bien et du bon, à une élévation de l'âme vers la vertu, et que doit être qualifié de moral ou d'éthique le comportement de ceux qui acceptent de soumettre leur intérêt personnel au filtre de valeurs communément jugées supérieures.

5. – Dès lors, la démarche du juriste ne paraît guère éloignée de celle du moraliste : le Droit pouvant être défini comme un « mode d'organisation de la vie en société »[8], le juriste cherche à définir la meilleure forme possible d'organisation, celle qui satisferait l'idéal du juste et du bon (le Droit n'est-il pas, selon l'antique formule de Celse, *ars boni et aequi ?*). L'une des différences majeures entre Droit et morale tient au fait que le non-respect de la règle de droit est généralement assorti d'une sanction, alors que celui d'une règle morale relève de la seule conscience de l'individu.

Pourtant, plusieurs pans du Droit n'ont pas, loin s'en faut, la réputation d'atteindre cet idéal du juste et du bon, à tel point que l'on a pu récemment brocarder : « Droit des affaires ou droit de l'affairisme ? »[9]. Il est vrai que l'affairisme jette le discrédit sur le droit des affaires et que la révélation récente de comportements fort peu vertueux conduit à reposer l'éternelle question : la morale ne serait-elle pas étrangère au Droit, spécialement – pour le domaine qui nous a été confié – au droit des sociétés ?

6. – Au sein du droit des affaires, le droit des sociétés ne paraît pas, de prime abord, la discipline la plus proche d'un idéal moral.

---

5. A. ETCHEGOYEN, *La valse des éthiques,* F. Bourin, 1991, p. 11, 14 et 15.

6. Le développement de ces codes de déontologie ne traduirait-il pas une résurgence du corporatisme ? V. Ch. HANNOUN, *La déontologie des activités financières : contribution aux recherches actuelles sur le néo-corporatisme,* RTD com. 1989, 417.

7. Sur la querelle des mots, et en faveur d'une acception oecuménique, v. particulièrement : J. MOUSSÉ, *op. cit.,* p. 25 s., spéc. p. 30 s. Sur la signification du remplacement du terme « morale » par celui d'éthique, v. B. OPPETIT, « Éthique et vie des affaires », *Mélanges offerts à A. Colomer,* Litec, 1993, p. 319, spéc. p. 320.

8. J. GHESTIN, G. GOUBEAUX et M. FABRE-MAGNAN, *Traité de Droit civil, Introduction générale,* LGDJ, 4° éd., n° 3. Sur les « frontières du droit et de la morale », v. spéc. l'article de Ph. JESTAZ, RRJ (Droit prospectif) 1983-2, p. 334 s.

9. Tel est l'intitulé de la communication présentée par P. DIENER au colloque organisé en 1992, à Pointe-à-Pitre (v. *op. cit.,* L'Hermès, 1994, p. 33). V. aussi, sous forme de question, *in limine* de l'article *Éthique et droit des affaires,* D. 1993, chron. 17.

L'objectif avoué de la constitution et du fonctionnement des sociétés est en effet, pour les associés, de partager le bénéfice ou de profiter de l'économie qui résulterait d'une entreprise commune (C. civ., art. 1832) : cette recherche du profit, sous l'une ou l'autre de ses formes, semble à la fois égoïste et triviale ; au regard de certaines conceptions morales – aujourd'hui, semble-t-il, bien dépassées – la recherche du profit devrait même être qualifiée d'impure et devrait être condamnée.

7. – Néanmoins, cette trivialité qui n'est, somme toute, que le corollaire de la patrimonialité qui domine le droit des affaires, pourrait s'accompagner d'une certaine élévation de l'esprit s'il était avéré que la norme juridique satisfait l'aspiration au juste et au bon en matière de répartition des fruits de l'activité des associés.

Or rien n'est moins sûr, et la noirceur de la première approche est confirmée lorsque l'on considère l'hypertechnicité des règles en droit des sociétés : une spéculation effrénée, une recherche forcenée d'un profit non partagé s'accommodent parfaitement de normes techniques. Mieux même, elles savent tirer avantage de cette technicité, fût-elle très sophistiquée.

8. – Le constat qu'il convient de dresser devrait donc être très sombre, puisque le droit des sociétés serait un droit sans morale. Mais différente apparaît la réalité, et le tableau s'éclaire, tout particulièrement lorsque l'on en vient à brosser les applications jurisprudentielles (I).

C'est sans doute qu'existent, sous-jacentes à un droit très formel, quelques forces morales qui en restituent l'esprit (II).

I – LE CONSTAT : UN DROIT À LA RECHERCHE DE SA MORALE

9. – S'interrogeant sur les raisons du besoin moderne d'éthique dans le monde des affaires, besoin que le droit devrait pourtant satisfaire, un auteur dénonçait récemment certains comportements déviants (individualisme exacerbé, corruption généralisée), mais aussi l'inefficacité du droit pénal des affaires et l'habileté des exégètes à tirer parti de règles ésotériques[10]. Le rejoignant sur ce terrain, un autre auteur mettait l'accent sur la violation dissimulée de la loi, à laquelle d'habiles techniciens prêteraient leur concours[11].

Il est vrai que le droit des sociétés, tout spécialement, pèche par un excès de technicité dont s'emparent adroitement quelques praticiens, sous la pression d'affairistes dénués de scrupules (A). Mais une présentation du droit des sociétés ne saurait se limiter à déplorer le détournement des techniques sociétaires : la recherche du juste et du bon se manifeste aussi en ces domaines (B).

10. B. Oppetit, art. préc. *in Mélanges A. Colomer,* p. 325 s.

11. P. Diener, communication et chron. préc., D. 1993, spéc. p. 18, n° 6.

A – LA FRAGILITÉ DES TECHNIQUES SOCIÉTAIRES FACE À UNE PRATIQUE HABILE

10. – La personnalité morale attribuée aux sociétés immatriculées serait-elle bien peu morale ? Bien que jouant sur les mots, la question mérite d'être posée lorsque l'on songe aux abus que facilite cette personnification.

Sans qu'il soit nécessaire de prendre parti dans le débat – qui demeure ouvert et que la jurisprudence récente de la Chambre sociale a relancé – opposant les partisans de la réalité à ceux de la fiction, le *réalisme* oblige à admettre que la personnalité morale est le vêtement juridique dont le droit des sociétés habille l'entreprise[12]. Encore faut-il qu'existe sous ce vêtement une véritable entreprise, c'est-à-dire un ensemble de moyens matériels, financiers et humains réunis à des fins économiques – production de biens et de services, ou distribution –.

11. – Or il n'est pas rare que ce vêtement se réduise à un drap recouvrant un fantôme :

– soit, en effet, la société considérée a eu une activité économique mais, pour des raisons diverses qui ne sont pas toujours accidentelles, n'en a plus. C'est la question bien connue des sociétés en sommeil et des « coquilles vides »[13]. Le phénomène est tellement entré dans les mœurs des praticiens qu'il s'est créé un « marché » de ces sociétés fantômes sur lequel opèrent quelques officines qui n'hésitent pas à faire du démarchage auprès des notaires et des avocats afin de découvrir leurs proies. Suprême raffinement, quelques sociétés sont parfois vidées de leur substance et mises en sommeil afin de mieux asseoir le pouvoir des majoritaires et de décourager les minoritaires (procédé de l'apport d'actif « stratégique » ou de la scission au profit d'une autre structure)[14] ;

12. – soit la société n'est pas destinée à avoir une activité économique autre que de simple portage. Le procédé, qui est celui de l'interposition de personne (la société est utilisée comme un simple vecteur dans une opération complexe), va de la création de holdings[15] ou de filiales, par exemple afin de porter l'autocontrôle de la société opérationnelle[16], à la constitution de sociétés intercalées à des fins diverses (éviter la « remontée » d'une responsabilité trop lourde à l'égard des

12. Telle est la thèse, réaliste et comme telle séduisante, défendue notamment par J. Paillasseau (v. en particulier ses articles au JCP 1984, I, 3148, et au JCP 1986, I, 3242, ainsi que *Le droit moderne de la personnalité morale,* RTD com. 1993, 705).

13. A propos des sociétés en sommeil, P. Diener dénonçait déjà un abus de la personnalité morale (v. son article *in Dix ans de droit de l'entreprise,* Litec, 1978, p. 81 ; v. aussi ses articles au JCP 1992, éd. E, I, 153 et 196). V. également G. Notté, *Les sociétés en sommeil,* JCP 1981, I, 3022. La jurisprudence estime que la mise en sommeil d'une société « ne répond pas au principe d'une saine gestion » : Paris, 31 janv. 1995, Bull. Joly 1995, p. 346, § 113, note B. Saintourens.

14. V. spécialement dans les affaires Rémy Martin – Cointreau, l'exposé des faits *in* Paris, 7 juin 1989, Bull. Joly 1989, 702, § 252. V. de même l'affaire Champagne Giesler, citée *infra,* note (18).

15. V. affaire Rivoire et Carret – Lustucru : Cass. com., 24 févr. 1987, Bull. Joly 1987, 213, § 99, note P. Le Cannu.

16. V. spécialement dans l'affaire Perrier (Exxor c. Nestlé) : T. com. Paris, 16 mars 1992, Bull. Joly 1992, 526, § 172, note critique M. Jeantin.

créanciers, faire chuter le prix de l'action et le bénéfice au détriment de certains associés, etc.)[17] et [18].

13. – soit encore la société a bien une activité économique, mais elle a été créée afin d'isoler et de limiter la responsabilité découlant de cette activité. Tel est le cas des sociétés faussement pluripersonnelles (filiales « à 100 % »), ou celui des EURL - EARL ;

– soit enfin la société a été constituée afin de drainer des capitaux et de faire appel public à l'épargne (procédé permettant de bénéficier d'un « effet de levier financier »)[19]. Ripert avait magnifié en son temps le rôle de la société anonyme « merveilleux instrument créé par le capitalisme moderne pour collecter l'épargne en vue de la fondation et de l'exploitation des entreprises »[20]. Mais le risque d'un dévoiement de cette faculté de lever des capitaux est trop évident pour qu'on y insiste...

14. – Il n'est sans doute pas utile de multiplier les exemples de ces détournements auxquels une technique juridique sophistiquée et sans doute trop rigide paraît inciter des esprits inventifs. On ne retiendra que les plus topiques.

Parmi ces exemples, on ne saurait manquer de citer quelques uns des « montages » – le terme parle de lui-même (mais l'appellation est parfois camouflée sous les vocables « modernisés », et quelque peu pédants, d'*ingénierie juridique*) – grâce auxquels les praticiens tentent de faire échapper certains éléments d'actif aux créanciers sociaux.

Le point de départ n'est pas *a priori* condamnable : il consiste à créer autant de structures distinctes que de masses d'actif afin de diviser les risques. Mais le procédé devient aisément artificieux, en particulier dans la disjonction SCI – société d'exploitation, lorsqu'il apparaît que la SCI est dans la totale dépendance de la société exploitante et que la SCI est « une fiction conçue par elle et pour elle »[21]. C'est pourtant l'hypothèse la plus fréquente, l'autonomie de la SCI étant rarement préservée en pratique.

15. – Les procédés de « reprise » d'entreprise par constitution de holdings sont également très révélateurs d'un « équilibrisme juridique » où la morale ne trouve pas toujours son compte, alors même que les impératifs techniques paraîtraient scrupuleusement respectés[22].

En effet, les moyens de financement de la reprise consistant habituellement à s'appuyer sur la remontée des bénéfices, la cession des actifs, ou sur le crédit de la

---

17. V. par exemple à propos des SNC dont les associés sont des EURL (ou des SARL), P. Diener, JCP 1992, éd. E, I, 153.

18. V. à propos de l'affaire des champagnes Giesler : P. Le Cannu, *La sous-filialisation abusive,* Bull. Joly 1995, 303, § 99, et Cass. com., 24 janv. 1995, Bull. Joly 1995, 321, § 101 ; Rev. sociétés 1995, 46 note M. Jeantin.

19. Tel est, par exemple, le but de la constitution de holding dans le cadre des RES initiés par une loi du 9 juill. 1984 (L. n° 84-578 sur le développement de l'initiative économique).

20. Ripert, *Aspects juridiques du capitalisme moderne,* LGDJ, 1951, n° 45.

21. V. par ex. : Cass. com., 25 mai 1993, n° 91-10998 J, cité *in* Lamy, Sociétés commerciales, 1994, n° 2227, et les arrêts cités par B. Saintourens, note Rev. sociétés 1994, 329, n° 4.

22. V. par ex. : La cession de PME par constitution de holding, *in* « L'évolution de la cession d'entreprise », Ann. Univ. Toulouse-I, 1992, p. 33.

« cible », l'idée commune est de faire payer par celle-ci sa propre reprise ; mais « contrôler sans argent, emprunter sans surface »[23], est-ce bien moral ? N'est-ce pas une porte ouverte à l'affairisme ?

16. – La même question doit être posée lorsque l'on songe à l'usage qui peut être fait de la structure *société en commandite par actions* et de la faculté de choisir comme gérant commandité une personne morale à responsabilité limitée ! A titre d'exemple, on se remémorera le projet, un temps caressé par un ancien dirigeant de la Compagnie du Midi, d'accueillir dans une structure de ce type l'autocontrôle de grands groupes industriels qu'ils auraient apporté en qualité de commanditaires, afin que cet autocontrôle recouvre droit de vote.

Ce projet s'est heurté à l'hostilité de la COB et a suscité l'inquiétude du sénateur Dailly qui s'est, mais un peu tard, ému des potentialités que recèlent les dispositions de la loi de 1966 relatives à la SCA[24]. D'où une proposition de loi qui n'a, pour l'instant, recueilli que l'estime des parlementaires[25]...

17. – Pour clore – sans prétendre épuiser le sujet (il suffit de penser à toutes les manipulations de l'information comptable et financière, dont il sera certainement question plus tard à propos du droit boursier) – cette revue d'une technique revisitée par quelques esprits malins, on ne peut manquer de citer les adroits procédés de contournement de l'exigence légale ou conventionnelle d'un agrément lors des cessions de droits sociaux.

Qu'il s'agisse de la convention de croupier[26] ou de la tactique dite du « cheval de Troie »[27], consistant à pénétrer subrepticement parmi les associés de la société cible, force est d'observer que les verrous techniques sautent sous la pression de procédés d'effraction qui sont eux-mêmes *techniquement* irréprochables (conclusion d'une convention avec un associé retrayant, prise de contrôle d'associés « dormants »).

Cela signifie sans doute que le droit des sociétés serait bien pauvre et bien impuissant s'il était réduit à une simple « technique organisationnelle » et si l'on ne devait voir en lui que la quintessence d'un droit technique[28]. Mais la réalité paraît plus nuancée, et plus complexe, confirmant – si l'on veut plagier Montesquieu – qu'existe bien un Esprit des lois, nous dirons une dimension morale.

---

23. Tel est l'intitulé évocateur d'un article de J. PEYRELEVADE, *in Rev. Banque* 1985, n° 453, p. 773.

24. V. les propos de M. DAILLY, rapporteur de la Commission des lois, sur une proposition tendant à modifier la loi de 1966, JO déb. Sénat, 19 nov. 1991, p. 3806 s., et spéc. pp. 3809-3810.

25. M. JEANTIN et P. LE CANNU, *La proposition de loi Dailly relative au droit des sociétés commerciales,* Petites Affiches, 6 mai 1992, n° 55, p. 7. Sur la position du gouvernement face aux modifications proposées, v. Rép. quest. écrite n° 61631, JOAN (Q), 28 déc. 1992, p. 5861.

26. V. par ex. : Paris, 19 févr. 1979, Rev. sociétés 1980, 283, note D. RANDOUX.

27. V. par ex. aff. Barilla/Rivoire et Carret-Lustucru : Grenoble, 3 juin 1988, Bull. Joly 1988, 678, § 223, note D. LEPELTIER ; JCP 1989, II, 21238, note B. OPPETIT ; rejet du pourvoi : Cass. com., 27 juin 1989, Bull. Joly 1989, 815, § 293, note P. LE CANNU ; RTD civ. 1989, 530, obs. J. MESTRE ; D. 1990, 314, note J. BONNARD ; RTD com 1990, 50, obs. Y. REINHARD ; Defrénois 1990, 1223, obs. J. HONORAT. Comp. avec aff. du Midi Libre : Cass. com., 13 déc. 1994, Quot. jur., 10 janv. 1995, n° 3, p. 6 ; Bull. Joly 1995, 152, § 39 note P. LE CANNU ; JCP 1995, I, 3833, n° 4, obs. A. VIANDIER et J.-J. CAUSSAIN.

28. V. P. DIENER, *Droit des affaires ou droit de l'affairisme ?,* art. préc., n° 14, 21, 24, citant GÉNY ; Ph. JESTAZ, *Pouvoir juridique et pouvoir moral,* art. préc., p. 636, qui oppose la technicité et le formalisme juridique à la généralité et à l'absence de formalisme de la règle morale.

B – LES MANIFESTATIONS D'UNE DIMENSION MORALE DU DROIT DES SOCIÉTÉS

18. – Doit-on vraiment douter de l'efficacité du droit pénal des affaires et, spécialement, du droit pénal des sociétés comme rempart ultime contre l'affairisme ? Selon certains auteurs, ce droit pénal trop complexe et hypertrophié serait impuissant à endiguer une criminalité en col blanc très habile et laisserait même sans répression des pratiques heurtant des valeurs morales pourtant élémentaires[29].

A cc qu'il nommait « l'ineffectivité de la loi pénale », qui aurait laissé aux hommes d'affaires une aire de liberté vraisemblablement trop importante, le Professeur Bouloc voyait, il y a peu, deux séries d'explications, les unes tenant à des éléments de fait, les autres à la spécificité du droit pénal des sociétés[30]. Mais ce qui était peut-être vérifié dans la décennie quatre-vingt n'est sans doute plus vrai aujourd'hui.

19. – Nous n'insisterons pas sur les raisons de droit qui expliqueraient cette ineffectivité, bien qu'il ne nous apparaisse pas clairement que la jurisprudence récente ait entendu apporter des limitations à l'application du droit pénal des sociétés, tant en admettant un fait justificatif au profit des groupes, qu'en exigeant de façon générale l'établissement de l'élément moral. Il nous semble au contraire que la jurisprudence criminelle fasse preuve actuellement d'une sévérité accrue[31].

Pour nous en tenir aux raisons de fait avancées par notre éminent collègue pénaliste, il nous paraît résulter de façon assez évidente d'une observation de l'actualité judiciaire de ces toutes dernières années que l'impunité qui était patente au cours des précédentes décennies est en voie de régression : le temps de l'affairisme, qu'il soit arrogant ou souterrain, est sans doute passé, et les juridictions d'instruction donnent le sentiment de vouloir rattraper un certain retard.

20. – Il n'y a pas à se prononcer sur l'origine, nationale ou étrangère du mouvement (on songe, en particulier, à l'opération mani pulite en Italie), mais il est manifeste qu'il exprime ce qu'il est convenu d'appeler une « réaction morale ». Les relais que fournissent les media en ont d'ailleurs probablement accru l'ampleur en permettant au public – quelque jugement que l'on porte sur d'éventuelles violations du secret de l'instruction – de se forger une opinion sur diverses pratiques du monde des affaires.

Faut-il approuver ou non les conditions de formation de la réprobation collective qui en résulterait, là n'est pas le problème pour nous. Il nous suffit de noter que cela a mis en lumière l'excès d'habileté qui a présidé à divers montages

29. V. B. Oppetit, art. préc., p. 327, et les auteurs cités, spéc. notes 29 à 34.

30. B. Bouloc, *La liberté et le droit pénal,* Rev. sociétés 1989, 377, spéc. p. 384 s.

31. V. par ex. à propos de l'intention coupable en matière de présentation de comptes inexacts : Cass. crim., 19 sept. 1994, Bull. Joly 1994, 1309, § 367, note J.-F. Barbièri, et les décisions citées ; v. de même quant à la commission du délit de défaut de tenue d'assemblée par simple négligence, l'établissement de l'intention coupable n'étant pas nécessaire : Cass. crim., 9 janv. 1995, BRDA 1995/6, p. 5 ; Bull. Joly, juillet 1995, note J.-F. Barbièri. En matière d'opérations intragroupes : Cass. crim., 9 déc. 1991, Rev. sociétés 1992, 358, note B. Bouloc, qui confirme la tendance moderne à la sévérité (v. sa note, *in fine*). En matière d'abus de biens sociaux, en l'absence de préjudice pour les associés : Cass. crim., 26 mai 1994, Rev. sociétés 1994, 771, note B. Bouloc ; Bull. Joly 1994, 1295, § 361.

juridico-financiers et le souci des magistrats de sanctionner les dévoiements techniques en restaurant l'Esprit du droit des sociétés c'est-à-dire, croyons-nous, la part d'éthique inhérente à toute règle juridique.

En effet, au-delà de la moralisation pratiquée par le juge répressif, plus actif et plus sévère dans son rôle de gardien des valeurs sociales – comme cela sera sans doute confirmé par notre collègue C. Mascala à propos des fausses factures[32] –, la volonté de donner aux pratiques sociétaires une dimension éthique se manifeste également dans les jurisprudences commerciale et civile. Nous nous contenterons, ici encore, de proposer quelques exemples de cette recherche judiciaire du juste et du bon.

21. – Nul ne s'étonnera que soit citée en premier lieu, en raison de son évidente connotation morale, la jurisprudence relative à certaines opérations jugées frauduleuses même en l'absence de sanction pénale.

Tel est d'abord le cas de la constitution de société qui se révèlerait animée d'une intention frauduleuse, qu'il se soit agi d'évincer l'application d'une disposition légale impérative, d'échapper au droit de gage général des créanciers ou de faire échec au droit particulier d'un tiers, sous réserve toutefois – selon la jurisprudence « Demuth » – que la volonté de frauder ait été partagée par tous les associés[33].

22. – Il faut ensuite rappeler que, dans les relations entre société et créanciers sociaux, il est fait une large application de l'action paulienne qui permet de critiquer la plupart des actes sociaux dès lors qu'il est avéré qu'ils ont été effectués dans l'intention de frauder les droits de ces créanciers. Ainsi en est-il de la cession d'actifs immobiliers qui étaient trop aisément saisissables[34], ou d'une subvention exagérée consentie à une autre entreprise[35], ou de l'attribution d'un bail à un associé lors d'une réduction de capital[36], ou même d'une opération de restructuration telle qu'une scission[37].

Ce droit général de critique des actes sociétaires est reconnu par la jurisprudence alors même qu'existeraient des procédures spécifiques de protection des créanciers sociaux[38].

---

32. V. également A. ROGER, « Éthique des affaires et droit pénal » *in Droit des affaires, éthique et déontologie,* préc., p. 83 s., spéc. pp. 101-102 et 105.

33. V. spéc. Lamy, sociétés commerciales, 1994, n° 193 s., et la jurisprudence citée. *Adde* pour un apporteur tentant de faire échapper les biens apportés aux poursuites de son créancier : Cass. civ. 1°, 14 févr. 1995, D. 1995, IR, 93 ; JCP 1995, IV, 904.

34. Cass. civ. 3°, 28 nov. 1973, Bull. civ. III, n° 606, p. 440 ; v. aussi obs. J. MESTRE, RTD civ. 1984, 719, et RTD civ. 1986, 601.

35. Cass. com., 23 oct. 1990, Bull. Joly 1990, 1059, § 345 ; BRDA 1991, n° 8, p. 18.

36. Cass. com., 11 févr. 1986, Bull. Joly 1986, 518 ; RTD civ. 1986, 602, obs. J. MESTRE.

37. Cass. com., 22 juin 1970, Bull. civ. IV, n° 215, p. 187.

38. Par ex. en matière de réduction de capital non motivée par des pertes, L. 1966, art. 216 ; v. Cass. com., 11 févr. 1986, cité *supra,* note (36). On se rappellera qu'existe désormais un délit d'organisation frauduleuse d'insolvabilité (N.C. pén., art. 314-7 s.).

23. – Il faut également souligner que la fraude forme, pour la jurisprudence, une limite aux pouvoirs des dirigeants sociaux, et qu'elle permet donc aux associés de contester les actes passés par ceux-ci[39].

Il faut enfin se souvenir que la jurisprudence commerciale sanctionne aussi, quoique ce soit avec prudence, les opérations frauduleuses en matière de cession de droits sociaux[40], notamment celles qui ont pour finalité de faire échec à l'obligation d'agrément du cessionnaire[41].

24. – La jurisprudence paraît également vouloir moraliser la constitution et le fonctionnement des sociétés en recourant à la notion de fictivité, notion théoriquement distincte de la précédente mais très voisine en pratique car le but recherché est souvent le même[42].

On sait que le souci des magistrats est alors de protéger les tiers contre les sociétés de façade, c'est-à-dire contre l'utilisation artificieuse de la structure sociétaire, que ce soit dès la création (société fictive *stricto sensu*) ou en cours d'existence (mise en sommeil d'une société)[43].

En contrepartie, les scissions traditionnelles du patrimoine social grâce à différentes structures s'en trouvent fragilisées et requièrent des précautions qui sont autant de « freins moraux » à leur mise en œuvre, en raison du risque d'ineffectivité[44].

25. – On ne manquera pas de rapprocher la condamnation prétorienne de ces scissions patrimoniales artificielles – que les magistrats mettent à mal particulièrement en cas d'ouverture de procédures collectives[45] – le récent refus de laisser jouer la loi de la majorité lors d'une décision de filialisation gravement préjudiciable aux minoritaires[46].

C'est certainement que la volonté de moraliser intéresse également, à l'intérieur des sociétés, les relations entre associés : la recherche d'un plus juste équilibre entre majoritaires et minoritaires a conduit les tribunaux à relativiser le principe

---

39. Par ex. pour un contrat de travail sans contrepartie : Cass. soc., 15 oct. 1981, JCP 1982, IV, 4 ; sur la fraude comme limite aux pouvoirs directoriaux, v. Cass. civ. 3°, 19 févr. 1986, RTD civ. 1987, 761, obs. J. MESTRE ; Lamy, sociétés commerciales, 1994, n° 601.

40. Sur la question générale, v. Lamy, *op. cit.,* n° 864.

41. V. par ex. les décisions citées *supra,* notes (26) et (27).

42. Sur la notion, v. récemment : P. ROUAST-BERTIER, « Société fictive et simulation », *Rev. sociétés* 1993, 725.

43. Pour une condamnation véhémente des sociétés fictives, v. P. DIENER, note sous Paris, 16 nov. 1993, Bull. Joly 1994, 73, § 12. Sur l'ensemble de la question, v. spéc. Lamy, *op. cit.,* n° 431 s.

44. Sur la fragilité de l'autonomie juridique des sociétés en cas de procédures collectives, v. M. PARIENTE, note sous Paris, 11 janv. 1994, Bull. Joly 1994, 317, § 85 ; v. aussi B. SAINTOURENS, note préc. sous Cass. com., 12 oct. 1993, Rev. sociétés 1994, 326.

45. Par ex. prononcé d'une procédure unique contre quatre sociétés dont le gérant avait poursuivi une même activité commerciale sous des cadres juridiques différents et fictifs : Cass. com., 8 févr. 1994, Bull. Joly 1994, 394, § 117 ; *Rev., sociétés* 1995, 100, note A. Honorat et A.-M. Romani ; v. aussi : Versailles, 15 déc. 1994, Bull. Joly 1995, 272, § 86, note Ph. PÉTEL ; pour un ex. de dissociation SCI-SARL destinée à faire échapper le patrimoine immobilier aux créanciers de la SARL, artifice sanctionné par une extension de la liquidation prononcée contre cette dernière : Cass. com., 28 mars 1995, BRDA 1995/7, p. 5.

46. Cass. com., 24 janv. 1995, aff. Champagne Giesler, préc. *supra,* note (18).

majoritaire[47], et les autorités boursières à formuler des avis et recommandations manifestant un souci d'équité – même si certains actionnaires le trouvent parfois bien timide[48].

Les minoritaires n'ont donc plus désormais à courber en permanence la tête sous la loi d'airain de la majorité. A l'inverse, les majoritaires se trouvent aujourd'hui à l'abri d'une opposition minoritaire contraire à l'intérêt social[49].

Ces manifestations d'une recherche d'équilibre, d'une aspiration au juste et au bon, sont autant de manifestations, nous semble-t-il, de l'existence de forces morales sous-jacentes aux techniques sociétaires.

II – LES FORCES MORALES

26. – Faut-il, comme les juristes le font si souvent, opposer la morale et le droit ? Particulièrement, faut-il dissocier la morale et la technicité de la règle de droit ? Répondre affirmativement reviendrait à oublier que la technique juridique n'est pas une fin en soi – bien que l'on puisse admirer les belles constructions intellectuelles comme les belles mécaniques –, mais un moyen « d'adapter les préceptes généraux et abstraits à des fins concrètes »[50], c'est-à-dire un moyen de parvenir à l'objectif du Droit, l'organisation de la vie en société selon un idéal de justice.

A cet égard, le droit ne se distingue de la morale que par son intensité, nous dirons sa modestie : « là où le moraliste recherche une justice absolue, idéale et de tous les instants... le juriste se contente de solutions globalement justes »[51]. Aucun secteur du Droit, quel que soit sa technicité, ne saurait ainsi être coupé de cet objectif : organiser, de façon aussi proche que possible de l'idéal de justice, la vie en société.

C'est donc dans le contrôle de l'application de la technique juridique (B), c'est dans le rapport de cette technique à des principes généraux (A) qu'apparaît la noblesse du Droit.

A – LE RECOURS AUX PRINCIPES GÉNÉRAUX ET LES PROGRÈS DU DROIT LÉGISLATIF

27. – Il n'est certainement pas anodin que le législateur, dans cette discipline sœur du droit des sociétés qu'est désormais le droit dit « comptable », ait exigé des

47. Sur la loi de la majorité, v. travaux du colloque de Deauville, 15-16 juin 1991, RJC 1991, n° 11 spéc.

48. V. par ex. récemment dans l'aff. Sogénal : La Tribune Desfossés, 11 avr. 1995, p. 26, et 12 avr. 1995, p. 33.

49. Abondante bibliographie sur l'abus de minorité. V. en dernier lieu : D. TRICOT, *Abus de droits dans les sociétés,* RTD com 1994, 617, et les auteurs cités par Ph. MERLE, *Sociétés commerciales,* Dalloz, 4° éd., 1994, n° 581.

50. P. DIENER, communication préc., n° 24, p. 51, citant Gény.

51. Ph. JESTAZ, *Pouvoir juridique et pouvoir moral,* art. préc., p. 633.

comptes qu'ils soient « sincères » et donnent une « image fidèle » du patrimoine, de la situation financière et du résultat de l'entreprise (C. com., art. 9). Le respect de cette sincérité et de cette fidélité attendues des comptes sociaux l'est tout autant des comptables qui les établissent, et des dirigeants qui les arrêtent et les présentent aux associés.

28. – Il est alors temps de rappeler que les sociétés n'ont pas encore entièrement – et c'est heureux – coupé leurs racines contractuelles, et que doivent s'y appliquer aussi les principes généraux qui dominent le droit contractuel, en particulier ceux de bonne foi et de loyauté qui président à la conclusion comme à l'exécution de tout contrat[52].

Ces principes trouvent à s'appliquer, par exemple, lorsque naît un litige relatif à l'exclusion ou au maintien d'un associé, ou encore relatif à l'activité que tel associé ou tel dirigeant prétendrait exercer en concurrençant sa société.

29. – Au-delà du droit contractuel et plus largement, la célébration du bicentenaire de la Révolution française[53] a donné l'occasion à d'éminents juristes de s'interroger sur les liens qui se tisseraient entre le droit des sociétés et les principes fondateurs de notre République, repris dans la devise nationale.

L'égalité[54] et la fraternité[55], tout particulièrement, leur ont ainsi paru figurer parmi ces concepts supérieurs auxquels se réfère parfois le juge et, plus exceptionnellement, le législateur[56], dans la recherche d'un juste équilibre entre intérêts antagonistes.

On peut d'ailleurs noter que les plaideurs n'hésitent pas désormais à y recourir pour stigmatiser le comportement de leurs adversaires, accusés d'avoir rompu l'égalité entre associés ou d'avoir méconnu l'*affectio fraternitatis* qui devrait régner entre eux[57]. Ils y ajoutent volontiers aujourd'hui, pour alléguer la violation d'une éthique des sociétés, l'atteinte qui aurait été portée à l'intérêt commun qu'exige l'article 1833 C. civ.[58].

52. Pour quelques exemples, v. J. MESTRE, *Bonne foi et équité, même combat !,* obs. RTD civ. 1990, 649, n° 4, citant notamment la thèse soutenue par Y. PICOD, *Le devoir de loyauté dans l'exécution du contrat,* LGDJ, 1989.

53. V. les actes du colloque « Le bi-centenaire de la Révolution française et le droit des sociétés », *Rev. sociétés* 1989, p. 343 s.

54. V. spéc. J. MESTRE, « L'égalité en droit des sociétés (aspects de droit privé) », *Rev. sociétés* 1989, 399.

55. V. la communication du Pt Y. GUYON, « La fraternité dans le droit des sociétés », *Rev. sociétés* 1989, 439. V. également les communications de MM. Ph. BISSARA, P. DIDIER, Ph. MISSEREY, sur le thème *L'égalité des actionnaires : mythe ou réalité ?,* aux Entretiens de Nanterre 1994, Cah. dr. entr. 1994/5, p. 18 s.

56. V. par ex. C. civ., art. 1844-1, al. 2, prohibant les clauses léonines ; L. 1966, art. 228, al. 4, relatif au devoir, incombant aux commissaires aux comptes, de veiller à l'égalité entre actionnaires.

57. C'est devenu un argument habituel des associés exclus, des minoritaires, des cessionnaires de droits sociaux. V. par ex. dans l'aff. L'Amy (exclusion des minoritaires par un « coup d'accordéon ») : La Tribune Desfossés, 7 avr. 1995, p. 37.

58. V. récemment D. SCHMIDT (avocat-conseil des minoritaires dans l'aff. La Redoute/Pinault-Printemps), *De l'intérêt commun des associés,* JCP 1994, I, 3793 et 3800 *bis*.

30. – A l'analyse cependant, il ne semble pas, si l'on s'en tient à l'état présent de la jurisprudence, que les tribunaux s'appuient directement sur ces principes généraux pour « moraliser » la mise en œuvre des techniques sociétaires[59].

En revanche, et au-delà de la référence à l'universelle notion de fraude, il apparaît aujourd'hui que nos magistrats invoquent volontiers la notion – plus large que celle de fraude – d'abus de droit, pour sanctionner d'une nullité ou d'une responsabilité la méconnaissance de l'éthique des affaires. Il peut s'agir, on le sait, d'un abus du droit de créer et de faire fonctionner une société (abus de la personnalité morale), d'un abus des prérogatives reconnues aux associés (abus de majorité, abus de minorité, ou même abus d'égalité), d'un abus des fonctions directoriales (abus de pouvoir)...

31. – La diffusion de la notion d'abus de droit dans la jurisprudence relative aux sociétés nous semble confirmer une prise de conscience, chez les magistrats, de ce que l'application mécanique de la règle de droit peut ne pas être conforme à l'idée de justice.

En effet, l'abus de droit met en évidence un dévoiement de la technique juridique, que l'on aurait utilisée à des fins égoïstes et aux dépens d'autrui : c'est un détournement de la règle dans l'intérêt exclusif d'une personne (ou d'un groupe) qui méconnaît ainsi ce que Josserand appelait la « fonction sociale » du droit.

Cette notion constitue un contrepoids indispensable de la technicité, car elle traduit l'*esprit* de la règle technique.

32. – Bien qu'elle engendre, en droit des sociétés, un problème de choix de la sanction[60], la transposition de l'aphorisme « le droit cesse où l'abus commence » a donc une fonction moralisatrice.

Mais le recours aux notions de fraude et d'abus n'est pas l'unique source d'une dimension morale du droit des sociétés. Comme l'a excellemment souligné le Pr. Ph. Jestaz, le pouvoir moral inspire le pouvoir juridique[61] ; il le fait de façon souterraine, mais certaine, ainsi que l'expriment les exposés des motifs et même parfois les intitulés des textes de lois.

A titre d'exemple, il suffit de citer, pour mémoire, la loi du 2 août 1989, relative à la *sécurité* et à la *transparence* du marché financier, ou encore, plus près de nous, la loi du 12 juillet 1994, relative aux primes de *fidélité,* ou celle du 25 juillet 1994, relative à l'*amélioration* de la *participation* des salariés dans l'entreprise.

Certes, l'édifice ne sera sans doute jamais achevé, ni jamais parfait. Aussi certains acteurs peuvent-ils efficacement concourir avec le législateur à l'œuvre morale.

---

59. A titre d'exemple, v. l'échec des minoritaires de La Redoute : T. com. Roubaix, 6 mai 1994, Bull. Joly 1994, 651, § 184, note P. Le Cannu ; confirmation en appel : Douai, 7 juill. 1994, Bull. Joly 1994, 994, § 265, note P. Le Cannu ; Rev. sociétés 1994, 713, note D. Randoux.

60. Sur la variété des sanctions, v. dernièrement D. TRICOT, art. préc. et Ph. MERLE, *op. cit., loc. cit. supra,* note (49). Mais toutes les sanctions ne sont pas, selon nous, admissibles : v. notre note sous Cass. com., 9 mars 1993, JCP 1993, éd. N, p. 293.

61. Ph. JESTAZ, *Pouvoir juridique et pouvoir moral,* art. préc., p. 638.

B – LES ACTEURS D'UNE MORALISATION DU DROIT DES SOCIÉTÉS

33. – Le terme « moralisation » ne doit pas être pris de mauvaise part, c'est-à-dire au sens péjoratif du discours que tient le donneur de leçons de morale. Il s'agit seulement de souligner ici que des acteurs en nombre grandissant contribuent à dégager et à préserver une éthique des sociétés.

La première place parmi ces acteurs revient sans conteste au juge, dont le rôle est d'abord de « rappeler les principes généraux qui dominent la technique » et de « réintroduire la règle morale qui régit les obligations civiles »[62].

Il n'est pas douteux en effet que le juge, qui détient d'immenses pouvoirs dans la vie des sociétés[63], exerce, par le fait même de ces pouvoirs et comme toute autorité, un « certain magistère moral »[64].

34. – Mais le juge n'est pas, ou n'est plus, la seule autorité appelée à déterminer ainsi une éthique des sociétés. Le législateur lui a adjoint d'autres intervenants, à la charnière du réglementaire et du judiciaire – ce qui n'est pas heureux –, et dont le rôle de gardiens de l'épargne investie en valeurs mobilières ne cesse de grandir.

Parmi ces gardiens la COB, souvent présentée comme le « gendarme de la Bourse », ne s'arroge-t-elle pas tout particulièrement une mission moralisatrice lorsqu'elle « veut plus de transparence » de la part des émetteurs de valeurs mobilières[65] ? Pourtant, il n'est pas facile de faire la morale, et l'autorité qui prétend déterminer une éthique doit être elle-même irréprochable.

Or l'indépendance de ces « autorités administratives indépendantes » est plus ou moins ouvertement contestée[66], ce qui ouvre un débat sur l'éthique personnelle des donneurs d'éthique[67]. Mais ce débat dépasse largement notre propos...

35. – Dans le fil de notre propos, il faut observer également que les acteurs d'une moralisation ne se trouvent pas seulement à l'*extérieur* des sociétés, mais aussi à l'*intérieur* de celles-ci. C'est le cas de certains organes légaux, tel le commissariat aux comptes, parfois présenté d'ailleurs comme la « conscience morale » des dirigeants[68] ou, moins gracieusement, comme un « chien de garde »[69], dont la loi du 10 juin 1994 a encore étendu le champ de contrôle[70].

Tel devrait être aussi le cas d'organes tels que le conseil de surveillance, ou même le conseil d'administration, dont le rôle légal est – au moins implicitement – de veiller au respect d'une éthique du pouvoir exercé par les membres du directoire, ou par le P.-D.G. La mission de « contrôle permanent de la gestion de la société »

62. P. Diener, communication préc., n° 12, p. 42, citant Ripert.

63. V. spéc. : J. Mestre, *Réflexions sur les pouvoirs du juge dans la vie des sociétés,* RJC 1985, 81.

64. Ph. Jestaz, *Pouvoir juridique et pouvoir moral,* art. préc., p. 628.

65. V. sur le rapport 1994 de la COB : La Tribune Desfossés, 6 mai 1995, p. 18 et 19.

66. Sur la remise en cause de l'indépendance de la COB, v. par ex. : La Tribune Desfossés, 29 mars 1995, p. 27.

67. V. la réponse du président de la COB aux critiques d'un groupe de professionnels : La Tribune Desfossés, 11 avr. 1995, p. 26.

68. Y. Guyon et G. Coquereau, *Le commissariat aux comptes, aspects juridique et technique,* Litec, 1971.

69. Ripert et Roblot, *Traité élémentaire de droit commercial,* T. I, par M. Germain, n° 1355.

70. V. par ex. : P. Le Cannu, *Loi du 10 juin 1994 sur les entreprises en difficulté : aspects de droit des sociétés,* Bull. Joly 1994, 748, § 205. Notre art., Petites Affiches, 14 sept. 1994, n° 110, p. 40.

confiée par la loi de 1966 (art. 128, al. 1) au conseil de surveillance est en effet très large ; quant au conseil d'administration, son rôle est *de facto,* sinon *expressis verbis,* voisin de celui du conseil de surveillance, dans la réalité du pouvoir.

36. – Quelques récentes affaires – qu'il est à juste titre convenu de qualifier de scandaleuses auprès du public car heurtant, sinon une morale universelle, au moins un sens commun de l'éthique des affaires – ont malheureusement montré que ces organes ne remplissaient pas ou remplissaient très imparfaitement cette mission moralisatrice du pouvoir directorial.

Il faut alors se tourner vers les créations de la pratique, qui n'en est pas avare, mais dont l'efficacité paraît encore plus aléatoire. On observe en effet que les comités de censeurs, les conseils de direction[71], les comités de recrutement, de rémunération, d'audit... ont fleuri dans certaines sociétés, dans le même temps où l'on s'efforçait de déterminer, « en interne », une éthique d'entreprise[72]. L'expérience mérite certainement d'être suivie, mais pourquoi ne pas s'en tenir aux dispositions légales, correctement appliquées ?

Doit-on compter parmi les acteurs de la moralisation les comités d'entreprise et de groupe, ou encore les associations d'actionnaires dont une loi du 8 août 1994 vient de renforcer l'efficacité en leur reconnaissant des prérogatives d'associés[73] ? Certes, ces partenaires de l'entreprise défendent avant tout des intérêts catégoriels mais, ce faisant, ils constituent un contrepoids et contribuent sans doute à la création d'une éthique du fonctionnement de l'entreprise. La question est donc posée.

37. – Quel bilan faut-il, en conclusion, dresser de ce rapide survol ? Une première constatation s'impose : la morale, non pas sans doute la morale universelle, mais une conception éthique, est inhérente au droit, elle en est une composante[74], comme l'exprime l'exacte définition de Celse *« Jus est ars boni et aequi, ars securi et stabulis ».*

Cependant une réforme du droit des sociétés, souhaitée par quelques-uns, n'y introduirait certainement pas davantage de morale car, deuxième constatation, la moralisation est d'abord un problème de mentalités : la morale ne se décrète pas, elle ressort d'une adaptation des comportements à l'esprit des lois.

38. – Un intervenant observait récemment, lors d'un colloque consacré au gouvernement d'entreprise (encore une mode américaine, celle du *« corporate governance »,* à joindre à celle du *« business ethics » !*) « qu'il n'y a pas de problème législatif en France, mais un problème de comportement personnel, et que c'est la pratique qui a pollué le système »[75]. Nous rejoignons cette opinion : la morale, dans la pratique des sociétés, est d'abord un problème de qualités humaines. Nous ajouterons, pour finir : il n'est pas de véritable droit sans morale.

---

71. V. à ce propos : J.-M. CALENDINI, *Les comités de direction,* Bull. Joly 1992, 851, § 272 ; Th. JACOMET et A. CUISANCE, *Les censeurs,* Bull. Joly 1993, 723, § 210.

72. V. à ce sujet : P. SPITERI, communication cit. *supra,* note (3), spéc. I, p. 25 s.

73. V. par ex. : A. COURET et J.-L. MEDUS, *Les dispositions de la loi du 8 août 1994 portant DDOEF intéressant le droit des sociétés,* Bull. Joly 1994, 903, § 244, spéc. II, Les associations d'investisseurs et d'actionnaires.

74. En ce sens, Ph. JESTAZ, *Pouvoir juridique et pouvoir moral,* art. préc., *passim.*

75. J. MANARDO, propos cité *in* La Tribune Desfossés, 11 mai 1995, p. 30.

MORALE, ÉTHIQUE ET FINANCEMENT

par A. COURET
Professeur à l'Université des Sciences Sociales de Toulouse
Avocat à la Cour

Compte tenu des exposés qui ont précédé celui-ci, on ne reviendra pas sur les relations tortueuses entre l'argent, la morale, l'éthique, la religion. Les relations de notre société avec l'argent sont souvent singulières de ce point de vue. Pour d'aucun, le crédit est en lui-même immoral : l'emprunteur menace sa vertu et celle de sa famille. On sait combien le prêteur est souvent mal vu par les religions.

Faut-il rappeler que l'argent a un statut ambigü dans nos sociétés ? Rappelons ici les termes très forts utilisés par le professeur Michel VASSEUR : « L'argent, les entreprises qui gagnent de l'argent, les banques qui prêtent de l'argent aux entreprises, sont, au moins dans notre pays, à l'origine d'une sorte d'aversion et placées dans une situation de contestation permanente. Faire métier de l'argent, vouloir gagner de l'argent, et le dire, ne sont pas loin de paraître, dans l'opinion commune – en exagérant un peu – comme de mauvais aloi »[1]. Lorsqu'il est fait référence au marché, qui compte tenu du processus de marchéisation occupe une place de plus en plus considérable, la condamnation de la spéculation est assez unanime. Que l'on se souvienne ici de la célèbre conférence de presse de François Mitterrand, ancien Président de la République, condamnant avec la dernière énergie la spéculation en reprenant en termes voisins l'anathème lancée lors d'un congrès :

« l'argent qui corrompt, l'argent qui achète, l'argent qui écrase, l'argent qui tue, l'argent qui ruine et l'argent qui pourrit jusqu'à la conscience des hommes ».

La « bulle spéculative » est assortie d'une connotation presque généralement péjorative. Au demeurant, l'importance extraordinaire des organismes de placement collectif en valeurs mobilières témoigne surabondamment de la défiance générale à l'égard du marché, ou tout au moins d'un manque de maîtrise de ses mécanismes. Cette réprobation tacite ne finit-elle pas de manière paradoxale par être mère d'amoralisme ? L'argent n'a pas d'odeur dit le dicton populaire. Il n'a pas davantage de religion. A-t-il une morale véritablement ? Nier la présence de la morale et de l'éthique dans la sphère des relations financières serait une piste totalement inutilisable.

Reste à savoir toutefois quelles places exactes l'exigence morale et l'exigence éthique occupent dans lesdites relations financières. Une première remarque s'impose. L'observateur attentif ne peut qu'être frappé par la récurrence de notions puisées aux sources de la morale. On ne peut qu'être saisi par la répétition de mots

1. *L'entreprise et l'argent,* Dalloz 1982, Chronique p. 11 et s.

qui sont révélateurs de soubassements moraux. Ainsi la référence à la bonne foi ; ainsi encore la référence à des mots comme la fidélité, la sincérité, la transparence. Ces mots chargés de sens moral sont familiers aux investisseurs. On ne peut pas ne pas retenir en matière financière la fréquence de la référence à la cause dont on sait qu'elle a une fonction moralisatrice. On ne peut encore qu'être intéressé par la référence au dol dont on sait le développement en jurisprudence dans les opérations de cessions d'entreprise[2].

L'observateur voit également son attention retenue, et on aura l'occasion d'y revenir tout à l'heure par la multiplicité des solutions jurisprudentielles qui sont manifestement dictées par une exigence morale. Elles sont très nombreuses et semblent s'être multipliées à l'époque la plus récente. La chose est extrêmement rassurante à l'heure où s'imposent les mécanismes de l'ingénierie financière[3], mécanismes qui retirent partiellement au droit sa charge éthique en faisant que l'habileté et l'efficacité l'emportent sur le sens profond de la règle.

A l'époque récente cependant, c'est peut-être moins la morale qui émerge que la référence à l'éthique et à la déontologie dans le monde financier. C'est moins l'exigence morale intérieure aux individus que des modes de régulation qui occupent le devant de la scène. Ce n'est un secret pour personne que le monde de la finance a joué un rôle de pionnier en ces domaines. Les premiers codes de déontologie sont nés dans l'orbite boursière. Les risques considérables qui naissent sur les marchés financiers, le développement des marchés dérivés, l'ampleur prise par la fameuse « bulle financière » précédemment évoquée, ont mis en avant l'exigence éthique et déontologique.

Est-ce à dire que ces références absorbent totalement l'exigence morale ? Comment se distribuent les rôles respectifs de la morale et de l'éthique ? Ces relations, argent, morale, éthique, déontologie, nous les aborderons par le moyen d'un clivage qui est naturel. Tantôt en effet, le financement est un financement intermédié : un personnage central est alors le banquier et l'on constate la tendance générale des juges, comme d'ailleurs du législateur, a essayer de faire respecter une morale des affaires dans les relations entre l'emprunteur et son banquier. Tantôt le financement est un financement désintermédié, et il se réalise par l'intermédiaire du marché. La morale y-a-t-elle véritablement une place ? Le marché est un jeu et l'exception de jeu ne condamne-t-elle pas ce marché ? La morale est nécessairement moins prégnante ici, ce sont les considérations éthiques et déontologiques qui vont avoir tendance à l'emporter.

Reprenons successivement ces deux points.

2. Cf. ici notre ouvrage : *La maîtrise des risques dans les cessions d'actions,* GLN Joly 1994 n° 44 à 47.

3. On lira avec beaucoup d'intérêt la thèse de Monsieur Jean-Philippe DOM, *Les montages en droit des sociétés,* Thèse Bordeaux I, Décembre 1994.

I – LES FINANCEMENTS INTERMÉDIÉS

Le vocabulaire le plus classique n'est pas dénué de connotation morale. Le mot crédit, déjà, fait référence à la confiance (credere) et donc à une certaine exigence morale. Le droit cambiaire évoque le banquier escompteur, donc tiers-porteur : l'article 116 du Code de commerce parle de porteur de bonne foi. On sait encore que ce droit cambiaire est tout entier nourri par une morale exigente des affaires.

A l'époque moderne, le rôle du droit est sans doute, pour l'essentiel, de moraliser la relation entre un banquier réputé fort et des clients réputés plus faibles. L'actualité est extrêmement riche qui nous révèle deux vérités. D'abord, la morale est une évidente référence pour la protection des faibles (A) ; ensuite, la morale impose parfois aussi qu'on ne néglige pas les forts (B).

A – LA MORALE EST UNE RÉFÉRENCE POUR LA PROTECTION DES FAIBLES

La lecture des revues juridiques montre que, dans la jurisprudence la plus récente, le banquier s'est vu rappeler au respect d'une plus stricte morale. Certes, il ne saurait notamment s'accommoder de l'argent sale, et pas d'avantage de l'argent blanchi. Mais il a aussi l'obligation de parler. Parler... Voici peut-être un fil conducteur pour analyser l'effort de moralisation de la jurisprudence et du législateur. Le banquier a en effet le devoir de parler à son client (1°), il a aussi le devoir de lui parler vrai (2°).

1 – Le banquier a le devoir de parler à son client

Les illustrations sont ici faciles à trouver et il ne s'agit que de simples rappels de choses aujourd'hui bien connues :

– La jurisprudence sans cesse abondée qui rappelle au banquier le respect de l'article 1907 du Code civil : le taux de l'intérêt conventionnel doit être établi par écrit. Deux arrêts du 13 décembre 1994 confirment la solution[4].

– Le devoir de conseil des banquiers s'applique de manière radicale au plus faible. La première Chambre civile de la Cour de cassation dans un arrêt du 8 juin 1994, Société CALIF contre BLANCHARD[5], a rappelé qu'une Cour d'appel était fondée à réduire la créance d'un établissement financier ayant agit avec une légèreté blâmable en consentant à l'agriculteur un prêt dont la charge annuelle était supérieure aux revenus procurés par l'exploitation, alors que les renseignements obtenus par cet établissement auprès de la banque de l'emprunteur étaient de nature à confirmer sa situation financière très précaire et les risques d'insolvabilité.

– Devoir encore de parler pour notifier un agrément.

4. RJDA 1995, avril 1995 n° 460 et 461.
5. JCP-E 1994 n° 652.

Dans un arrêt du 7 février 1995, la première Chambre civile de la Cour de cassation a précisé, et pour la première fois, que l'établissement de crédit devait prouver qu'il avait fait connaître à l'emprunteur sa décision de l'agréer[6]. Cette preuve ne pouvait en aucune manière être déduite de l'aptitude de l'emprunteur.

Devoir de parler donc, mais également devoir de parler vrai.

2 – Le banquier a le devoir de parler vrai (le devoir de sincérité)

Les exemples sont ici encore bien faciles à trouver.

– C'est ainsi que la condamnation partielle par les juges de la pratique des jours de valeur traduit la volonté de faire que la rémunération corresponde à une exigence de vérité[7].

– C'est ainsi encore qu'il convient d'accorder de l'importance à la jurisprudence sur la durée de l'année bancaire. L'année bancaire, comme l'année civile, se doit d'avoir 365 jours. Il n'appartient pas aux banquiers de modifier la logique de calendriers établis par des instances autrement autorisées que le système bancaire[8].

– La jurisprudence sur les clauses de résiliation en matière de crédit-bail condamne toutes les clauses qui introduisent une certaine illusion. La possibilité de résilier le crédit-bail immobilier notamment doit être une possibilité sincère et non purement fictive[9].

La morale donc vient surtout au secours des faibles ; il convient également parfois qu'elle contribue d'une certaine manière à satisfaire les intérêts des forts.

B – LA MORALE IMPOSE QUE L'ON N'OUBLIE PAS LES FORTS

La jurisprudence, plus particulièrement, donne des illustrations intéressantes du respect de l'exigence morale, cette fois-ci au profit du banquier. On évoquera quelques aspects dans les rapports du banquier avec les simples consommateurs (1°), puis dans les rapports du banquier avec les entreprises (2°).

1 – Relations entre les banques et les consommateurs

On fera état successivement d'une jurisprudence récente en matière de cartes de crédit et des règles concernant le surendettement.

a) *Jurisprudence récente en matière de cartes de crédit*

Un arrêt de la chambre commerciale de la Cour de cassation du 10 janvier 1995 est habité par cette notion de bonne foi et d'équité. Le propriétaire d'une ancienne

---

6. BRDA 1995 n° 4 p. 13.

7. Centre interprofessionnel de recherches en droit bancaire, *Les dates de valeur ont-elles un avenir ?*, Séminaire de Lyon, 31 mars 1994.

8. Voir Thierry SAMIN, « Réflexions juridiques sur la durée de l'année bancaire », *Banque et Droit* n° 39, Janvier-Février 1995. Cass. Comm. 10 janvier 1995, BRDA 1995-3 pp. 6-7.

9. Cassation civile 3e, avril 1988 JCP-G 1989 II n° 21 171 note E. M. BEY.

carte de crédit défectueuse mais conservée néanmoins par lui dans un endroit où se trouvait aussi le code d'accès s'était vu voler cette carte. Il arguait du fait qu'il était tenu à conserver le secret quant au code confidentiel uniquement pendant le temps de validité de la carte. La Cour d'appel a pu estimer qu'il y avait manquement à l'obligation de prudence et que le client était tenu du débit provenant de l'utilisation frauduleuse de la carte dans la mesure où sa carte était demeurée en sa possession[10].

b) *Les règles gouvernant le surendettement des ménages*

On sait qu'en cette matière, sont exclus les débiteurs de mauvaise foi. En effet, les articles 1er et 10 de la loi n° 89-1010 du 31 décembre 1989, réservent le bénéfice du règlement judiciaire et du redressement judiciaire civil aux débiteurs de bonne foi.

L'exigence de bonne foi est ici passablement ambitieuse. Le débiteur qui demande à bénéficier des dispositions de la loi de 1989 doit avoir été de bonne foi dans la phase de surendettement antérieure à l'ouverture des procédures de règlement amiable ou de redressement judiciaire civil.

Il doit être ensuite de bonne foi lors de l'ouverture de la procédure et doit le demeurer pendant l'exécution du plan ou le déroulement des procédures[11].

2 – Relations entre les banques et les entreprises

Compte tenu des modestes dimensions de cet exposé, on s'en tiendra à l'examen d'une jurisprudence récente. Cet exemple est assez illustratif de l'application du principe de bonne foi dans les relations d'affaires.

Un arrêt de la Chambre commerciale du 3 janvier 1995 a eu en effet à se prononcer dans une affaire singulière. Une société s'était présentée comme agriculteur lors de la signature d'un warrant agricole. A l'heure de l'exécution de ses obligations, la société contestait la validité de ce warant en prétendant qu'un warant agricole ne pouvait jamais être consenti par un commerçant. La Cour de cassation a rejeté cette argumentation qui lui semblait totalement empreinte de mauvaise foi[12].

Voici donc quelques illustrations de la morale comme référence dans les relations entre les banques et leurs clients. Avec le marché, le décor va en principe changer. Le marché est en soi exception à la morale : il est exception à la prohibition des jeux[13]. La morale aura tendance alors à passer la main à la déontologie.

10. Quotidien juridique 10 février 1995, n° 14 p. 4.
11. Voir Lamy Concurrence Distribution Consommation n° 4648 et s.
12. RJDA 1995, avril n° 494 p. 384.
13. Sur les réticences d'ordre moral tant chez les juges que chez les parlementaires, voir Hubert de VAUPLANE, Bull. Joly Bourse, 1994, § 46, p. 287.

II – LES FINANCEMENTS DÉSINTERMÉDIÉS

On vient de l'évoquer précédemment, le phénomène le plus spectaculaire sur les marchés est l'émergence d'une démarche déontologique sur les marchés financiers. Comme l'on fait remarquer avec raison certains auteurs[14], cette démarche déontologique a entraîné une profonde mutation du droit de la bourse. Elle a donné lieu à diverses formalisations dont on se bornera ici à faire un simple rappel tant les études aujourd'hui sont nombreuses sur la question (A)[15].

Le deuxième phénomène qui apparaît mérité d'être noté est celui de l'étonnante résistance de la morale dans un domaine où son refoulement pouvait paraître acquis. On s'attachera donc dans un deuxième temps à l'examen de ce rôle résiduel de la morale sur les marchés financiers (B).

A – LA DÉMARCHE DÉONTOLOGIQUE

La réflexion sur la déontologie a été le fait de deux groupes essentiellement. Un premier groupe présidé par Gilles BRAC de la PERRIÈRE a élaboré un rapport à la demande de la COB, rapport définissant les principes essentiels d'une déontologie des activités financières. Puis, à la fin de l'été 1989, le Ministre de l'économie, Pierre BEREGOVOY, mettait en place une commission de déontologie boursière chargée de se pencher plus spécialement sur la délimitation des pratiques licites et illicites en matière de transaction boursière. Cette commission est à l'origine du rapport dit rapport PFEIFFER[16].

Cette déontologie a une double dimension :

Elle est pour partie une déontologie personnelle (1°), elle est pour partie une déontologie institutionnelle (2°)[17].

1 – La déontologie personnelle

Les exigences déontologiques « personnelles » ne concernent formellement que les salariés des intermédiaires financiers à l'heure actuelle. L'article 19 de la loi du 22 janvier 1988 en effet décide que le règlement intérieur de ces intermédiaires doit prévoir les conditions dans lesquelles leurs salariés peuvent effectuer des

---

14. Voir Christian LAVIALLE, *Les normes déontologiques boursières,* JCP Entreprise, 1993 n° 241 p. 215 et s.

15. On pourra consulter entre autres études : Jean-François DAIGNE, *L'éthique financière,* Que Sais-Je ? PUF, 1991 ; Hubert DE LA BRUSLERIE, *Éthique, déontologie et gestion de l'entreprise,* Économica, 1992 ; Charley HANNOUN, « Les règles déontologiques émises par le Conseil des bourses de valeurs », *Revue de droit bancaire et de la bourse,* 1989, n° 13 ; X..., « Pour une éthique des marchés financiers », *Revue banque,* 1990, n° 501.

16. Voir notre rapport, « La déontologie des activités financières » in *Droit des Affaires – Éthique et déontologie.* Éditions l'Hermès, 1994.

17. Voir en ce sens Christian LAVIALLE, *op. cit., loc. cit.* Également Paul DIDIER, *Droit commercial,* Tome III, Thémis, Collection droit privé, 1994.

opérations de bourse pour leur propre compte ; il rappelle par ailleurs et organise les modalités de l'obligation de confidentialité qui pèse sur ces salariés.

2 – La déontologie institutionnelle

S'agissant de la déontologie « institutionnelle », elle concerne les intermédiaires financiers eux-mêmes. Elle fait l'objet d'une définition par les autorités responsables des professions en cause. Plusieurs codes ont été élaborés compte tenu des spécificités de chacun des acteurs (Sociétés de bourse, banques, OPCVM, etc.). La pluralité de ces codes ne saurait dissimuler un tronc commun d'obligations qui s'imposent aux divers acteurs du marché financier. Ces obligations procèdent d'exigences fondamentales : primauté de l'intérêt du client, loyauté, diligence, etc.[18].

B – LA RÉFÉRENCE À LA MORALE ET LES MARCHÉS FINANCIERS

L'observateur attentif ne peut qu'être frappé ici par deux phénomènes assez significatifs. Il constate tout d'abord une étonnante résistance de la morale au travers de la difficulté qui est celle du législateur à évacuer totalement l'exception de jeu (1°). Il constate également la récurrence d'un vocabulaire à forte connotation morale sur les marchés (2°).

1 – Le difficile refoulement de l'exception de jeu

On rappellera ici que tout au long du XIXe siècle, les tribunaux ont eu la tentation d'assimiler les marchés à terme à des paris. Le fondement a été l'article 1965 du Code civil au terme duquel il n'y a pas d'action en justice pour une dette de jeu ou pour le paiement d'un pari. Il faudra une loi spéciale de 1885 pour légaliser la pratique des marchés à terme. Il est extrêmement frappant de voir les modifications successives de cet article 1er de la loi de 85 en vue d'élargir les exceptions à l'article 1965 du code civil sur les paris. Comme on l'a fait remarquer à plusieurs reprises, les innovations constantes de la pratique financière ont rendues les exceptions en perpétuelle inadéquation avec les nouveaux instruments financiers imaginés par la pratique. Il n'est pas sûr aujourd'hui que sur les marchés de gré à gré l'exception de jeu soit totalement à exclure et pour toutes opérations[19].

2 – L'émergence de principes généraux du droit boursier

Les principes directeurs du marché boursier n'ont pas tous nécessairement un fondement moral. Ainsi la sécurité du marché n'obéit pas à une exigence morale ou

18. Pour plus de détails, on se reportera à notre étude précitée, *La déontologie des activités financières.*
19. Voir les diverses interventions aux quatrièmes rencontres juridiques de la BNP 1994, Édité par la BNP.

éthique. Il est possible par contre d'assigner une certaine finalité morale au principe de transparence sur les marchés financiers. De même le principe juridique d'égalité des compétiteurs sur le marché boursier n'est pas dépourvu de connotations morales[20].

Il est bien évident toutefois qu'une certaine ambiguïté règne en ce domaine. Certes, les principes que l'on vient d'évoquer ont un fondement moral qui n'est guère discutable. Ils ont également un fondement corporatiste dans la mesure où de la qualité du marché dépendra également son efficacité et partant l'intérêt de tous les opérateurs. Et cette dernière observation nous amène à la conclusion de ce bref exposé.

CONCLUSION

Si l'on essaie de résumer un petit peu notre propos, on a observé dans un premier temps que l'exigence morale avait tendu à refouler un certain corporatisme et notamment en matière bancaire. C'est un fil conducteur évident de la jurisprudence récente. Par contre, le corporatisme n'est-il pas puissamment alimenté par l'exigence déontologique[21] ? Si celà est exact, la réflexion doit s'orienter sur les alibis que peuvent constituer morale, éthique, déontologie pour la poursuite et la réalisation d'objectifs moins avouables. Mais c'est peut-être là un autre débat, à moins que ce ne soit le véritable enjeu du débat.

20. Voir Marie-Anne FRISON-ROCHE, *Le principe juridique d'égalité des compétiteurs sur le marché boursier,* Bulletin Joly Bourse et produits financiers, p. 720 et s., 1994.

21. Voir notamment les pertinentes analyses de Charley HANNOUN, *La déontologie des activités financières, contribution aux recherches actuelles sur le néo-corporatisme,* RTDCE, 1989, 417.

MORALE ET PRATIQUES DE FACTURATION

par C. MASCALA,
Maître de conférences à l'Université des Sciences Sociales Toulouse I,
Chercheur au Centre de droit des affaires

Lors de certaines communications, il faut rechercher l'actualité du sujet, ce n'est pas le cas lorsque l'on doit parler des fausses factures. **En effet, qui n'a à l'esprit une affaire de fausses factures permettant d'obtenir des marchés, de corrompre des fonctionnaires, de financer des partis politiques ou des mouvements terroristes...** La première affaire retentissante de fraudes à la facturation éclatait à Marseille en 1981, depuis les exemples n'ont cessé de se multiplier. Cette constatation conduit à s'interroger : **Pourquoi les factures sont-elles devenues un support privilégié de fraudes ? Que faire contre ce phénomène ?**

Historiquement, l'importance de la facture n'a cessé de se développer. Elle est devenue un instrument fondamental du droit économique et social, et le pivot du système comptable des entreprises[1]. En effet, pendant longtemps les factures n'ont été qu'un moyen de preuve parmi d'autres des opérations réalisées par le commerçant[2]. Elles ne faisaient l'objet d'aucune réglementation particulière et n'avaient aucun caractère obligatoire.

Mais, devant la nécessité de contrôler les prix et de lutter contre la fraude fiscale, l'obligation de délivrer des factures a été imposée aux professionnels de la vente[3]. Aux termes de l'ordonnance du 30 juin 1945 (abrogée et remplacée par l'ordonnance du 1er décembre 1986, art. 31), tout achat de produits ou toute prestation de service pour une activité professionnelle doit faire l'objet d'une facturation. Désormais la facture est obligatoire entre professionnels, pour toute activité de production, de distribution et de prestations de service[4]. La facture devient alors la pierre angulaire de la comptabilité et l'élément de base du contrôle fiscal : instrument de preuve de la transaction réalisée, la facture s'intègre à la comptabilité. Le fournisseur inscrit dans ses livres comptables le montant de la facture à son crédit et au débit de son client, celui-ci recevant la facture enregistre

1. P. ARHEL : « La fonction économique de la facture : assurer la transparence tarifaire », *Rev. conc. conso.,* 1992, pp. 16 ss. V. M. et MOUSSERON, *Le droit français nouveau de la transparence tarifaire,* Litec 1993.

2. BRUNNER : *La facture envisagée comme instrument de preuve,* Thèse Montpellier, 1914 ; Facture, Encyclopédie Dalloz ; Répertoire Dalloz droit commercial.

3. Ord. 30 juin 1945, articles 47 et 48 ; Ord. 1er décembre 1986, articles 31 ss.
Ch. GAVALDA et Lucas DE LEYSSAC, *Commentaire de l'ordonnance du 1er décembre 1986,* ALD. 1988 n° 156.

4. J. F. RENUCCI, *Droit pénal économique,* Masson 1996 pp. 31 ss. J. LARGUIER, *Droit pénal des affaires,* Coll. U 1992, pp. 370 ss. W. JEANDIDIER, *Droit pénal des affaires,* Dalloz 1991 n° 367. M. DELMAS-MARTY, *Droit pénal des affaires,* Thémis 1990, p. 31.

le montant sur ses livres à son propre débit et au crédit de son fournisseur. Parce qu'elle est devenue un écrit essentiel de la vie des affaires, la facture doit comporter des mentions obligatoires énumérées par l'article 31 de l'ordonnance du 1er décembre 1986 (nom des parties, adresse, date, dénomination de la prestation, quantité, prix hors T.V.A., rabais, remises ou ristournes)[5]. Ces mentions sont d'autant plus importantes que c'est cette facture qui servira de preuve entre le professionnel et l'administration fiscale pour tout litige, mais aussi et surtout pour le calcul de la T.V.A. Les déductions que les redevables sont en droit de faire sont calculées en fonction des factures présentées, par compensation entre les factures d'achat et de vente. L'excédent de T.V.A. payé constituant un crédit remboursable. On devine déjà les tentations de fraude...

Parce qu'elle est devenue un élément fondamental de la vie des affaires, la facture est source de fraudes. Les infractions aux règles de la facturation font ainsi une entrée remarquée dans le droit pénal des affaires sous des formes très diverses. Des moyens les plus classiques de frauder, qui se sont toujours pratiqués dans tous les pays et de tous les temps, à la fraude moderne, le « modus operandi » des infractions a considérablement évolué : on est passé des ventes sans facture, aux factures sans vente, sans oublier les fausses factures.

• *Les ventes sans facture* permettent de ne pas enregistrer des opérations en comptabilité. Cela réduit la masse imposable, mais exige la tenue d'une comptabilité occulte et la détention d'argent liquide pour ne laisser aucune trace du paiement. Or l'argent liquide indispensable à ces opérations ne peut être dégagé de la trésorerie de l'entreprise que par des moyens frauduleux : par exemple, les fausses factures.

• *Les fausses factures :* l'opération donnant lieu à l'établissement de la facture est réelle, seules les mentions relatives au prix et à la quantité des produits ou prestations portées sur le document sont fausses. L'infraction est constituée par un défaut de véracité du document. Cela permet aux acteurs de la fraude de récupérer en argent liquide la différence entre le prix réel et le prix facturé. Cependant, les fausses factures se détectent assez facilement lors d'un contrôle fiscal, par comparaison entre la comptabilité des fournisseurs et celle des clients.

• Une autre technique de fraude est apparue, beaucoup plus difficile à découvrir car la comptabilité est apparemment irréprochable : *les factures fictives* reposant sur une opération inexistante. Les mouvements comptables sont réguliers mais la transaction est purement imaginaire. La difficulté pour les enquêteurs sera d'en apporter la preuve. Les factures fictives permettent de dégager le produit de la fraude de la trésorerie, en espèces, et de manière absolument secrète. Mais cette fraude impose le recours à des organisations puissantes et structurées – les taxis – qui ont pour activité d'émettre, à une échelle industrielle, des factures fictives sous

5. M. A. FRISON-ROCHE et J. M. MEFFRE, *Les principes directeurs des mentions obligatoires en matière de facturation,* D. 1994, 311.

J. M. MEFFRE, *Quelles ristournes le fournisseur doit-il mentionner sur ses factures,* Cah. Dr. Ent. 1993 n° 6 pp. 8 ss.

R. KAUFFMANN, *La nouvelle facture : un casse-tête pour les prestataires libéraux,* Gaz. Pal. 16/17 février 1994.

Crim. 20 juin 1994. Droit pénal 1994 n° 213, obs. J. H. Robert.

le couvert de sociétés de façade tout aussi fictives que les factures émises. La fraude consiste en un échange de factures ne correspondant à aucune opération réelle, entre le fraudeur et les entreprises fictives, dirigées par des hommes de paille. Le paiement des opérations fictives est effectué par chèque que le fraudeur émet à l'ordre des entreprises fictives. Le dirigeant de celles-ci délivre une facture, remet le chèque à la banque qui crédite son compte, et retire immédiatement le même montant en espèces, qu'il restitue ensuite secrètement au fraudeur, moyennant une commission occulte[6].

Ces multiples procédés révèlent que la facture est une source intarissable de comportements délictueux qui ont une motivation commune. Des ventes sans facture aux factures sans vente, le mobile de la fraude est le **besoin de détenir de l'argent liquide** pour le chef d'entreprise. Le but des fraudes à la facturation n'est pas tant la recherche insatiable du profit, que la nécessité de posséder des liquidités librement utilisables, sans laisser de traces. Or, ce besoin de liquidités ne peut pas être satisfait légalement. L'image fidèle que doit fournir la comptabilité va subir trucages et retouches, afin de lui conserver une apparence régulière.

Cette délinquance des affaires, qui a augmentée de 90 % depuis 1976[7], est d'autant plus dangereuse qu'elle est facilement dissimulée. Commise par des hommes parfaitement intégrés à la société et jouissants d'une position sociale respectée, du fait de leur activité, elle fait de nombreuses victimes[8]. Pourtant cette délinquance n'engendre pas une réaction sociale de réprobation et de rejet. **Une infraction économique ne heurte pas la conscience de l'opinion : ce n'est que la violation de dispositions sans référence morale immédiate qui échappent, souvent, à la conscience collective[9].** Ces infractions viennent simplement confirmer, lorsqu'elles sont découvertes, le sentiment général et diffus de l'immoralité du monde des affaires. L'absence de réaction sociale est cependant, un encouragement au passage à l'acte pour ces délinquants « en col blanc ». Elle supprime la conscience du caractère frauduleux de l'acte. Lorsqu'au besoin ou au désir d'argent liquide, s'ajoute la disparition des freins moraux, qui détournent du passage à l'acte, les fraudes se multiplient.

En outre, la répression de ces infractions se heurte à des difficultés considérables, dont la principale est une procédure archaïque et compliquée, difficile à mettre en œuvre[10]. Ces obstacles formels, expliquent en partie la perte importante de matière entre les fraudes découvertes et celles effectivement sanctionnées. **Que faire contre ce phénomène inquiétant des fraudes à la facturation ?** C'est la question que nous nous poserons en envisageant d'une part, le phénomène des fraudes à la facturation (I), et d'autre part, la lutte contre ces fraudes (II).

6. J. COSSON, *La fraude par opérations fictives,* Gaz. Pal. 1969, 81 ; *Les industriels de la fraude fiscale,* Le Seuil 1971 pp. 10 ss.

7. *Aspects de la criminalité et de la délinquance en France,* Doc. Fr. 1992.
Rapport CESDIP 1995. Doc. Fr.

8. SUTHERLAND, *Principes de criminologie,* Cujas 1974.

9. LEVY, *Le droit pénal des affaires : du droit complexe au droit immergé,* JCP. 1989, I, 3369.

10. M. DELMAS-MARTY, « Rendre le droit pénal des affaires plus dissuasif », *Rev. Dr. Pénal et Criminologie* 1981, pp. 299 ss.

I – LE PHÉNOMÈNE DES FRAUDES

Ces dernières années ont révélé la multiplication des affaires dites de fausses factures. Ce type de fraude parait se développer à grande échelle. Serait-il soutendu par des forces mystérieuses du droit et de la criminologie ? Quelle explication peut-on donner qui justifierait l'essor de l'utilisation de ces procédés illégaux ?

Il apparaît que la commission de l'infraction n'est pas un accident, mais la résultante d'impératifs qui s'impose au fraudeur potentiel. L'infraction s'analyse comme la réponse d'un individu à une nécessité imposée par les exigences de la vie des affaires, ou suscitée par les possibilités qu'offre celle-ci. L'impérieux besoin de la vie des affaires est de se procurer de l'argent liquide, librement utilisable sans justificatif. Le chef d'entreprise qui a besoin de liquidités est prêt à se les procurer par tous moyens fussent-ils frauduleux. Mais pourquoi avoir tant besoin d'argent liquide ? Pour préserver les intérêts de l'entreprise, d'une part (A), d'autre part, pour satisfaire des intérêts personnels (B).

A – FRAUDES DANS L'INTÉRÊT DE L'ENTREPRISE

Le besoin de se procurer des liquidités est lié à l'activité exercée. Dans l'intérêt de l'entreprise, en vue de réaliser des opérations commerciales, la détention d'argent liquide utilisable sans justificatif comptable est indispensable et imposée par les pratiques de la vie des affaires[11]. De ce besoin nait la fraude ; quiconque connaît la gestion des entreprises sait qu'il est impossible à un dirigeant de retirer de l'argent de la trésorerie sans preuve[12]. Or, ces preuves il ne peut pas les fournir puisque l'argent liquide est utilisé de manière occulte. Cette nécessité d'argent liquide se manifeste dans deux hypothèses : dans la gestion quotidienne, et à l'occasion de transactions essentielles au développement de l'entreprise.

1 – La gestion quotidienne

Pour fonctionner quotidiennement, l'entreprise a un besoin vital de liquidités, par exemple, lorsque le cocontractant exige un paiement sans facture, donc en liquide, pour que l'opération soit invisible : c'est une pratique courante. Ces transactions sont favorables aux intérêts de l'entreprise car le prix est inférieur, et l'imposition éludée. Mais cela oblige le chef d'entreprise à frauder pour constituer des réserves occultes, des caisses noires[13]...

La gestion de l'entreprise suppose la libre disposition d'argent liquide, les règles juridiques et comptables l'interdisent. De cette opposition entre deux impératifs nait l'infraction.

11. P. LASCOUMES, *Les affaires ou l'art de l'ombre,* Le Centurion 1986.

12. M. COZIAN, A. VIANDIER, *Droit des sociétés,* Litec 1994 ; J. BRURON, *Droit pénal fiscal,* LGDJ 1993.

13. J. COSSON, *Rev. Sc. Crim.* 1985, pp. 833.

Si l'argent liquide est nécessaire à la gestion quotidienne, il devient indispensable au développement de l'activité de l'entreprise.

2 – Le développement de l'activité

L'impératif qui s'impose au dirigeant demeure : trouver de l'argent liquide pour développer l'activité de l'entreprise. Ce besoin se manifeste lors de la recherche de nouveaux marchés. Il faut évoquer ici, une pratique fréquente et parfaitement connue dans le monde des affaires, qui consiste en un versement de commissions, de « dessous de table » pour obtenir un contrat[14]. Le dirigeant qui a besoin d'obtenir un marché se trouve face à une nécessité : verser une commission occulte en liquide, parfois en nature à un responsable qui lui garantit la conclusion du contrat. Comment se procurer cet argent : au moyen de factures fausses ou fictives[15].

Il apparaît que de nombreux marchés conclus avec des firmes étrangères le sont à cette condition. Corruption, traffic d'influence sont des pratiques usuelles, la confiance accordée aux investisseurs étrangers en dépend très souvent... Cette réalité a conduit le législateur à réagir dans le cadre des procédures d'obtention des marchés publics afin d'éviter la généralisation de ces pratiques de corruption[16].

Ces exemples illustrent les fraudes réalisées dans l'intérêt de l'entreprise. Le mobile est noble, mais la pratique n'en est pas moins immorale ! Mais souvent le but poursuivi est bien moins avouable, car il consiste dans la satisfaction d'intérêts contraires à ceux de l'entreprise.

B – FRAUDES CONTRAIRES AUX INTÉRÊTS DE L'ENTREPRISE

La structure sociétaire est utilisée comme écran pour masquer le désir de détenir de l'argent liquide pour satisfaire un besoin personnel, ou un besoin en opposition aux intérêts de l'entreprise. L'argent liquide, qui est détourné frauduleusement de la trésorerie de l'entreprise par le dirigeant au moyen de factures fausses ou fictives, est utilisé pour un usage privé, sans rapport avec l'intérêt social. Deux hypothèses apparaissent : soit l'argent détourné satisfait des besoins personnels, soit il est distribué pour assurer divers financements occultes.

1 – La satisfaction d'intérêts personnels

L'actualité nous fournit pléthore d'exemples : construction de piscines, achats de Ferrari, de jets privés, organisation de voyages, installation de système de sécurité, « pots de vin » versés à des vérificateurs chargés d'un contrôle fiscal du

14. C.E. 16 décembre 1987, *Rev. Dr. fiscal* 1988, 1142 note TIXIER.
15. C.A. Bordeaux 11 février 1982 (non publié) ; Trib. com. Bordeaux 24 septembre 1985 (non publié).
16. Loi n° 93-122 du 29 janvier.
C. GUETTIER, *La loi anti-corruption,* Coll. Dalloz service 1993, pp. 118 ss.

patrimoine personnel du dirigeant[17]... Pour dissimuler ces abus de biens sociaux, des factures sont émises sous des rubriques très vagues (études de marchés, maintenance, bureaux d'études...) censées correspondre à une transaction payée par l'entreprise. Paiement qui en réalité passera directement sur un compte personnel.

Mais au delà de l'enrichissement personnel, la fraude peut aussi servir à satisfaire des intérêts que nous qualifierons d'altruistes, puisque l'argent liquide frauduleusement dégagé de la trésorerie sera « généreusement » redistribué.

2 – Des financements occultes

L'argent liquide sert alors à financer secrètement divers mouvements, associations et partis politiques. Nous ne nous attarderons pas sur le financement **des partis politiques,** un seul exemple illustrera cette pratique bien connue. A l'occasion d'une vérification classique de comptabilité chez un imprimeur, à qui des affiches électorales étaient commandées, les agents du fisc découvrent une liasse de fausses factures. Ces factures étaient établies à l'ordre d'entreprises pour des travaux imaginaires, pour un montant strictement identique à celui de l'impression des affiches électorales. Factures fictives pour opérations fictives qui libèrent des espèces de la comptabilité, et permettent de financer illégalement les frais de campagne des hommes politiques, en payant à leur place leurs affiches.

Le réveil ces dernières années des **mouvements nationalistes,** sur lesquels se greffent des actions terroristes (corses et basques par exemple), favorise l'essor des fraudes. Fraudes imposées pour répondre aux sollicitations pressantes de ces mouvements, ou fraudes spontanées pour soutenir financièrement la « cause ». En quelques années, la cause nationaliste est devenue une puissance réelle. Une sorte de grande entreprise influente avec ses propres réseaux. Il faut beaucoup d'argent, ce qui entraîne le développement parallèle d'une criminalité économique : le racket des entreprises pour financer « l'impôt révolutionnaire » devient le recours classique. Dans l'obligation de verser des sommes considérables, les chefs d'entreprise sont conduits à commettre des infractions[18].

Un exemple en Corse : le directeur d'un hôtel est obligé, sous la menace, de satisfaire les exigences de l'ex-FLNC. Le directeur était obligé de se ravitailler auprès de commerçants sympathisants. Ils surévaluaient le montant des factures de vente. La différence entre le prix payé et le prix réel était récupéré en liquide. Les fonds occultes libérés rentraient dans les caisses du mouvement nationaliste. Le directeur de l'hôtel se trouvait, contre son gré, impliqué dans la fraude puisqu'il comptabilisait des fausses factures. Les mêmes procédés sont utilisés lorsque, spontanément, des chefs d'entreprise soutiennent financièrement les mouvements nationalistes.

Les raisons qui conduisent au passage à l'acte sont donc extrêmement nombreuses. Le contexte moral de cette délinquance d'affaires ne détourne pas le fraudeur de la voie criminelle. La sanction est assez largement hypothétique : par

17. Trib. corr. Marseille 21 janvier 1985 (non publié).
18. *Le Monde,* 14 août 1987, « Terrorisme et pouvoir économico-social ».

conséquent, tous les facteurs sont réunis pour que les fraudes à la facturation se multiplient.

Ces infractions causent un préjudice à la société dans son ensemble, car la délinquance des affaires a un coût social considérable, et elles faussent le jeu normal de la concurrence. Entre l'entreprise qui fraude et celle qui s'acquitte scrupuleusement de ses charges, la lutte est inégale. Cela permet de dégager des moyens de financement supplémentaires dont les concurrents honnêtes ne bénéficient pas. Il est nécessaire d'essayer de trouver une réponse à ce phénomène immoral, mais que faire ?

II – LES RÉACTIONS POSSIBLES

La structure juridique des fraudes aux règles de la facturation se caractérise par une complexité remarquable. Ces agissements sont constitutifs de multiples infractions pénales : faux, escroquerie, abus de biens sociaux, banqueroute, corruption, fraude fiscale... La poursuite et la sanction sont difficiles, ce qui rend encore plus aléatoire la lutte contre ces procédés délictueux. Il devient impératif de formuler des propositions et de trouver les moyens d'endiguer le flot de ces fraudes. Une arme semble s'imposer : il faut moraliser la vie des affaires, et redonner à la morale la place qu'elle n'aurait jamais due perdre. Cette moralisation des pratiques de la vie des affaires peut avoir deux origines : d'une part, la moralisation peut émaner d'une initiative législative (A), d'autre part, mais les deux initiatives peuvent se combiner, la moralisation doit être l'objectif des professionnels eux-mêmes (B).

A – UNE RÉACTION LÉGISLATIVE

La fraude ne doit plus être admise, ni bénéficier d'aucune indulgence. Le législateur doit la combattre, l'opinion publique la réprouver. D'autant que ces fraudes prennent une dimension internationale. Elles perturbent les finances internes des États et celles de la communauté internationale.

La nécessité de la répression pénale doit être affirmée, afin de combattre la baisse de la moralité publique qui ouvre largement les portes de la délinquance. Cette démission de la morale en ce domaine se vérifie, tant dans l'opinion publique, qu'au plus haut niveau de l'État – pensons à la loi d'amnistie du 15 janvier 1990 qui a absout toutes les affaires de fausses factures en relation avec le financement des partis politiques[19]...

Il est temps de réagir. Cette réaction devrait d'abord, émaner du législateur, qui pourrait créer une nouvelle infraction dans notre Code pénal, visant expressément la

19. Code pénal, Amnistie, Loi 90-55 du 15 janvier.

fabrication et l'usage de factures fausses ou fictives. Cette incrimination qui engloberait l'ensemble des fraudes commises au moyen de factures, tant dans leur dimension pénale que fiscale, redonnerait une certitude à la sanction, ce qui est essentiel en matière pénale. Elle simplifierait également le déclenchement des poursuites en supprimant les concours de qualification (faux, escroquerie, fraude fiscale, corruption).

La création d'une infraction spécifique aurait le mérite d'être une solution simple qui traduirait, expressément, la volonté de moraliser et de sanctionner. Cette incrimination spécifique à ce type particulier de criminalité financière, nous parait pouvoir constituer une parade aux fraudes à la facturation. Elle serait le symbole de la prise de conscience de la nécessité de réprimer ces agissements dommageables pour la société, et démontrerait la volonté du législateur de redonner à la règle pénale, la dimension morale qui soutend et légitime son existence. Cette volonté de moraliser la vie publique est apparue dans la loi du 29 janvier 1993 qui a, notamment, fixé les modalités de financement des partis politiques[20]. On peut espérer que ce premier pas soit suivi de nombreux autres. Un nouvel essor des parquets financiers – donc une spécialisation des magistrats – témoignerait aussi de cet objectif répressif.

Mais, si l'on peut attendre beaucoup du législateur pour sonner le réveil de la morale, il ne faut pas en attendre trop. En effet, quelle que soit la bonne volonté des pouvoirs publics, si les professionnels eux-mêmes ne s'engagent pas dans la voie de la moralisation, le résultat ne sera pas atteint.

B – UNE RÉACTION DES PROFESSIONNELS

La moralisation de la vie des affaires est aussi l'affaire de ses acteurs. C'est à eux qu'il appartient de mettre en place des règles de bonne conduite, des codes de déontologie professionnelle, des règles d'éthique qui permettront, en amont de la répression pénale, de mettre un terme à ces pratiques immorales.

Les premières manifestations de ce retour à une certaine morale de la vie des affaires se concrétisent. Souvenons nous, de ces représentants de grandes entreprises qui annonçaient, il y a quelques mois, qu'ils ne contribueraient plus au financement des partis politiques. Ils n'auront, ainsi, plus besoin de frauder, de falsifier leurs écritures comptables afin de justifier des dépenses occultes... S'engagerait-on sur la voie d'une régression des fausses factures pour assister à terme à leur disparition ?

Cependant cette volonté de moraliser la vie des affaires française risque de se heurter aux pratiques étrangères, où dans certains pays, la corruption est un instrument banal de l'activité économique. Les intentions les plus louables risquent d'entrer en conflit avec les impératifs de la survie de l'activité commerciale : qui sortira vainqueur en période de crise économique...

Il faut quand même poursuivre sur la voie de la moralisation, mais cela ne peut aboutir que par une évolution, ou une révolution, des mœurs et des esprits... souhaitons qu'elle se réalise...

---

20. Titre 1er de la loi ; C. Guettier, *op. cit.* pp. 51 ss.

MORALE ET FISCALITÉ DES AFFAIRES

par P. SERLOOTEN
Professeur à l'Université des Sciences Sociales de Toulouse

Si le deuxième terme de l'intitulé de ce rapport (fiscalité des affaires) est clair et connu de tous, de telle sorte qu'il ne mérite pas d'être spécialement défini, le premier terme mérite que l'on s'y attarde.

Si la morale est parfaitement reconnue comme une science se rattachant à l'ensemble plus général de la philosophie, le vocabulaire actuel utilise également, lorsqu'il s'agit d'apprécier de façon plus concrète les comportements individuels, les expressions d'éthique ou de déontologie. A lire les divers dictionnaires de la langue française, ces trois expressions paraissent synonymes. La morale est la science normative qui enseigne ce qu'il faut faire et ce qu'il ne faut pas faire. L'éthique est la science de la morale, ce qui concerne la morale. Quant à la déontologie, elle est définie comme la science qui traite des devoirs à accomplir.

Ainsi, même si dans une perspective de théorie fondamentale, l'on peut distinguer ces trois expressions, il faut reconnaître qu'elles ont la même signification[1]. Elles sont d'ailleurs souvent utilisées indifféremment. Ainsi, était publié à Londres en 1834, deux ans après la mort de son auteur, Jeremy BENTHAM, « Déontologie ou science de la morale ». Ce célèbre ouvrage se composait en deux parties, une Théorie de la vertu et un Traité de la pratique de la vertu.

Éthique ou morale, il ne sera pas finalement choisi entre les deux, considérant que seule leur origine grecque ou latine les oppose[2]. L'expression de morale sera cependant préférée en raison d'une utilisation plus générale et car revêtant ainsi, pour la majorité, une signification plus précise.

Les rapports du droit et de la morale ont donné lieu à de nombreux et traditionnels débats. La morale, comme le droit, édicte une règle de conduite. De même qu'existe la règle de droit, existe la règle morale.

Une importante différence, cependant, les oppose. La morale a une fin individuelle, à savoir la perfection personnelle de l'homme alors que le droit a pour fin l'organisation de la vie en société. Malgré tout, l'homme vivant en société il est

1. Tout au plus le juriste distingue-t-il la déontologie qui est restreinte aux règles propres à une profession déterminée.

2. On peut cependant les distinguer et refuser à l'éthique un caractère normatif. V. B. OPPETIT : « Éthique et vie des affaires », *Mélanges Colomer,* Litec, 1993, p. 320.

normal et cela est généralement reconnu[3] que la morale joue un rôle important dans l'élaboration des règles de droit.

Par ailleurs, il est difficile de ramener le droit à l'ensemble des règles destinées à régir les hommes vivant en société. Il est généralement admis aujourd'hui que la règle de droit doit également poursuivre un objectif de justice. Le droit, c'est ce qui est juste. Le droit est « l'exacte mesure à laquelle chacun doit se tenir s'il veut occuper à l'égard d'autrui la position juste »[4]. Cette recherche de la justice renvoie à la théorie du droit naturel qui est aujourd'hui renouvelée par des auteurs comme Michel VILLEY[5].

Ainsi, droit et morale ont finalement en commun des objectifs de même que le fait que ce sont également des sciences[6] normatives. Cette communauté, mise en relation avec les différences qui viennent d'être indiquées, explique que juristes et philosophes se soient de tout temps interrogés sur les rapports de ces deux sortes de règles de conduite que sont la règle juridique et la règle morale.

Le rapprochement du droit et de la morale soulève aujourd'hui des questions fondamentales et délicates face au problème posé par le développement scientifique et médical qui amène, compte tenu des nouvelles possibilités offertes à l'homme, à s'interroger aussi bien sur la définition de l'homme que sur son rôle tant individuel que collectif.

Sans soulever des questions aussi fondamentales, les relations de la morale et des affaires et plus spécialement du droit des affaires suscitent aujourd'hui, toute proportion gardée, le même engouement. L'interrogation sur les rapports de la morale et des affaires est tellement actuel que certains peuvent parler de mode[7].

Cette mode, ou du moins ce courant tient certainement à l'évolution politique, économique et même juridique de ces dernières années. Depuis une dizaine d'année, alors que l'on vivait sous l'empire de l'étatisme et du dirigisme, le libéralisme a assez largement triomphé et a apporté avec lui le souci d'une large déréglementation. La règle juridique est en effet perçue comme brimant la liberté et la puissance de la volonté.

Il serait bien sûr illusoire d'expliquer le souci moral actuel par la seule déréglementation[8]. Certes le recours à la règle morale est exactement proportionnel

---

3. Sur la morale et le droit, voir notamment : G. RIPERT : *La règle morale dans les obligations civiles.* M. VILLEY : « Morale et droit », in *Seize essais de philosophie du droit* 1969, p. 107 s.

4. A. SERIAUX, *Le droit naturel,* PUF, coll. Que sais-je ?, n° 2806, 1993, p. 23.

5. Michel VILLEY et le droit naturel en question, L'Harmattan, Logiques juridiques, 1994.

6. Ce caractère peut cependant être discuté pour le droit. Existe-t-il une science juridique ?

7. En fait foi le nombre des articles et ouvrages récemment consacrés au sujet :
– C. HANNOUN : *La déontologie des activités financières,* RTDCo 1989, p. 417 ;
– H. de la BRUSLERIE : « La déontologie des activités financières », *Rev. Banque* 1990, p. 684 ;
– *Ethique, déontologie et gestion de l'entreprise,* sous la coordination de H. de la BRUSLERIE, Economica, 1992 ;
– B. OPPETIT : « Éthique et vie des affaires », *Mélanges Colomer,* Litec, 1993, p. 319 ;
– G. HIRIGOYEN : « Quelques réflexions sur le lien entre l'éthique et la finance », *Mélanges Percerou,* Vuibert Gestion, 1994, p. 208 ;
– P. SPITERI : *L'éthique des affaires,* ibid. p. 203 ;
– P. DIENER et M. L. MARTIN (ss. la dir.) : *Droit des affaires – Éthique et déontologie,* Hermès 1994 ; Ph. SAUNIER : *Mœurs et fiscalité,* Droits 1994, n° 19, p. 77.

8. L'influence de certains scandales ou « affaires » ne peut également qu'être secondaire.

à la limitation de l'emprise de la règle juridique, mais les besoins de morale de l'époque tiennent aussi à des explications plus profondes qui justifient également le renouveau spirituel que les observateurs sociaux peuvent noter.

Quelques soient les raisons de ce phénomène[9], il est suffisant ici de le constater. Dès lors, au regard de la réactivation de l'affirmation de la nécessité d'une certaine morale dans la vie économique, on est tenté de voir ce qu'il en est dans le domaine particulier qui nous intéresse, savoir la fiscalité des affaires.

Pour caractériser les rapports du droit fiscal des affaires et de la morale, il suffit d'ouvrir un ouvrage de fiscalité et plus spécialement de fiscalité des affaires et de lire l'index. On est immédiatement ébloui. Nous sautent aux yeux la référence à des qualités morales, à des vertus évidentes : la franchise, la tolérance, la solidarité, la transparence etc. Autant de vertu dont il nous a déjà été parlé (ou dont il sera parlé) à propos de l'éthique des affaires. Le lecteur est malheureusement vite détrompé car il s'aperçoit rapidement qu'il ne s'agit pas de magnifier ces hautes valeurs morales, mais simplement de notions techniques qui ont une toute autre signification.

La franchise n'est pas un encouragement à la vertu de vérité et de sincérité. Il s'agit plus prosaïquement d'une franchise de taxation qui permet d'échapper à l'imposition dès lors que certains seuils ne sont pas dépassés.

La tolérance n'est évoquée que pour la tolérance légale du dixième qui permet de ne pas devoir d'intérêt de retard lorsque l'insuffisance des chiffres déclarés n'excède pas le dixième de la base d'imposition.

La solidarité n'a rien à voir avec la vertu d'entraide et d'altruisme, mais ne se rencontre qu'en matière de recouvrement de l'impôt comme garantie du Trésor.

De même, la transparence fiscale est étrangère à la condamnation du mensonge ou d'un secret qui ne profiterait qu'à certains initiés. Il ne s'agit que de la méconnaissance de la personnalité juridique de quelques sociétés.

Faut-il en conclure que les préoccupations morales sont indifférentes au droit fiscal ?

Dans les démocraties, la participation aux finances de l'État et des collectivités publiques est conçue comme une contribution volontaire. Ainsi que le disait le législateur révolutionnaire, payer ses impôts est une honorable obligation. Dès lors, la loi étant l'expression de la libre volonté du peuple, l'adhésion à l'obligation fiscale devrait être l'une des vertus cardinales du citoyen. Malheureusement, toute atteinte au « porte-monnaie » du citoyen est très vite jugée intolérable de telle sorte que le consensus initial se révèle théorique. Si les principes d'organisation démocratique de la société devraient permettre d'assimiler le grand jeu fiscal à une partie de bridge où dominent les conventions et le contrat, la réalité est tout autre et la partie se transforme en grand jeu de la chasse fiscale.

Dans la forêt constituant le terrain de chasse qui représente l'ensemble de la fiscalité ou du droit fiscal[10], le chasseur, à savoir le Trésor est à l'affût. Il a réuni tout

9. Est-il lié au changement de siècle, de millénaire, voire au passage de l'ère du poisson à l'ère du verseau ?

10. L'image de la forêt est d'autant mieux venue que la prolifération de dispositions techniques et complexes fait penser à une forêt particulièrement dense et touffue où le contribuable a des difficultés pour

un arsenal pour abattre le plus sûrement possible le gibier[11]. Ce gibier est important puisqu'ainsi qu'il a pu être dit, le fisc tire sur tout ce qui bouge. Le chasseur est aidé par toute une série d'assistants (inspecteurs et contrôleurs divers) mais aussi par des rabatteurs qui ramènent le gibier[12] ou parfois même tirent directement sur la proie[13]. Face à cette armée suréquipée, le gibier (de tous poils et de toutes plumes) essaie de traverser le champ de tir sans se faire prendre. Il a d'autant plus l'intention d'échapper au chasseur et donc de tourner la règle du jeu qu'il se sent démuni avec ses seuls poings nus. Le jeu étant par trop inégal, la victime a tendance à trouver naturelle la tricherie.

Ainsi, la situation fiscale étant vécue comme un combat, la morale ne doit pas y avoir une place importante. Cela paraît vrai si l'on examine, au regard de la morale, le décor. Le droit fiscal poursuit un but technique, organiser la contribution des citoyens à l'organisation financière de l'État et des collectivités publiques. Le droit fiscal ne poursuit donc aucun objectif moral de telle sorte que l'amoralisme du droit fiscal est traditionnellement affirmé. Il conviendra cependant de vérifier le bien fondé d'une telle affirmation.

S'agissant d'apprécier au regard de la morale l'action des acteurs, à l'intérieur de ce décor, l'analyse paraît devoir être plus variée. Malgré tout, les rapports de l'administration fiscale et du contribuable étant vécus comme des rapports de force, c'est l'immoralité des participants au grand jeu fiscal qui domine.

I : L'amoralisme du droit fiscal ?

II : L'immoralité des acteurs.

I – L'AMORALISME DU DROIT FISCAL ?

L'absence de prise en considération de la morale par le droit fiscal est traditionnellement affirmée à partir du constat de l'indifférence du droit fiscal à l'égard des valeurs morales. Cet amoralisme du droit fiscal doit cependant être nuancé surtout si l'on considère l'adhésion du législateur fiscal à un principe foncièrement moral, celui de l'équité.

---

s'orienter et s'égare souvent. D'autres images auraient pu cependant être utilisées pour représenter le terrain de chasse, comme le maquis, par exemple.

11. Afin qu'aucune proie éventuelle ne puisse s'échapper, les armes disponibles vont du simple couteau (déclaration du contribuable) jusqu'à la mitrailleuse lourde (contrôle administratif et redressement) en passant par l'arc (présomption irréfragable) et le fusil (abus de droit).

12. Relèvent de cette catégorie les personnes ou organismes (Caisses de Sécurité Sociale, autorité judiciaire...) qui doivent fournir des renseignements à l'administration des impôts sans demande préalable de sa part (art. L 97 à L 102 LPF). De même, les employeurs qui doivent déclarer les salaires versés ou les sociétés qui doivent déclarer les bénéfices distribués, etc.

13. Ainsi, la TVA est collectée par l'entreprise. La technique de la retenue à la source est de plus en plus souvent utilisée.

A – DROIT FISCAL ET VALEURS MORALES

L'affirmation souvent faite de l'amoralisme du droit fiscal repose sur une vérité d'évidence, à savoir que le droit fiscal poursuit des buts tellement éloignés des objectifs de la morale que la morale ne constitue pas une préoccupation du droit fiscal. Elle ne lui est pas vraiment étrangère, elle lui est surtout indifférente.

L'amoralisme du droit fiscal se formule en deux propositions essentielles. Le droit fiscal, indifférent aux valeurs morales, ne favorise pas leur consécration juridique. La même indifférence le pousse à ne pas sanctionner l'inobservation des règles morales.

Ces deux propositions méritent d'être examinées afin de vérifier la réalité de l'affirmation de l'amoralisme du droit fiscal.

1 – Le droit fiscal ne favorise pas les valeurs morales

En raison de son caractère essentiellement technique, le droit fiscal n'est pas utilisé pour favoriser un certain comportement des individus ou pour favoriser certaines valeurs morales.

Il est ainsi assez facilement démontré que, par exemple, il n'incite pas à l'altruisme. La gratuité n'est pas une valeur morale appréciée du droit fiscal. Les entreprises ne sont pas des organismes philanthropiques. Elles doivent au contraire se montrer égoïstes car il est de leur objectif et même de leur fonction de chercher à réaliser un profit. Elles n'ont donc pas à faire la charité. Par principe, les libéralités que consentent les entreprises sont des actes anormaux de gestion et ne sauraient figurer parmi leurs charges déductibles. La théorie de l'acte anormal de gestion avec son seul critère de l'intérêt de l'entreprise s'oppose à toute possibilité de désintéressement[14].

Ainsi toute libéralité ou même simplement aide financière apportée à un tiers est interdite et trouverait sa sanction dans les redoutables conséquences d'un redressement pour acte anormal de gestion.

Il est vrai que dans le cadre du mécénat d'entreprise, les dons et subventions effectués par l'entreprise peuvent être déduits du bénéfice imposable. L'article 39-1-7° CGI permet la déductibilité des dépenses philanthropiques, humanitaires, sociales etc. L'entreprise peut donc faire œuvre de charité. Malheureusement, la fin du texte vient immédiatement briser les élans de solidarité des entreprises. Si de telles dépenses sont déductibles, ce n'est qu'à la condition qu'elles aient été exposées dans l'intérêt direct de l'exploitation. Les dépenses engagées doivent donc être conformes à l'intérêt de l'entreprise et non disproportionnées par rapport aux retombées bénéfiques que l'entreprise est en droit d'en attendre. Faute de remplir de telles conditions, ces dépenses seraient rejetées en application de la théorie de l'acte

14. Le seul critère de l'acte anormal de gestion est l'intérêt de l'entreprise. Ainsi, la limite de déductibilité des intérêts et notamment le plafond prévu au cas de prêt à la société par les associés ne consacre pas une conception morale qui voudrait que les intérêts, c'est-à-dire le produit de l'argent, ne soient pas moraux (Sur cette conception déjà ancienne, voir G. HIRIGOYEN, « Quelques réflexions sur le lien entre l'éthique et la finance », *Mélanges Percerou,* p. 211, Vuibert, 1993).

anormal de gestion. Ainsi, le mécénat et les démonstrations de solidarité de l'entreprise ne sont admissibles en droit fiscal que lorsqu'ils sont intéressés ; lorsqu'ils sont, par exemple, d'inspiration publicitaire. On est donc loin des valeurs évangéliques qui conseillent de se dissimuler pour faire la charité.

La charité, la solidarité sont ainsi des vertus interdites à l'entreprise.

Malgré la rigueur de ces principes la fiscalité est parfois utilisée à des fins morales. Cette utilisation ne peut cependant être mentionnée que comme exceptionnelle par rapport à un principe général. Ainsi, pour reprendre l'exemple du mécénat, peut être cité l'article 238 bis du code général des impôts qui permet un certain mécénat désintéressé en faveur des œuvres d'intérêt général. Peuvent ainsi bénéficier des libéralités des entreprises les organismes à vocation humanitaire, culturelle, éducative, et sportive. D'une façon plus générale, sont également déductibles les dons et subventions à des associations reconnues d'utilité publique. Cette générosité inhabituelle du droit fiscal ne doit pas cependant éblouir. En effet pour de telles œuvres, l'entreprise ne peut disposer au maximum que d'une enveloppe annuelle de trois pour mille de son chiffre d'affaires.

Un autre exemple de la finalité morale exceptionnelle de la fiscalité peut être trouvé dans la situation fiscale des œuvres pornographiques. Outre le prélèvement spécial (30 %) sur les bénéfices provenant d'œuvres pornographiques (art. 235 ter CGI), on peut citer la TVA au taux majoré qui pesait autrefois sur les œuvres pornographiques. Cette sanction fiscale des films et spectacles pornographiques prend aujourd'hui la forme du taux ordinaire (18,6 %) qui est substitué au taux réduit (5,5 %) qui généralement frappe les spectacles et œuvres cinématographiques.

Ainsi en ce qu'il ne consacre que très exceptionnellement les valeurs morales, le droit fiscal justifie sa réputation d'amoralisme. Il semble qu'il en est de même au regard des sanctions de l'immoralité.

2 – Le droit fiscal ne sanctionne pas l'immoralité

L'amoralisme du droit fiscal si souvent affirmé repose sur la vérité généralement admise qu'il ne sanctionne pas les atteintes aux bonnes mœurs, à l'honnêteté, voire tout simplement à la loi. Autrement dit, pour le droit fiscal, les actes illicites et immoraux ont la même place et portée que les actes conformes à la loi et à la morale.

Afin de porter une jugement sur ce prétendu amoralisme du droit fiscal, il convient d'en prendre l'exacte mesure et de vérifier la réalité de cette affirmation de l'amoralisme du droit fiscal en tant qu'il est insensible à l'immoralité d'un comportement.

L'actualité nous donne l'exemple des deux questions différentes posées par la prise en compte par le droit fiscal de l'immoralité du contribuable.

Ainsi, les médias se sont-ils largement fait l'écho d'une affaire où l'on présentait l'État comme un trafiquant de drogue ou du moins comme le receleur du produit du trafic. Est-il légitime pour l'État d'imposer le profit provenant d'un trafic de drogue ? En l'espèce du moins ce n'était évidemment pas l'avis du trafiquant qui se permettait de donner des leçons de morale au Trésor.

Par ailleurs, quotidiennement, la presse et les divers médias audiovisuels relatent de nombreuses affaires de corruption, de fausses factures et de pots de vin. Le vin ainsi répandu dans des pots de plus en plus larges peut-il fiscalement réduire le bénéfice de celui qui l'a versé ?

Ainsi, l'immoralité ou l'illicéité de l'activité du contribuable pose la double question de savoir si elle peut et doit être imposée, d'une part et, d'autre part, de savoir si elle peut générer chez lui une charge qui viendrait en déduction de son bénéfice imposable.

1 – L'imposition des activités immorales et illicites

L'exemple retenu pour poser la question, celui du trafiquant de drogue, a malheureusement la justification de l'actualité. La question est cependant beaucoup plus ancienne. L'exemple le plus classique pour l'illustrer est, en effet, celui de la prostituée ; or, la prostitution ne constitue-t-elle pas, dit-on, le plus vieux métier du monde ? L'autre élément du couple traditionnel, le proxénète pose d'ailleurs le même problème.

Il est intéressant de noter que ces exemples traditionnels ont trait aux bonnes mœurs. En revanche, on cite rarement le cas des activités portant atteinte aux biens. Or la question se pose également de savoir si le droit fiscal peut taxer, par exemple, le cambrioleur sur le produit de ces larcins. Il en est de même pour les « bénéfices » tirés d'une activité d'escroquerie.

L'examen de la doctrine et de la jurisprudence révèle que le droit fiscal n'hésite pas à consacrer, à son niveau, les activités illicites et immorales.

Le droit fiscal considère l'individu qui exerce cette activité illicite ou immorale comme redevable de l'impôt du seul fait que son activité est génératrice de profit[15].

Ainsi, le proxénète est imposé sur les profits qu'il a réalisé[16]. Il en est de même pour l'exploitant d'un hôtel de prostitution[17] ou du marabout ou autre guérisseur ou magnétiseur qui a abusé de la crédulité du public[18].

Pour prendre des exemples plus proches de l'activité des affaires au sens traditionnel, on peut indiquer que sont imposables les gains obtenus par une agence immobilière en ne restituant pas des sommes dues à un client[19]. De même seront considérés comme des contribuables à part entière, les personnes qui se livrent à l'exercice illégal de la médecine ou bien un expert comptable radié du tableau de l'ordre. Il est imposable dès lors qu'il continue d'exercer sa profession[20]. De la même façon, la jurisprudence impose traditionnellement comme revenus entrant

15. La prise en compte par le droit fiscal de l'immoralité se révèle aussi pour d'autres impositions que celle qui frappe directement le profit tiré de l'activité illicite ou immorale. Ainsi, est tout à fait régulière l'imposition qui frappe la cession d'un établissement de débauche, c'est-à-dire un contrat à objet immoral (Civ. 14 avril 1913, RE 1913, n° 5743, p. 419).

16. CE 7° et 9° s. sec. 5 mai 1976, req. n° 97 719, RJF 1976, n° 7, p. 242.

17. CE 7° et 9° s. sec. 15 févr. 1984, req. n° 35 601, Dr. fisc. 1984, n° 26, comm. 1251.

18. CAA Paris 17 juil. 1990, req. n° 89-2556, Dr. fisc. 199, n° 14, comm. 757.

19. CE 21 déc. 1977, req. n° 5 777, RJF 1978, n° 3, 77.

20. CE 5 déc. 1973, Dupont 1974, p. 65.

dans la catégorie des BNC, les fonds détournés au moyen de chèques sans provision[21].

Enfin, nous posions la question de l'application de la rigueur du droit fiscal quant au produit du vol. On peut citer, ici, après le cas de l'agence immobilière, celui de sommes provenant de détournement de fonds. Dans une affaire d'émissions croisées de chèques sans provision destinées à alimenter artificiellement différents comptes bancaires et postaux, les sommes provenant du détournement de fonds sont imposables[22].

Afin d'apprécier cette prise en compte par le droit fiscal des activités immorales, il convient d'abord de noter que cette attitude n'est pas spécifique au droit fiscal. A l'instar du droit fiscal, le droit privé n'hésite pas à faire produire à des activités illicites ou immorales des conséquences juridiques.

Pour s'en tenir à l'exemple traditionnel du proxénète, il peut être considéré comme un commerçant, être mis en redressement judiciaire et éventuellement encourir une condamnation pour banqueroute. Egalement, en ce qui concerne le droit civil, le fait du proxénétisme et de la vie commune qu'il implique parfois peut être retenu pour l'éventuelle condamnation à des dommages et intérêts ou à une pension alimentaire.

Au delà de la généralité de cette attitude, il est difficile de reprocher au nom de la morale au droit fiscal d'imposer le produit provenant d'activités immorales. En effet, la prise en compte de faits immoraux par le droit fiscal n'implique aucun jugement de valeur de la même façon que la reconnaissance de faits illicites par le droit fiscal n'a pas pour effet de rendre licite ce qui est illicite.

Ainsi, la mise à mort d'un taureau lors d'une corrida est toujours réprimée par la loi du 2 juillet 1850, bien qu'une loi soit venue taxer les courses de taureaux : « attendu que la loi du 25 juin 1920, en instituant une taxe de 25 % sur les courses de taureaux, n'a eu ni pour objet, ainsi qu'il appert d'ailleurs des travaux préparatoires, ni pour effet de modifier dans leurs rapports avec la loi pénale, le caractère de faits qui peuvent se produire dans ces courses »[23].

D'autre part, en taxant le produit des activités immorales, le droit fiscal ne fait preuve ni d'immoralité, ni même d'amoralité. C'est, en effet, dans l'hypothèse inverse, que son attitude aurait été critiquable. En ne taxant pas l'immoralité, le droit fiscal aurait admis que celui qui s'y livre échappe aux conséquences de son comportement moralement répréhensible en invoquant simplement sa propre immoralité. Cette solution aurait par ailleurs été contraire au principe général exprimé par la règle « Nemo auditur... ».

On ne peut donc conclure à l'amoralisme du droit fiscal en se basant sur le fait qu'il taxe des activités ou des faits immoraux.

21. CE 29 nov. 1982, n° 28 305, Dr. fisc. 1983, n° 11, comm. 494 ; RJF 1983, n° 53. – CE 16 févr. 1983, req. n° 30 267, RJF 1983, n° 507. – CE 17 nov. 1986, req. n° 52 402, Dr. fisc. 1987, n° 9, comm. 397 ; RJF 1987, n° 35. – CE Plén. 12 févr. 1988, req. n° 57 730, Dr. fisc. 1988, n° 25, comm. 1257 ; RJF 1988, n° 382, concl. Ph. MARTIN, p. 224. – CE 8° et 9° s. sec. 12 oct. 1994, req. n° 129 045, Dr. fisc. 1994, n° 51, comm. 2205.

22. CAA Lyon 20 juin 1991, n° 64, RJF 1991, n° 11, 1374. – Voir également : CE plén. 12 févr. 1988, req. n° 37 730, RJF 1988, n° 4, 382, concl. Ph. MARTIN.

23. Crim. 8 avr. 1922, DP 1922, I, 125.

Mais le droit fiscal tire aussi d'autres conséquences des activités illicites ou immorales. Il lui arrive, en effet, de prendre en compte des activités immorales dans l'intérêt du contribuable, c'est-à-dire du coupable. Ceci en lui permettant de considérer comme charges d'exploitation des dépenses pourtant illicites ou immorales.

2 – La déduction des dépenses immorales et illicites

Si la prise en compte des activités immorales par le droit fiscal pour les imposer paraît conforme à la morale, la justification du droit fiscal paraît moins évidente lorsqu'il connaît l'existence de faits illicites ou immoraux non plus pour alourdir la charge fiscale des intéressés, mais pour alléger cette charge.

Or la logique du droit fiscal qui ne considère que la réalité de la dépense et son intérêt pour l'entreprise (ou plutôt son lien avec le bénéfice) emporte que sont déductibles des charges qui ne sont pas conformes à la morale.

Ainsi, le versement de soultes occultes pour l'obtention d'un marché constitue une charge déductible. Le Conseil d'État a, par exemple, jugé que l'entreprise avait pu déduire, pendant la guerre, des achats au marché noir moyennant des prix nettement supérieurs aux prix taxés[24].

De même, l'administration admet parfaitement la déduction de dépenses de publicité mensongère[25], ou encore, le Conseil d'État a admis la déduction de cadeaux d'entreprise faits dans des conditions illicites car contraires à l'interdiction des ventes avec primes en nature[26]. Le juge a même permis la déduction de pénalités infligées à des banques pour infraction à la réglementation du crédit[27].

Ce courant jurisprudentiel qui admet la prise en compte de frais généraux procédant d'actes illicites ou immoraux est fort bien résumé par les conclusions du commissaire du gouvernement MARTIN-LAPRADE selon lequel, *« si le fisc tire des profits de l'audace heureuse, il est logique qu'il convienne, en contrepartie, de reconnaître les pertes en cas de malheur. Il existe des législations qui sanctionnent par ailleurs civilement ou pénalement les écarts de comportements, les imprudences, les illicéités ; ces législations – sauf disposition expresse contraire – n'interfèrent pas avec la fiscalité qui se borne à constater l'existence matérielle des profits ou des pertes »*[28].

Pour apprécier l'incidence de cette situation sur l'amoralisme du droit fiscal, il convient cependant d'en préciser et donc limiter le domaine. En effet, s'agissant d'activités illicites dont le produit est imposé, il semble difficile, pour le droit fiscal, de considérer comme dépenses déductibles les dépenses réalisées dans le cadre de

24. CE 8° s. sec. 23 déc. 1959, req. n° 40 578, Dr. fisc. 1960, n° 4, comm. 33.
Pour le versement de commissions occultes et illégales, d'autres décisions peuvent être citées. Ainsi, CE 8° et 9° s. sec. 21 juin 1972, req. n° 77 234, Dr. fisc. 1972, n° 49, comm. 1767, concl. DUFOUR. – CE 7° et 9° s. sec. 5 déc. 1983, req. n° 35 697, Dr. fisc. 1984, n° 14, comm. 695 ; RJF 1984, n° 2, p. 62. – CE 16 déc. 1987, req. n° 55 790, RJF 1988, n° 2, 153.

25. Rép. min. JO Déb. AN 1978, p. 8464.

26. CE 11 juil. 1983, req. n° 33 942, Dr. fisc. 1984, n° 16, 813, concl. LEGER ; RJF 1983, n° 10, 1109.

27. CE 1° juil. 1983, req. n° 28 315, Dr. fisc. 1984, n° 5, comm. 149, concl. RIVIERE.

28. Concl. sur CE 7 déc. 1987, RJF 1988, n° 2, p. 88.

cette activité. Le voleur taxé sur les produits de son vol pourra-t-il prétendre passer en frais généraux l'achat des espadrilles, du collant noir et de la cagoule ; ou bien pourrait-il déduire le prix d'acquisition du pied de biche ou de la pince-monseigneur ? Poser de telles questions, c'est en même temps y répondre. On voit ainsi que les dépenses faites pour acquérir le profit provenant d'une activité illicite et qui de ce fait acquièrent elles-mêmes le caractère d'illicite ou au moins d'immoral, ne peuvent être invoquées par l'intéressé pour diminuer sa charge fiscale. La règle « Nemo auditur... » et les nécessités de la morale sont donc parfaitement respectées.

Il demeure cependant le cas des dépenses illicites faites dans le cadre d'activités licites. Il est vrai que l'on a pu citer des cas de prise en compte de telles dépenses, mais le cas inverse est au moins tout aussi fréquent.

Ainsi, les cadeaux faits à des fonctionnaires pour acquérir le marché de leur administration s'apparentent à la corruption de fonctionnaires et ne sont donc pas déductibles[29].

De même, un notaire qui a subi des pertes dans des occupations peu conformes à ses règles déontologiques ne peut prétendre déduire ces pertes[30].

Également une entreprise ne peut prétendre déduire les contraventions infligées à ses chauffeurs de camion qu'elle a pourtant prises en charge[31].

Dans le même ordre d'idée et d'une façon plus générale, ne sont pas déductibles les amendes pénales encourues dans le cadre de l'activité professionnelle[32].

Il a été également jugé que les charges financières résultant d'une clause d'indexation ne sont pas déductibles si l'indice choisi est illicite[33].

Ce refus de prendre en compte les dépenses illicites n'est pas le seul fait de la jurisprudence, mais se retrouve aussi dans la loi fiscale.

Ainsi, l'article 39-2 CGI interdit de déduire les pénalités encourues en cas de violation de la législation sur les prix ou de la réglementation concernant l'assiette des impôts. De même, l'article 237 du code général des impôts interdit de déduire certaines formes de dépenses de publicité en faveur des boissons alcoolisées sur les terrains de sport, par exemple ou près des écoles.

Avec tout ces exemples, on voit donc que le prétendu amoralisme du droit fiscal concernant la déduction des dépenses illicites ou immorales n'est pas aussi affirmé que certains peuvent le prétendre. Il demeure cependant que les décisions les plus récentes s'en tiennent aujourd'hui à la rigueur des strictes exigences techniques de telle sorte que le critère de la déductibilité d'une charge ne résiderait que dans son seul lien avec le bénéfice. Il n'appartiendrait pas au droit fiscal de s'ériger en juge

29. CE 7° et 9° s. sec. 10 déc. 1969, req. n° 73 973, Dr. fisc. 1970, n° 50, comm. 1429, concl. SCHMELTZ ; Dupont 1970, n° 3, p. 113.

30. CE 8° et 9° s. sec. 3 janv. 1973, req. n° 83 240, Dr. fisc. 1973, n° 27, comm. 988, concl. SCHMELTZ.

31. CE 8° et 9° s. sec. 6 oct. 1969, req. n° 73 500, Dupont 1969, n° 12, p. 380.

32. CE 7° s. sec. 24 févr. 1964, req. n° 58 941, Dr. fisc. 1967, n° 18, p. 46, concl. MARTIN ; Dupont, 1964, n° 4, p. 349. – CE 8° et 9° s. sec. 6 oct. 1969, req. n° 73 500, Dupont 1969, n° 12, p. 380. – Rép. min. JO Déb. S 1978, p. 4 740.

33. CE 7°, 8° et 9° s. sec. 8 mai 1981, req. n° 8.924, Dr. fisc. 1981, n° 29, comm. 1477, concl. VERNY ; RJF 1981, n° 7/8, p. 346, concl. VERNY.

du comportement moral des contribuables. Selon certains commentateurs, le point de vue réaliste l'aurait emporté sur le courant moralisateur[34].

B – DROIT FISCAL ET ÉQUITÉ

L'équité en tant que sentiment du juste et de l'injuste est incontestablement une valeur morale. L'équité constitue un principe général du droit, en tout cas du droit privé[35]. En revanche, cette vertu ne semble pas être reconnue comme principe général du droit fiscal. Elle n'est généralement pas mentionnée parmi les principes fondamentaux[36]. La référence le plus souvent faite à une notion voisine est celle à l'égalité devant l'impôt.

L'égalité devant l'impôt est bien sûr synonyme d'équité. Cette règle ne sera pas cependant ici développée car sa contribution à la démonstration de l'existence de la vertu fiscale de l'équité supposerait des développements trop importants tant la question de l'égalité devant l'impôt est complexe. En effet l'égalité absolue n'est pas forcément la justice. Ne convient-il pas d'instaurer une inégalité organisée pour restaurer une justice sociale ? Le système fiscal français, comme d'ailleurs tout système fiscal démocratique, est basé sur une inégalité équitable ou si l'on préfère juste. Ainsi, si tous les revenus d'un même montant sont imposés de la même façon, le souci de la justice fiscale se manifeste en amont (au niveau de la définition du revenu) par une prise en considération des inégalités sociales (foyer fiscal, quotient familial, abattements etc.)[37].

Outre l'égalité devant l'impôt, la prise en compte de l'équité par le droit fiscal se manifeste essentiellement par l'existence du principe de la juste imposition[38]. Ce principe de justice veut qu'un bénéfice ne soit imposé qu'une seule fois et que l'imposition ne soit due que dès lors qu'il y a enrichissement du contribuable.

1 – Le principe de l'unique imposition

Le principe de l'unique imposition ou du rejet de la double imposition est un principe de justice fiscale évidente qui consiste à appliquer au droit fiscal la maxime *« non bis in idem »* dont le domaine d'application essentiel se situe en droit pénal.

Si la double imposition est en principe rejetée, il n'en demeure pas moins que le principe de l'unicité d'imposition n'est pas toujours facile à mettre en œuvre. L'examen du droit fiscal ne révèle pas d'atteinte directe à ce principe puisque l'on

34. En ce sens, M. COZIAN, *Illicéité et anormalité,* Dr. fisc. 1995, n° 51, p. 1836.

35. « Il est permis de penser que l'utile et le juste sont bien les principes fondamentaux de Da théorie générale du contrat » (J. GHESTIN, *L'utile et le juste dans les contrats,* D. 1982, chr. p. 1. – d'une façon générale, voir : SANZ DE ALBA : *Sur quelques aspects de l'équité,* thèse Aix en Provence, 1980.

36. Par ex., J. SCHMIDT : *Les principes fondamentaux du droit fiscal,* Dalloz, 1992.

37. Sans parler du rôle de l'impôt comme redistributeur des richesses.

38. L'équité trouve donc son principal domaine en matière d'impôts sur le résultat (impôt sur le revenu et impôt sur les sociétés).

ne rencontre pas de double imposition juridique[39]. Cependant, des cas de double imposition économique sont fréquents. Or le fait que la double imposition se produise entre les mains de personnes différentes n'empêche pas qu'un même et unique bénéfice se trouve imposé deux fois.

Parmi les diverses hypothèses pouvant être rapportées, nous en retiendrons deux, bien connues, qui sont surtout révélatrices de la tendance à rechercher, malgré les difficultés, dans le souci d'une plus grande équité, la disparition des doubles impositions.

a) *La distribution de bénéfices par une société soumise à l'impôt sur les sociétés*

En matière d'impôt sur les sociétés (IS), le phénomène est bien connu du même bénéfice imposé deux fois (une fois chez la société qui le réalise, une fois chez l'associé à qui il est distribué). Ce manquement à l'équité fiscale puisque deux prélèvements fiscaux successifs sont assis sur le même bénéfice a très tôt été considéré comme insupportable et c'est pourquoi deux techniques ont été instaurées pour limiter, puis pour supprimer cette double imposition (avoir fiscal et régime des sociétés mères).

Afin d'atténuer la charge fiscale qu'entraîne pour les bénéfices distribués l'application successive de l'impôt sur les sociétés et de l'impôt personnel, le législateur aurait pu choisir d'instaurer le système du double taux. C'est-à-dire que l'impôt sur les sociétés comporterait un taux normal sur les bénéfices demeurant investis dans la société et un taux réduit sur les bénéfices distribués. Mais ce système rend le contrôle plus difficile et fait apparaître la société comme le bénéficiaire de l'avantage fiscal. Aussi le système du crédit d'impôt (ou avoir fiscal) a-t-il été préféré puisqu'il a l'intérêt de présenter l'associé comme le bénéficiaire de l'avantage fiscal. Aujourd'hui, depuis la dernière baisse du taux de l'IS, l'avoir fiscal joue parfaitement son rôle de justice fiscale puisqu'il parvient à neutraliser totalement l'impôt sur les sociétés sur les bénéfices distribués.

L'avoir fiscal est doublé par le régime spécial des sociétés mères lorsque l'associé bénéficiaire de la distribution est une société, autrement dit la mère de la société distributrice. Le régime des sociétés mères ne joue plus un rôle important dans le rétablissement de la justice fiscale puisque l'avoir fiscal contribue déjà à supprimer la double imposition. Il a cependant un rôle subsidiaire dans des cas particuliers. Il présente, notamment, de l'intérêt lorsque la société mère est déficitaire ou lorsque la distribution provient d'une filiale étrangère[40].

Ainsi, le principe de l'unicité d'imposition est totalement restauré au cas de distribution de bénéfices par une société soumise à l'IS. On ne retrouve la double imposition que dans un cas particulier où elle est précisément recherchée par le législateur, mais alors à titre de sanction d'un comportement ou plutôt d'incitation à un comportement contraire. Il s'agit de l'exigibilité du précompte au cas de

---

39. Il y a double imposition juridique lorsqu'un même bénéfice est imposé deux fois chez la même personne.

40. Voir P. Serlooten, *Droit fiscal des affaires, Traité de droit commercial* (Ripert et Roblot) T. III, n° 700 s., LGDJ, 3° éd. 1994.

distribution de réserves anciennes (plus de cinq ans). S'agissant, ici, d'une mesure liée à une politique économique, il ne peut être question de voir dans cette règle un manquement à l'équité.

b) *La conséquence d'un redressement*

Un redressement peut créer une double imposition. il en est souvent ainsi lorsqu'une entreprise est redressée pour un acte anormal de gestion. L'exemple est évident pour un redressement de frais généraux, mais l'hypothèse est plus large. L'exemple pourrait être celui d'une rémunération excessive d'un associé, soit d'un salaire excessif, soit d'un intérêt excédentaire.

A la suite du redressement, la société se trouve imposée sur la somme litigieuse qui n'est pas déductible alors que l'associé est imposé, de son côté, sur la distribution camouflée. Ainsi, l'absence d'avoir fiscal liée au caractère irrégulier de la distribution consacre la double imposition. Certes, cette absence peut être conçue comme une « pénalisation » d'un comportement frauduleux, mais un tel redressement, avec sa conséquence de la double imposition, peut être encouru sans fraude ou même sans qu'intervienne une distribution.

Aussi, la double imposition n'est pas traitée identiquement selon que la somme litigieuses est considérée comme distribuée ou non.

Lorsque le redressement a pour conséquence la mise en distribution des sommes litigieuses, le législateur par la procédure de la cascade distribution (ou cascade complète) s'est efforcé d'atténuer les conséquences de la double imposition. Le régime de la cascade permet, en effet, par la prise en charge directe par le dirigeant de l'ensemble des conséquences du redressement d'atténuer d'une façon intéressante la charge fiscale globale[41].

Lorsque le redressement ne s'accompagne pas d'une distribution présumée, ce n'est que la pratique administrative ou judiciaire qui peuvent tenter de réduire les conséquences de la double imposition.

La prise en compte de l'équité par la jurisprudence dans l'hypothèse étudiée se révèle par quelques décisions (peu nombreuses il est vrai) qui considèrent qu'un redressement qui créerait une double imposition ne devrait pas être poursuivi.

Ainsi, dans une espèce du 25 juillet 1980 relative à la distribution d'intérêts de prêts non facturés par une société, le Conseil d'État a pu juger : *« considérant que, si l'abandon d'intérêts normalement dus à une société anonyme constitue* en, règle générale, *pour celui qui bénéficie de cet avantage, un profit imposable, l'imposition de ce profit entre les mains du bénéficiaire demeure subordonnée à* la condition que ledit profit n'ait pas déjà été compris *notamment par le jeu des règles de détermination du bénéfice net tracées aux articles 38 s. du CGI* dans les bases d'imposition du bénéficiaire »[42].

Cette tendance à faire prévaloir l'équité sur les rigueurs des règles techniques du redressement ne peut cependant être érigée en règle générale.

41. V. P. Serlooten, *op. cit.*, n° 803.
42. CE 25 juil. 1980, req. n° 15 073, RJF 1980, n° 11, 861.

A côté de l'unicité d'imposition, le principe de la juste imposition implique que, seul, l'enrichissement réel du contribuable soit imposé.

2 – L'imposition du seul enrichissement

Pour être soumis à l'impôt, le contribuable doit avoir réalisé un bénéfice. Ce bénéfice suppose un enrichissement et que le contribuable puisse disposer de cet enrichissement.

a) *L'existence d'un enrichissement*

L'impôt sur le résultat n'est justifié que par l'enrichissement du contribuable. Or toute entrée financière dans le patrimoine d'un contribuable n'implique pas obligatoirement un enrichissement. Un tel flux peut en effet avoir une contrepartie négative sous la forme d'une charge ou d'une dépense. L'équité veut donc que seul le solde positif de la compensation soit considéré comme imposable. Ainsi, l'article 38 CGI prévoit-il que le bénéfice imposable est le bénéfice net et non le bénéfice brut.

Cette prise en compte de l'équité au niveau de la définition du bénéfice imposable pourrait être vérifiée avec l'exemple des indemnités que peut recevoir une entreprise au titre de la réparation d'un préjudice. L'équité veut que l'indemnité soit fiscalement traitée de la même façon que le préjudice qu'elle répare. Cette règle vaut tant pour la qualification de l'indemnité que pour son imposition.

Puisque l'indemnité remplaçant une valeur perdue doit avoir le même sort que la valeur qu'elle remplace, une indemnité destinée à suppléer un revenu est en principe imposable au même titre que le revenu auquel elle se rattache[43] alors qu'une indemnité destinée à suppléer la perte d'un bien soumis au régime des plus-values est en principe imposable dans les mêmes conditions que la cession de ce bien[44].

Au regard de l'imposition des indemnités réparatrices, l'équité emporte que l'indemnité compensatrice n'est imposable que si le préjudice compensé ne pouvait donner lieu à l'inscription d'une charge fiscalement déductible. Ainsi, le Conseil d'État a jugé que l'indemnité d'assurances reçue par une entreprise qui supplée au préjudice causé par des pénalités fiscales ne devait pas être intégrée aux bénéfices soumis à l'impôt dans la mesure où les pénalités fiscales n'étaient pas elle-même déductibles[45]. Une telle corrélation entre l'indemnité et le préjudice constitue une référence à l'équité.

b) *La disposition de l'enrichissement*

L'équité veut que le contribuable ne soit imposable qu'à partir du moment où il aura pu appréhender la richesse, base de l'imposition. Ce principe d'équité est un

43. Ex. une indemnité de préavis ou de licenciement.
44. Ex. l'indemnité d'éviction en matière de baux commerciaux.
45. CE Plén. 12 mars 1982, D 1982, p. 464, note J. SCHMIDT et Fr. BENAC-SCHMIDT.

principe général du droit fiscal. Il résulte des dispositions de l'article 12 du CGI que *« l'impôt est dû chaque année à raison des bénéfices ou revenus que le contribuable réalise ou dont il dispose au cours de la même année »*. La référence au revenu disponible est reprise à l'article 156 du code.

La disponibilité ou la mise à disposition sont deux termes que l'on peut considérer comme synonymes. Il est en effet commun de faire référence non pas à la perception du revenu, mais à la possibilité de perception. Un revenu est disponible non pas lorsqu'on en a disposé, mais lorsqu'il est possible d'en disposer.

Dès lors, il appartient à la jurisprudence de préciser les faits qui permettent de considérer le revenu comme disponible. Le Conseil d'État a donc, à partir des situations de fait, institué de véritables présomptions de mise à disposition du revenu. Pour savoir si le revenu est à la disposition ou n'est pas à la disposition du contribuable, il convient de rechercher s'il peut être « regardé comme »[46] ou « réputé » à disposition[47].

Ainsi, c'est l'équité fondée sur la vraisemblance et l'apparence qui fonde la décision du juge.

La même considération d'équité exige que la présomption de fait de mise à disposition du revenu puisse être combattue par le contribuable. Pour cela, il lui appartient de démontrer l'impossibilité matérielle dans laquelle il se trouve d'appréhender réellement, matériellement le revenu. Cette impossibilité doit donc avoir une cause indépendante de la volonté du bénéficiaire du revenu ; elle doit provenir d'un obstacle insurmontable, autrement dit, un cas de force majeure[48].

Ces propos sur l'amoralisme du droit fiscal méritent une conclusion nuancée. L'affirmation généralement faite de l'amoralisme de la fiscalité qui serait indifférente à toute valeur morale est beaucoup trop absolue pour correspondre à la réalité. Il a été indiqué que de nombreuses solutions du droit fiscal sont justifiées par la prise en compte de valeurs morales, même si cette « moralisation » ne constitue pas une préoccupation du droit fiscal.

Il demeure cependant que l'amoralisme du droit fiscal est partiellement vérifié. Il est alors justifié par la spécificité technique du droit fiscal, on n'ose pas dire son autonomie.

En ne reconnaissant pas qu'il peut exister des exigences plus élevées que celles proprement juridiques, qu'il peut exister un idéal moral supérieur aux normes du droit, le droit fiscal fait peut être, dans une vision uniquement pragmatique, étrangère à tout jugement moral, un mauvais calcul. En refusant de sanctionner de façon systématique les comportements immoraux le droit fiscal se prive de recourir à son profit à la norme supérieure que constitue la norme morale. C'est ce que traduisait Georges RIPERT lorsqu'il écrivait : *« le droit qui ne veut pas admettre la*

46. « Le requérant n'en doit pas moins être regardé comme ayant eu le revenu à sa disposition ».

47. « Les sommes doivent donc être réputées avoir été perçues par le requérant ».

48. Ex. les sommes dues au dirigeant social et inscrites à un compte courant peuvent être indisponibles en raison de l'état déficitaire de la trésorerie de la société (CAA Paris, 3° ch., 29 mars 1994, req. n° 33-191, Dr. fisc. 12995, n° 15, comm. 744).

force créatrice d'une morale transcendante doit se résigner à ne pas demander le secours de la règle morale pour assurer son observation »[49].

Or le secours de la morale pourrait être fort utile au droit fiscal face à l'immoralité des participants au grand jeu fiscal.

II – L'IMMORALITÉ DES ACTEURS

Le grand jeu fiscal réunit sur le même terrain et pour un même match deux parties aux intérêts opposés, le contribuable et l'administration fiscale. Leur comportement peut être évalué à l'aune de la morale fiscale. Si pour le contribuable l'immoralité de son comportement ne paraît guère faire de doute, on peut se demander si, dans sa poursuite du fraudeur, l'administration ne mérite pas au regard de son comportement général (indépendant de celui de chacun des agents) le même qualificatif.

A – LE CONTRIBUABLE

Respecter ses engagements et payer ce qui est dû constitue certainement une importante règle morale. L'expression d'honorer ses dettes fait d'ailleurs référence à l'honneur, valeur hautement morale même si l'on peut regretter qu'elle soit largement tombée en désuétude.

La majorité des contribuables respectent ces principes. Il demeure cependant qu'un certain nombre d'entre eux considèrent que chercher à échapper à l'impôt est légitime ou en tout cas constitue un sport particulièrement enivrant (et rémunérateur). La fraude fiscale comme moyen d'alléger sa charge fiscale et même d'éluder l'impôt est devenu l'arme favorite du contribuable qui refuse d'être un gibier, une proie, trop facile.

Le terme même de fraude fiscale démontre le caractère immoral de ce comportement. La fraude en effet, consiste à ne pas payer ce qui est dû. Par la même le fraudeur lèse les intérêts légitimes du créancier en faisant abusivement prévaloir son intérêt sur l'intérêt opposé. En même temps, le fraudeur lèse les autres contribuables en les obligeant à une contribution accrue car les besoins de la collectivité étant inchangés, la part de chaque contribuable est augmentée de la charge esquivée par le fraudeur. De la sorte, la fraude fiscale peut moralement être assimilée au vol.

Il demeure cependant que de tout temps, certains ont pu prétendre légitimer la fraude fiscale.

Ainsi, au XIXe siècle, un auteur comme Paul LEROY-BEAULIEU avait soutenu le principe d'une résistance légitime à l'impôt. Dans son traité de la science

49. *Les forces créatrices du droit,* LGDJ, 1955, n° 76.

des finances, il écrivait, en effet, : « *Le contribuable lésé a, en stricte morale, le droit de chercher à échapper par la dissimulation, quand il en trouve le moyen, à ces spoliations. Il peut en toute sûreté de conscience, dérober son actif à la vue et à la poursuite du fisc* ».

Aujourd'hui, c'est Jean-Claude MARTINEZ qui a repris l'idée que la fraude peut être présentée comme l'usage d'un droit de résistance à l'oppression fiscale[50].

Cette thèse repose d'abord sur des arguments théologiques. Le droit à résistance de l'oppression fiscale serait un droit reconnu par les Pères de l'Église (Saint Augustin, Saint Thomas d'Aquin) qui admettent un droit de résistance à la loi injuste et tyrannique. Ce droit à la résistance serait renforcé par l'illégalité ou du moins la légalité douteuse de bon nombre de prélèvements fiscaux contemporains. Notamment le dol et l'erreur vicieraient ces prélèvements car le consentement populaire qui fonde la légalité de l'impôt a été trompé par l'évolution de certains prélèvements comme l'impôt sur le revenu ou la taxe professionnelle. Enfin, la fraude est d'autant plus légitime que l'obligation fiscale ne repose pas sur le droit naturel qui s'impose à la conscience, mais relève des lois répressives qui ne s'imposent que par les sanctions qu'elles édictent.

Cette argumentation est cependant un peu sommaire et se révèle plus provocatrice que convaincante. L'Église n'a jamais tolérée la fraude qui est au contraire condamnée car assimilée au vol[51]. Il suffit de rappeler la parole du Christ à qui il était demandé s'il était permis de payer l'impôt à César : « *Rendez à César ce qui est à César et à Dieu ce qui est à Dieu* » (Matt. XXII, 23).

Quant aux imperfections juridiques du droit fiscal et notamment à la prétendue tromperie dont aurait été victime le consentement populaire, il suffit de rappeler les règles de la démocratie qui permettent, à tout moment au peuple par l'intermédiaire de ses représentants de modifier la loi étant entendu que par le moyen de la sanction électorale, le peuple pourrait sanctionner les représentants qui l'auraient trompé.

En définitive, dans les rapports de l'obligation fiscale et de la morale, autrement dit, dans les rapports entre la fraude fiscale et la morale, il faut affirmer un devoir moral de contribution aux charges publiques. On peut avec certains[52], faire reposer ce devoir moral sur les trois grands principes républicains.

La liberté tout d'abord. Pour ne pas conduire à l'anarchie, elle doit s'inscrire dans un certain ordre social incarné en l'espèce par la notion d'ordre public fiscal. il ne peut y avoir de liberté sans ordre public qui constitue la limite de la liberté individuelle afin de lutter contre les ruptures d'équilibre engendrées par l'abus d'un droit individuel ou d'un pouvoir public.

L'égalité et la fraternité ensuite qui, en matière fiscale, fondent les principes d'égalité des citoyens devant les charges publiques et de participation à celles-ci par une juste contribution, chacun selon ses moyens, aux fins de redistribution.

---

50. « La légitimité de la fraude fiscale » in *Mélanges* GAUDEMET. – *La fraude fiscale,* collec. Que sais-je ?, PUF. – *1789-1989 : La révolution fiscale à refaire,* en collaboration avec J. LAMARQUE, Litec.

51. V. A. BOULANGER : *La doctrine catholique,* E. Vitte, 1923.

52. Voir Charles ROBBEZ-MASSON : *La notion d'évasion fiscale en droit interne français,* Bibl. Sc. financière, t. XXIX, p. 54.

Ainsi, la fraude fiscale est moralement condamnable, opinion qui est d'ailleurs d'une façon quasi-unanime admise.

Mais la fraude n'est pas le seul moyen d'éviter l'impôt. La fraude fiscale constitue une violation délibérée de la loi par le contribuable dans le but d'échapper à ses obligations fiscales. Or l'évitement de l'impôt peut être obtenu sans fraude à la loi, sans violation de la loi. La question est donc posée de l'éventuelle condamnation morale du contribuable qui se montre habile, c'est-à-dire de celui qui a su profiter de la loi ou parfois de ses silences pour échapper à l'impôt qu'il aurait dû pourtant supporter.

L'habileté fiscale est une notion fort ancienne. De tout temps la fraude et l'évasion fiscale ont été distinguées. On peut ici reprendre les définitions du Conseil de Impôts[53].

Il y a fraude lorsqu'il s'agit d'un comportement délictuel délibéré consistant, notamment, à dissimuler une fraction des recettes ou à majorer les charges ; c'est la fraude qui ait l'objet de majorations pour mauvaise foi et, éventuellement, d'une répression pénale ». Alors qu'il y a évasion lorsque *« intentionnellement, le contribuable utilise d'une manière abusive les lacunes du dispositif fiscal national et l'existence de systèmes fiscaux variables selon les différents pays. A la différence de la fraude, l'évasion ne peut faire l'objet de sanctions civiles ou pénales puisque le redevable ne contrevient pas aux dispositions législatives ou réglementaires ».*

A côté des concepts d'habileté et d'évasion fiscale, la doctrine moderne a élaboré celui d'optimisation fiscale[54]. L'optimisation fiscale ne paraît pas devoir être détachée de l'évasion fiscale dans la mesure où toutes deux s'opposent en termes identiques à la fraude. Le contribuable qui optimise sa fiscalité respecte scrupuleusement ses obligations fiscales et se garde bien de se mettre « hors la loi » fiscale. Habileté, évasion, optimisation peuvent donc être tenues comme synonymes[55].

Au strict point de vue de la morale, on pourrait penser que le comportement du contribuable qui pratique l'évasion ou l'optimisation fiscale est beaucoup plus répréhensible que celui du simple fraudeur. Le fraudeur cherche à éviter l'impôt mais admet l'éventuelle sanction de son comportement. Il sait que, s'il est pris, si sa fraude est découverte, il aura à en supporter les conséquences sous forme de sanctions fiscales ou pénales.

Au contraire, celui qui joue à être plus habile que l'administration ou le législateur cherche non seulement à éviter l'impôt qu'il devrait normalement mais cherche en outre à l'éviter dans des conditions telles qu'il ne s'expose à aucune sanction. Son comportement moral se trouve de plus aggravé par le fait qu'il n'a généralement pas conscience de commettre une faute. L'absence de sanctions encourue lui permet, en effet, de se persuader qu'il avait le droit de chercher à éluder

53. Rapport du Conseil des Impôts, JO Doc. adm. 4 août 1977, p. 1901.

54. On connaît aussi la défiscalisation. Mais le contribuable qui utilise la défiscalisation n'est pas moralement répréhensible dans la mesure où le résultat obtenu (allégement des charges fiscales) est celui recherché par le législateur. L'impôt est également un moyen d'intervention économique et social.

55. En ce sens, M. COZIAN : « Fraude fiscale, évasion fiscale, optimisation fiscale », *Droit et patrimoine,* 1995, n° 2, p. 3. De même, malgré ses efforts en ce sens, le Conseil de impôts n'est pas parvenu à tracer la frontière entre l'évasion et l'optimisation fiscale (V. 13° rapport du Conseil des impôts, Fiscalité et vie des entreprises, imprimerie des JO, 1994, p. 293).

l'impôt et d'ailleurs, en poussant à l'extrême le raisonnement, il en avait le devoir dès lors qu'il en avait la possibilité.

Cette absence de culpabilisation individuelle paraît refléter l'opinion collective. L'habileté fiscale, non seulement n'est pas généralement condamnée mais au contraire inspire souvent un certain sentiment de respect. Celui qui s'est montré plus fort que le fisc, comme celui qui a triomphé du gendarme, suscite la sympathie, voire l'admiration générale[56].

Cette compréhension et même indulgence envers l'adepte de l'évasion fiscale est une constante historique. Ainsi, Georges RIPERT a pu écrire : « *Je ne voudrais pas être accusé de complaisance pour ceux qui ne respectent pas les lois de leurs pays ; je me refuse pourtant à considérer comme moralement coupables tous les actes par lesquels les hommes essayent d'échapper à l'application des lois fiscales* »[57].

Plus récemment, dans le style très vivant qu'on lui connaît, Maurice COZIAN résumait ainsi l'opinion générale, mais aussi la sienne personnelle[58] : « *L'habileté fiscale n'est pas un péché ; ce serait plutôt une vertu, celle du bon père de famille gérant ses affaires au mieux de ses intérêts. il n'a jamais été dit nulle part que le contribuable avait le devoir de payer le plus d'impôt possible ; l'attitude contraire serait le signe non d'un héroïsme civique, mais plutôt d'un dérangement mental* »[59].

Au delà de la conscience individuelle ou même de la conscience collective, le droit apporte sa réponse à la question de savoir si l'habileté doit être sanctionnée.

Le cadre juridique général est assez favorable à celui qui se montre habile. Il résulte de la théorie de la liberté de gestion.

Le principe de la liberté de gestion ou de la non immixtion dans la gestion interdit à l'administration de critiquer la décision de l'entreprise[60]. Dans le cadre de la liberté de gestion reconnue à l'entreprise, celle-ci a d'abord le droit de diminuer sa charge fiscale en évitant de créer la matière imposable, c'est-à-dire que l'entreprise a la possibilité de choisir de réaliser ou de ne pas réaliser de bénéfices. Selon le Conseil d'État, le contribuable n'est jamais tenu de tirer des affaires qu'il traite le maximum de profit que les circonstances lui auraient permis de réaliser[61].

La liberté de gestion de l'entreprise emporte aussi le droit d'opter pour la solution la moins imposée[62]. Ce droit permet d'abord à l'entreprise d'exploiter son activité dans le cadre juridique de son choix, mais d'une façon plus générale lui

56. Cette réaction ne traduit pas obligatoirement une approbation morale mais peut être analysée comme une simple réaction de corps. Les « victimes » s'unissent face à ceux qu'elles considèrent comme des oppresseurs.

57. Préface à G. LEROUGE : *La théorie de la fraude en droit fiscal,* Paris 1944.

58. En ce sens, par exemple, sa préface à l'ouvrage de P. DIENER : *Droit de la défiscalisation dans les DOM-TOM,* Dalloz, 1994.

59. *Op. cit.,* Droit et patrimoine, 1995, n° 2, p. 4.

60. CE 8° s. sec. 7 juillet 1958, req. n° 35.977, Dr. fisc. 1958, n° 44, comm. 938. – C.E. 15 mai 1961, req. n° 49.779, Dr. fisc. 1961, n° 27, comm. 624. – CE 20 déc. 1963, req. n° 52 308, Dr. fisc. 1964, n° 45, comm. 156. – CE 3 déc. 1975, req. n° 89.412, Dr. fisc. 1976, n° 13/14, comm. 467.

61. Voir, par exemple, l'arrêt du 7 juillet 1958 précité.

62. « En présence de deux techniques juridiques, dont la finalité est identique, il est licite d'opérer un choix en fonction de la fiscalité » Rép. min. n° 10.242, JO Déb. AN 25 avril 1970. – Rép. min. n° 15.603, JO Déb. AN 20 mars 1971.

permet d'opposer à l'administration toute décision de gestion. L'administration n'est pas en effet la mieux placée pour porter une appréciation sur la gestion des entreprises.

Le droit de choisir la voie la moins imposée emporte également le droit de choisir librement la dépense que l'entreprise entend engager. Personne ne peut reprocher à l'entreprise d'avoir, pour l'obtention d'un même résultat, dépensé plus qu'elle n'aurait pu le faire en choisissant un autre moyen. Tout contribuable est libre de choisir la voie la plus onéreuse et donc, en augmentant ses dépenses, de diminuer le bénéfice imposable.

Le principe de la liberté de gestion n'est cependant pas absolu, et l'administration dispose parfois du droit de critiquer un acte de gestion.

Si la liberté de gestion permet au contribuable de prendre une décision de gestion opposable à l'administration, ce n'est qu'à la condition que cette liberté ne soit pas détournée de sa fonction. Un droit n'est accordé qu'en considération de certains objectifs ou de certaines fonctions de telle sorte que tout détournement de cette fonction est abusif. Ainsi, la théorie générale de l'abus de droit trouve application en droit fiscal.

La théorie de l'abus de droit permet à l'administration de requalifier les faits contenus dans un acte et fixe ainsi une limite à la liberté de gestion de l'entreprise. L'entreprise est libre de sa gestion, mais cette liberté ne peut être utilisée pour frauder la loi. Cette théorie repose sur l'article L 64 du livre des procédures fiscales.

Sur la base de l'interprétation jurisprudentielle, l'abus de droit peut être invoqué par l'administration dans deux hypothèses différentes.

Lorsque le montage juridique du contribuable repose sur des actes et des situations fictifs ou déguisés.

Lorsque, en l'absence même de tout caractère fictif, le montage juridique a été exclusivement réalisé à des fins fiscales.

En revanche, si l'administration ne prouve ni le caractère fictif de l'opération, ni le caractère exclusif des motivations fiscales, le montage juridique habile ne pourra être sanctionné par la procédure de l'abus de droit, même s'il permet une évasion fiscale.

En consacrant la théorie générale de l'abus de droit l'article L 64 du livre des procédures fiscales paraît donner au juge le moyen de moraliser le comportement fiscal des contribuables. Cependant, en retenant comme critère de l'abus de droit l'intérêt uniquement fiscal, l'intérêt *exclusivement* fiscal, la jurisprudence a, en fait, renoncé à faire de l'abus de droit un instrument au profit de la moralisation des contribuables. Il n'est pas, en effet, interdit de chercher à éviter l'impôt. Il n'est pas, par exemple, interdit de constituer une société pour obtenir un statut fiscal favorable ou pour transmettre son entreprise à un moindre coût fiscal, notamment en évitant l'imposition de la plus-value, du moment qu'en même temps que cet objectif, l'entrepreneur poursuit un autre but, par exemple assurer la pérennité familiale de l'entreprise. Ce qui est abusif, ce n'est pas de chercher à éviter l'impôt, c'est de ne chercher qu'à l'éviter. L'évitement de l'impôt ne devient condamnable que lorsqu'il est le seul but, le seul moteur de l'action. La notion d'abus de droit ainsi entendue ne constitue donc pas une sanction de l'évitement de l'impôt et donc une sanction de l'immoralité du contribuable puisqu'il peut y avoir évasion fiscale sans qu'il y ait abus de droit.

Il est vrai que seule cette conception peut être en parfaite harmonie avec le principe de la liberté de gestion qui, on l'a vu, permet de choisir la voie la moins imposée. En tout cas, force est de reconnaître que pour le droit fiscal, l'évitement de l'impôt, l'évasion fiscale n'est pas sanctionné. La conclusion est alors facile, passant au plan de la morale, d'en tirer une justification de l'absence de réprobation de celui qui cherche à éviter l'impôt tout en prenant garde de rester dans la limite de la loi.

Cette absence de condamnation juridique (et morale) de l'évasion fiscale due à une jurisprudence somme toute libérale explique que l'on puisse souhaiter une évolution de la notion d'abus de droit dans un sens plus répressif. C'est dans ce sens que s'est prononcé le Conseil des Impôts[63]. Partant de la constatation que l'abus de droit est surtout mis en œuvre à l'encontre des particuliers dans le cadre de la gestion des patrimoines privés[64], le Conseil des impôts souhaite renforcer l'efficacité de l'administration contre les montages qui défient le bon sens ou la logique économique dans le but manifeste ou essentiel (et non principal) d'éluder ou de réduire l'impôt même si d'autres motivations accessoires ou non déterminantes peuvent être fournies pour justifier la solution choisie. Aussi lorsque le motif de l'opération ou du montage est *essentiellement* fiscal, un redressement pourrait être fondé sans être pour autant assorti des pénalités prévues dans la procédure de l'abus de droit.

Si cette proposition a l'avantage d'inciter sérieusement à une plus grande vertu fiscale, il faut reconnaître qu'elle restreint considérablement la sécurité juridique. La conciliation de la sécurité juridique et de la morale fiscale ne pourrait-elle pas se faire à l'aide de frontières entre le permis et le défendu d'une plus grande netteté ?

B – L'ADMINISTRATION

La fin justifie-t-elle les moyens ? La réponse affirmative a pris la forme d'un adage populaire. Elle ne constitue pas pour autant une vérité au regard de la morale. Quelque soit la valeur de l'objectif, elle ne peut justifier l'utilisation de n'importe quels moyens pour l'atteindre.

Dans sa lutte contre la fraude fiscale, but hautement moral, l'administration oublie trop souvent la vérité morale que l'on vient de rappeler. Le but poursuivi paraît aux yeux du législateur et de l'administration justifier l'utilisation de toutes les armes possibles, indépendamment du jugement moral que l'on peut porter sur elles. La fin justifie vraiment tous les moyens.

Pour débusquer le fraudeur, le législateur encourage la délation, la mauvaise foi et le non respect de la parole donnée. L'exemple peut en être trouvé en matière de dissimulation de prix. L'article 1840 CGI organise la nullité de la contre-lettre, c'est-à-dire de la convention qui a pour but de dissimuler une partie du prix de vente

63. 13e rapport préc., 1994, p. 316.

64. Les entreprises ont, en effet, une plus grande variété de motivations extra fiscales à opposer aux prétentions de redressement de l'administration : motivations économiques, financières, familiales...

d'un immeuble ou d'un fonds de commerce. Cette sanction ne peut bien sûr avoir d'efficacité dans la lutte contre la dissimulation que si cette contre-lettre est révélée. C'est pourquoi, une prime est donnée au dénonciateur. L'acheteur est incité à révéler la contre-lettre car si celle-ci est annulée, la nullité de la contre-lettre laisse intact l'acte ostensible[65]. Ainsi l'acheteur pourra, tout en conservant le bien acheté, se faire rembourser le dessous de table qu'il aurait versé. Si l'acheteur est ainsi encouragé à la délation, sa faute morale est encore plus grave puisqu'il lui est permis de revenir sur l'engagement pris (paiement du complément de prix). Le respect de la parole donnée est pourtant une règle morale importante.

Au delà de cet exemple spécifique, mais caractéristique, la dénonciation est encouragée d'une manière plus générale par le droit fiscal. Certes, les renseignements recueillis par voie de dénonciation n'ouvrent pas, pour leurs auteurs, droit à un quelconque pourcentage sur le montant de l'impôt réclamé[66], mais, en application de l'article 1825 F CGI, l'indicateur peut prétendre à une remise ou à une rémunération s'il justifie par écrit que les renseignements qu'il a fournis l'ont été avant le procès-verbal. Si ce texte ne s'applique qu'en matière de contributions indirectes, l'administration a expressément reconnu que l'usage des renseignements obtenus par voie de dénonciation dépasse ce strict domaine[67].

Outre l'encouragement à la délation, puisque nous avons plusieurs fois parlé du grand jeu de chasse fiscale, il convient de mentionner que pour être plus sûre de gagner, l'administration préfère ne pas jouer et directement se proclamer gagnante. Les exemples d'un tel comportement abondent. Ainsi, on peut citer l'ensemble des dispositions qui instituent un plafond de déductibilité. Qu'il s'agisse de l'amortissement des voitures de tourisme, qu'il s'agisse des intérêts des comptes courants d'associés, qu'il s'agisse de la rémunération versée au conjoint de l'exploitant, l'administration refuse de jouer. La théorie de l'acte anormal de gestion permettrait de refuser la déduction des dépenses qui ne sont pas exposées dans l'intérêt de l'entreprise. La notion d'acte anormal de gestion permettrait donc d'éviter la fraude par dépenses excessives. Ce résultat ne pourrait cependant être obtenu qu'à la condition que l'administration fasse la preuve de l'excessivité de la dépense, ce qui supposerait de sa part des investigations ou en tout cas une action.

En instituant des limites de déductibilité, le législateur a donc souhaité délivrer l'administration du fardeau de la preuve et de la nécessaire recherche qu'elle implique. En dispensant l'administration d'avoir à établir l'excessivité de la rémunération du prêt ou du conjoint, le droit fiscal joue la facilité, il encourage la paresse de l'administration et par là fausse la règle du jeu. Dans le grand jeu de la fraude fiscale, chacun a son rôle : le contribuable cherche à frauder et l'administration cherche à le découvrir. Les dispositions indiquées l'empêche directement de jouer. Il est évident qu'aucune entorse aux règles du jeu n'est plus alors possible. Mais la disposition fondamentale (principe de la déductibilité des charges d'exploitation) est violée.

---

65. Cass. Ch. mixte 12 juin 1981, D, 1981, J, p. 413. – Civ. 13 avril 1988, Dr. fisc. 1988, n° 24, comm. 1219.

66. Rép. min. JO AN 8 déc. 1980, p. 5111.

67. Rép. min. JO S 8 mai 1968, p. 219.

Une telle « manipulation » ne serait pas trop grave si la règle se limitait à la question probatoire ; si elle n'instituait qu'une présomption, un renversement de la charge de la preuve et si donc le commerçant pouvait prouver le caractère non excessif de la dépense. Mais ce n'est pas le cas ; la règle est une véritable règle de fond. Ainsi, pour faciliter le travail de l'administration et encourager sa « paresse », aboutit-on à une inéquité puisque l'entreprise sera imposée sur un bénéfice qu'elle n'a pas vraiment réalisé.

L'exemple de telles présomptions qui faussent la règle du jeu au profit de l'administration n'est bien sûr pas unique. On peut en trouver des illustrations en d'autres matières. Ainsi le législateur refuse la déduction de certaines dépenses, celles que l'on a l'habitude de qualifier de somptuaires. Un tel refus n'est également justifié que par le souci de faciliter la tâche de l'administration qui n'aura pas à prouver l'absence de lien d'une telle dépense avec l'intérêt de l'entreprise. Il appartient en revanche à l'entreprise de renverser la présomption et de prouver l'utilité de la dépense à son égard[68].

La situation est encore plus grave lorsque la présomption est irréfragable. L'entorse aux règles du jeu est alors fondamentale. Ainsi dans le cas de l'article 727 du code général des impôts, l'associé qui cède ses parts avant les trois ans de l'apport n'est pas admis à prouver son absence de fraude alors que diverses raisons pourraient justifier son retrait rapide de la société, ne serait-ce que des raisons de santé.

Lorsque le législateur fausse la règle du jeu au profit de l'administration, on pourrait considérer que sa faute n'est pas trop grave dans la mesure où l'autre participant, le contribuable, a été informé des règles du jeu avant que ne débute la partie. Malheureusement, la faute de l'administration est encore plus grave et son comportement encore plus moralement répréhensible lorsqu'elle n'hésite pas à modifier la règle du jeu en cours de partie quand elle est en position de perdre. Est ici visée la pratique des lois rétroactives abusivement qualifiées d'interprétatives. Une telle pratique constitue un manquement à la parole donnée en même temps qu'une tricherie. Dès lors que l'administration a perdu en justice devant le Conseil d'État ou la Cour de cassation, que la décision qui lui est préjudiciable risque de faire jurisprudence, l'administration s'empresse de faire voter par le Parlement une loi qui vient contredire la jurisprudence qui lui est contraire. Pour donner plus de portée à cette loi, le législateur la qualifie d'interprétative de telle sorte que la nouvelle réglementation favorable au point de vue administratif s'applique non seulement à toutes les affaires non réglées, à tous les procès en cours, mais également parfois au contribuable même qui est à l'origine de la décision qu'entend contrarier l'administration.

Les exemples d'une telle tricherie sont connus et relativement nombreux. On peut citer l'exemple traditionnel de la provision pour congés payés[69] et l'exemple plus récent manifesté à l'occasion de la création d'une société d'exploitation afin d'améliorer la situation fiscale lors de la transmission de l'entreprise.

---

68. CE 7° et 8° s. sec. 8 nov. 1978, req. n° 4 233 et 4 995, Dr. fisc. 1979, n° 5, comm. 154 ; RJF 1978, n° 12, p. 354.

69. Voir M. COZIAN : *Les tribulation de la provision pour congés payés,* JCP 1970, I, 2367.

La transmission de l'entreprise est source d'une fiscalité importante. Elle entraîne, notamment, l'imposition des plus-values. Afin d'éviter cette imposition généralement lourde, les entreprises ont imaginé un schéma devenu classique qui repose sur la jurisprudence relative à l'application de l'article 201 CGI. La mise en location-gérance d'un fonds précédemment exploité de façon directe ne constitue pas une cessation d'activité.

Il est dès lors possible pour un entrepreneur de créer une EURL dont la constitution sera peu onéreuse puisqu'il ne lui sera fait que des apports en numéraire (500 F). Cette société prend en location-gérance le fonds de l'associé unique. Cinq ans après, si la précaution a été prise de faire opter l'EURL pour l'IS et de fixer une redevance de location-gérance inférieure au double des limites du forfait (300.000 F), il sera possible d'apporter le fonds loué à l'EURL en bénéficiant d'une exonération des plus-values (art. 151 septies) sans qu'il y ait des droits d'apport élevés (500 F en prenant l'engagement de conserver les titres pendant cinq ans : article 810-III). L'associé unique pourra alors, après avoir respecté son engagement de conservation des titres pendant cinq ans, céder les droits représentatifs du fonds de commerce avec une simple taxation à 4,80 %.

Ce montage efficace suppose cependant une anticipation importante de la part du chef d'entreprise qui doit commencer à préparer la transmission de son affaire dix ans avant sa réalisation. Une anticipation aussi importante peut bien souvent dissuader d'avoir recours à cette opportunité.

Dans ces conditions était particulièrement bienvenu un revirement de la jurisprudence du Conseil d'État[70] qui en faisant remonter le point de départ du délai de cinq ans prévu par l'article 151 septies CGI au jour du début de l'exploitation personnelle et non au jour de la mise en location-gérance permettait d'apporter le fonds à la société d'exploitation beaucoup plus tôt, sans attendre cinq ans.

Malheureusement cette jurisprudence intéressante a été privée de toute efficacité puisque la deuxième loi de finances rectificative pour 1993 a modifié l'article 151 septies CGI qui prévoit dorénavant que lorsque le fonds de commerce a fait l'objet d'un contrat de location-gérance, le délai de cinq ans est décompté à partir de la date de mise en location. Pour parachever l'efficacité de la disposition, le législateur a prévu le caractère interprétatif du texte qui s'est donc appliqué aux instances en cours.

Le souci d'éviter une évasion fiscale ponctuelle peut-il justifier une atteinte aussi importante aux principes généraux du droit fiscal ainsi qu'aux règles fondamentales de la morale ?[71]

Cette pratique a été fustigée par le Conseil des impôts dans son dernier rapport[72] qui relève que le nombre de dispositions interprétatives sont de plus en plus fréquentes alors qu'elles sont le plus souvent injustifiées de telle sorte qu'un

---

70. CE 28 juil. 1993, req. n° 70.812, Dr. fisc. 1993, n° 44, comm. 2087 ; RJF 8-9/93, n° 1107, concl. O. Fouquet.

71. Une réflexion intégrant l'administration fiscale est heureusement actuellement en cours qui pourrait aboutir à un « Code moral de la rétroactivité fiscale » (Voir, J. TUROT : *Moins de laine ou moins de moutons ?* (A propos du colloque tenu au Sénat le 10 novembre 1995 sur les « lois fiscales rétroactives face au principe de sécurité juridique »), Dr. fisc. 1996, n° 3, p. 107).

72. *Op. cit.* p. 351 s.

encadrement plus strict de cette pratique paraît nécessaire au Conseil des impôts. Les « fausses » lois interprétatives seraient exclues quand elles sont défavorables au contribuable. Quant aux véritables lois interprétatives elles subiraient la même exclusion sauf à être admises lorsqu'elles n'ont pas pour objet d'interpréter des règles relatives à l'assiette ou au taux de l'impôt.

Ainsi, dans ses rapports avec le contribuable, l'administration, essentiellement soucieuse de débusquer le fraudeur, n'hésite pas à transgresser quelques règles morales. Elle favorise la délation, elle encourage la manquement à la parole donnée, elle fausse les règles du jeu pour favoriser sa paresse, elle trompe le contribuable en modifiant la règle en cours de partie. On ne peut cependant, dans un souci d'impartialité, se contenter d'un tel constat. Il convient en effet de noter le souci actuel de la recherche d'un plus grand équilibre des rapports de l'administration et du contribuable. Il suffit de mentionner, sans insister, le renforcement des garanties du contribuable en matière procédurale. Des réformes récentes et importantes ont cherché à renforcer le principe du contradictoire dans une procédure qui était par trop fondée sur la consécration des prérogatives de l'administration. En dehors du contentieux, en dehors même du caractère normalement conflictuel des rapports de l'administration et du contribuable, on peut noter une limitation des pouvoirs de l'administration par un renforcement du principe de la légalité fiscale. Ainsi, la jurisprudence du Conseil constitutionnel et du Conseil d'État s'efforcent d'encadrer d'une façon beaucoup plus stricte le pouvoir discrétionnaire de l'administration. On pourrait prendre ici l'exemple du pouvoir de l'administration d'accorder son agrément à l'octroi de dérogations ou d'exceptions. Ce pouvoir est, comme l'a noté récemment le Conseil des impôts de plus en plus encadré[73].

En conclusion, les rapports du droit fiscal et plus précisément du droit fiscal des affaires et de la morale paraissent relativement ambigus. Les deux intitulés de nos deux parties sont globalement vérifiés mais des exceptions importantes existent qui relativisent un peu les intuitions de départ. On peut citer la prise en compte de l'équité, ou encore la recherche d'un plus grand équilibre dans les rapports de l'administration et du contribuable.

Il reste cependant beaucoup à faire pour moraliser le droit fiscal et surtout le jeu fiscal. Mais sur ce dernier point, le droit est impuissant. Seule la conscience de chacun peut permettre ce résultat de telle sorte que ramenés à notre point de départ, nous ne pouvons que constater la différence entre la règle juridique et l'impératif moral.

73. *Op. cit.*, p. 376.

IV
Morale et difficultés des affaires

MORALE ET FAILLITE

par C. SAINT-ALARY-HOUIN,
Professeur à l'Université des Sciences Sociales de Toulouse
Directeur du Centre de Droit des Affaires et du D.E.A. de Droit des Affaires

1. – Il y a toujours eu des liens très étroits et anciens entre la morale et le droit des faillites car celui-ci avait, à l'origine, une vocation sanctionnatrice du débiteur défaillant.

En droit romain primitif, à l'époque où la faillite était une mesure d' exécution sur la personne, le « decoctor » – celui qui « cuit » ses biens – pouvait être vendu ou même tué s'il ne payait pas ses dettes. Il avait, en effet, trahi la confiance de ses créanciers. Même si par la suite, la faillite est devenue, à la période classique, une mesure d'exécution sur les biens, son caractère répressif et moralisateur a persisté. Il fallait punir celui qui ne règle pas ses dettes et qui ne respecte pas la parole donnée.

Dans l'Ancien droit, cette fonction du droit des faillites demeurera et, dans les villes commerçantes du Moyen-Age, le failli « banqueroutier » voit son banc rompu parce qu'il a violé les lois du commerce. Il est infâme et la faillite entraîne un blâme social[1].

Le Code de commerce conservera cette conception moralisatrice de la faillite, sous l'influence, dit-on, de Napoléon choqué par le comportement des fournisseurs des armées. Le débiteur est frappé de mort civile et peut être envoyé au bagne. La sanction atteint son conjoint qui doit, au nom de la morale, partager les mauvais jours comme il a profité des périodes heureuses.

2. – A l'époque, les finalités du droit des faillites sont claires : il faut éliminer le mauvais commerçant qui a violé la foi jurée et qui ne respecte pas ses engagements. La morale impose son châtiment.

Pendant tout le XIXe et le début du XXe siècle, notre Droit ne prendra pas de réelle distance avec cette conception. Est cependant mise en place, par la loi du 4 mars 1889, une seconde procédure – la liquidation judiciaire – qui permet au débiteur malheureux, mais pas malhonnête, d'obtenir le vote d'un concordat. A partir de ce moment, le droit français s'engage dans une démarche dualiste qui aura une importance décisive sur les relations de la faillite et de la morale. En effet, si la faillite proprement dite a toujours une vocation sanctionnatrice, la liquidation

1. V. sur cette évolution historique : J. HILAIRE, *Introduction historique au droit commercial,* P.U.F. 1986, p. 305 ; R. SZRAMKIEWICZ, *Histoire du droit des affaires,* Domat, 1989, n° 71 ; DESURVIRE, *Banqueroute et faillite, De l'antiquité à la France contemporaine,* Petites affiches 1991, n° 104, p. 12 ; F. TERRÉ, « Droit de la faillite ou faillite du droit ? » *Rev. jurisp. com.* 1991, p. 1.

judiciaire, que le décret du 20 mai 1955 appelera règlement judiciaire, permet de sauver le débiteur. Se développe donc l'idée qu'un commerçant peut ne pas payer ses dettes sans pour autant être infâme. Mais le fondement du prononcé de cette mesure est l'absence de faute commise par le débiteur. Le lien entre la morale et la procédure collective est encore très fort, soit qu'il justifie la déclaration d'un règlement judiciaire en raison de l'absence de faute, soit qu'il fonde les interdictions de gérer ou les déchéances qui accompagnent la faillite.

C'est la loi du 13 juillet 1967 qui, en posant le principe de la distinction de l'homme et de l'entreprise[2], va réserver le caractère sanctionnateur de la procédure aux débiteurs coupables de faillite personnelle, sanction civile, ou de banqueroute, sanction pénale. Pour la première fois, le fait d'être soumis à la procédure n'est pas, en soi, immoral et le choix entre l'ouverture d'un règlement judiciaire ou d'une liquidation des biens ne dépend plus de la faute commise mais de la seule possibilité de présenter un concordat sérieux. Seul un critère économique est désormais pris en considération. Insensiblement, la procédure se détache de ses fondements moraux.

3. – Cette tendance ne pouvait que s'accroître avec l'adoption de la loi du 25 janvier 1985 qui a mis l'accent sur la nouvelle finalité des procédures collectives : assurer la sauvegarde de l'entreprise défaillante, le maintien de l'activité et de l'emploi.

Le droit des entreprises en difficulté qui a remplacé le droit des procédures collectives, lui-même substitué au droit des faillites, est un droit-fonction. Son objet est de redresser les entreprises, soit en les restructurant par le biais de plans de continuation, soit en les transmettant grâce à des plans de cession[3].

Pour atteindre cet objectif, la loi du 25 janvier 1995 met en œuvre des règles de droit économique qui contribuent à une dynamique de redressement de l'entreprise[4] mais qui s'éloignent des préceptes moraux : le principe de la continuation des contrats en cours, de la priorité des créanciers postérieurs sur les créanciers antérieurs, de l'apurement du passif sans extinction de celui-ci se conçoivent dans une logique de redressement mais consacrent, dans une certaine mesure, la violation de la parole donnée.

4. – La remarque est surtout exacte pour la procédure de redressement judiciaire car la liquidation présente, pour l'essentiel, les caractères de l'ancienne faillite : l'automaticité du déssaisissement, la réalisation forcée de l'actif pour apurer le passif, le prononcé fréquent de l'interdiction de gérer ou de la faillite personnelle lui conservent un aspect infâmant. La liquidation judiciaire demeure, en toute hypothèse, un échec commercial. Pareillement, mais à l'opposé, les techniques de traitement amiable des difficultés qui demeurent librement consenties échappent à cette démoralisation. Les créanciers acceptent, en effet, les sacrifices subis. Leur volonté est le substrat de l'accord collectif.

---

2. V. R. HOUIN, *Permanence de l'entreprise à travers la faillite, in liber amicorum,* Baron Louis Frédéricq, Gent 1965 ; A. BRUNET, « De la distinction de l'homme et de l'entreprise », *Mél. Roblot,* 1984, p. 471 s.

3. V. PAILLUSSEAU, « Du droit des faillites au droit des entreprises en difficulté. Ou quelques réflexions sur la renaissance (?) d'un droit en dérive », *Études offertes à R. Houin,* Dalloz, 1985, p. 109.

4. V. sur cette dynamique, C. SAINT-ALARY-HOUIN, *Droit des entreprises en difficulté,* Domat, Montchrestien, 1995, n° 461 s.

Le redressement judiciaire se réalise, en revanche, sous la contrainte. Les cocontractants, les créanciers, subissent la décision du tribunal et, bien souvent, ne reçoivent pas la contrepartie due. Le sauvetage de l'entreprise et des emplois exige une certaine méconnaissance de leurs droits.

5. – Le système ainsi mis en place en 1985 s'est toutefois avéré déséquilibré : le souci de sauvegarder les unités économiques défaillantes est apparu excessif : il devenait inadmissible que le non-paiement des créanciers provoque des « faillites en cascades », que des repreneurs peu scrupuleux, au mépris des engagements souscrits dans les plans, ne revendent[5] des actifs achetés à bas prix en contrepartie de l'engagement souvent non respecté de maintenir des emplois ou que le débiteur qui n'avait pas exécuté son plan de continuation puisse bénéficier d'un second redressement judiciaire. Le sauvetage de l'entreprise ne devait pas se réaliser au mépris de la morale et de la concurrence[5].

C'est pourquoi le législateur est intervenu, à nouveau, pour réglementer les procédures collectives en adoptant la loi du 10 juin 1994 dont l'un des objectifs affichés est de moraliser le redressement judiciaire[6].

6. – Ce faisant, l'évolution du « droit des faillites » révèle une tendance générale du droit des affaires qui sous la pression d'impératifs économiques se détache de ses fondements moraux mais qui a aussi besoin de repères éthiques[7]. Les entreprises éprouvent, depuis une époque récente, la nécessité de se doter de lignes directrices qui prennent les formes variées des codes de déontologie ou de chartes de bonne conduite. L'éthique d'entreprise se développe. Les partenaires économiques désirent, eux-mêmes, assainir leurs pratiques et éliminer ceux qui ternissent « l'image » de leur profession. La vie des affaires a soif de morale.

7. – C'est pourquoi, le droit des entreprises en difficulté qui est toujours annonciateur des évolutions, après avoir été empreint d'une certaine immoralité à raison d'une logique de redressement, tend à se moraliser pour éviter les excès. Tel un balancier, la matière oscille entre l'immoralité (1) et la moralisation (2). Souhaitons qu'elle évite l'écueil du moralisme.

I – L'IMMORALITÉ DES FAILLITES

8. – Il peut paraître provocateur ou simpliste d'affirmer que le droit des faillites est, à certains égards, un droit immoral. C'est pourtant cette image qui

5. V. sur les rapports du droit des entreprises en difficulté et de la concurrence, Colloque Rennes 1994, publié in *Rev. internat. dr. économique*, n° spéc. 1995.

6. Sur cette loi, V. A. Couret, J. Larrieu, F. Macorig-Venier, C. Mascala et C. Saint-Alary-Houin, *Commentaire de la loi du 10 juin 1994 et de son décret d'application*, Montchrestien, 1995 ; *La réforme du nouveau droit de l'entreprise*, Coll. Centre de Droit des affaires de l'Université de Toulouse I, Montchrestien 1995 ; *Le nouveau droit des défaillances d'entreprises*, Dalloz, 1995 ; *Le décret d'application du 21 octobre 1994*, CRAJEFE, université de Nice, 1995.

7. C. Rey, *Le débiteur défaillant : du crime à l'acte de gestion, De Jacques Cœur à Renault*, P. Un. Toulouse, p. 465.

apparaît dans l'opinion publique.Pour un grand nombre de nos concitoyens, le failli est un débiteur qui n'a pas payé ses créanciers et qui va néanmoins se réinstaller ailleurs en toute impunité. C'est aussi la perception mythique du repreneur d'entreprise qui rachète à bas prix les actifs d'une entreprise qu'ensuite il dépècera.

Alors que jadis, la faillite était considérée comme une institution morale visant à éliminer du circuit commercial le commerçant malhonnête qui avait trahi ses créanciers, elle est aujourd'hui souvent envisagée – et particulièrement depuis l'adoption de la loi du 25 janvier 1985 – comme une mesure excessive de protection de l'entreprise et de l'entrepreneur.

Cette nouvelle perception des faillites tient, en partie, à une double évolution de notre droit positif qui a dédramatisé la survenance de la procédure (A) et qui, dans une certaine mesure, reconnaît au débiteur le droit de ne pas payer ses dettes (B).

A – LA DÉDRAMATISATION DES FAILLITES

9. – La dédramatisation des faillites a été progressive, mais c'est surtout la loi du 25 janvier 1985 qui a marqué l'aboutissement de l'évolution suivie depuis la fin du XIXe siècle, évolution qui, de ce point de vue, n'a pratiquement pas été infléchie par la loi du 10 juin 1994. De la réforme effectuée, il y a dix ans, il résulte, en effet, que la soumission à la procédure de redressement judiciaire n'entraîne plus un blâme social et que le caractère sanctionnateur des procédures collectives s'est considérablement atténué[8]. Il s'agit peut-être là, d'ailleurs, d'un effet pervers de la distinction de l'homme et de l'entreprise qui ne fait répondre le débiteur que de ses fautes les plus graves.

10. – **1** – L'ouverture d'une procédure collective, tout d'abord, n'entraîne plus une réprobation du corps social, elle n'est plus une infâmie. Le législateur a voulu « humaniser » la faillite et cette volonté s'est traduite par un déssaisissement limité du débiteur en redressement judiciaire, mais aussi par une incitation du débiteur à déposer son bilan faisant ainsi de la déclaration de cessation des paiements un acte de gestion.

11. – **a** – *Un débiteur en redressement judiciaire, dans plus de 80 % des cas, demeure à la tête de ses affaires.* Par conséquent, bien que soumis à la procédure, il apparaît comme étant toujours le chef d'entreprise. L'article 32 de la loi du 25 janvier 1985 prévoit qu'il « *continue à exercer sur son patrimoine les actes de disposition et d'administration, ainsi que les droits et actions qui ne sont pas compris dans la mission de l'administrateur* ». Il peut effectuer des actes de gestion courante, des actes conservatoires ou de préservation des capacités de production faire certains actes graves, énumérés par l'article 33, avec l'autorisation du juge commissaire.

---

8. C. Saint-Alary-Houin, « La gestion de l'entreprise », *Rev. trim. de Com.* 1986, n° spéc., p. 37 ; « La répartition des pouvoirs au cours de la période d'observation », *Rev. proc. coll.* 1990, p. 1.

L'immoralité de la situation paraît flagrante : le débiteur a cessé ses paiements et continue, néanmoins, de gérer son affaire. La seule différence majeure par rapport à sa situation antérieure tient à ce qu'il n'a plus le droit de régler ses créanciers ! Il quitte le tribunal débarrassé, provisoirement, du fardeau de son passif.

Un tel système ne se justifie que par sa finalité : inciter le chef d'entreprise à déposer rapidement son bilan pour redresser l'entreprise tant qu'il en est encore temps.

12. – **b** – *Mais, il en résulte et, c'est le second aspect, une « banalisation » de la déclaration de cessation des paiements.* Le dépôt de bilan qui manifestait l'échec commercial devient un acte de gestion. Les statistiques démontrent d'ailleurs que, plus l'entreprise est importante et structurée, plus les saisines du tribunal par le débiteur sont fréquentes[9]. La déclaration de cessation des paiements, parfois, est savamment préparée pour faciliter la reprise d'activité après l'ouverture du redressement judiciaire. Il n'est pas rare, par exemple, que l'entreprise en difficulté, dans les jours qui précèdent le dépôt de bilan, accumule les stocks dont elle ne paiera pas le prix, par suite de l'interdiction des paiements, et qu'elle écoulera au cours de la phase d'observation. L'immoralité du procédé est évidente et l'on pourrait se demander si un dépôt de bilan, ainsi organisé, ne pourrait être analysé comme une fraude aux droits des créanciers de nature à faire renaître leur droit de poursuite par application de l'article 169 de la loi[10].

Quoiqu'il en soit, la soumission à la procédure n'est pas en soi une honte.

Le propos doit cependant être nuancé : en droit, si la procédure est une liquidation judiciaire, le débiteur est totalement dessaisi de ses pouvoirs[11]. En fait, pour la majorité des commerçants qui sont honnêtes, la « faillite » est un échec durement ressenti. Le blâme demeure dans les consciences même s'il a largement disparu dans la loi.

Le recul du fondement moral du droit des faillites s'observe aussi au travers de sa dépénalisation.

13. – *Le déclin du caractère sanctionnateur des procédures collectives* est, en effet, un trait saillant du droit contemporain qui se manifeste tant au regard des sanctions civiles que pénales.

14. – *Les sanctions civiles* ne sont pas automatiques et ne s'attachent pas à l'ouverture même de la procédure. Seule l'interdiction d'exercer des fonctions électives - mise en lumière par l'actualité récente – est la conséquence de la liquidation judiciaire. Par conséquent, le prononcé de la faillite personnelle ou de l'interdiction de gérer supposent une action en justice et une décision du tribunal

9. V. infostat 18 : Les procédures de redressement judiciaire devant les tribunaux de commerce en 1989, J. Ph. Haël, A. Hamoun et B. Munoz-Perez. Ainsi, en 1989, la déclaration de cessation des paiements a été le mode d'ouverture de la procédure dans 80,2 % des cas pour les sociétés anonymes et dans 33,6 % des cas pour les artisans.

10. Le texte prévoit, en effet, que » les créanciers recouvrent leur droit de poursuite individuelle en cas de *fraude* à l'égard des créanciers ». N'est-ce pas une fraude que d'organiser le dépôt de bilan et l'ouverture de la procédure ?

11. Quoique la Cour de cassation considère que les actes faits par le débiteur seul sont simplement inopposables et ne sont pas nuls.

dont il juge l'opportunité. Or, ces sanctions sont peu nombreuses, à peine 10 % des procédures et, bien souvent, le débiteur se réinstalle malgré l'interdiction, sous le couvert d'une personne morale.

15. – Il en est de même *des sanctions pénales* qui sont rarement prononcées. Même si le délit de banqueroute s'est enrichi d'un nouveau cas avec la loi du 10 juin 1994 – la tenue « d'une comptabilité manifestement incomplète ou irrégulière au regard des dispositions légales » – marquant ainsi une certaine « pénalisation » des faillites, les poursuites ne sont pas souvent intentées ce qui accrédite l'idée que les procédures, de par leur vocation économique, s'éloignent souvent de la morale[12].

Il est vrai qu'en mettant l'accent sur la nécessité de sauver l'entreprise, le droit contemporain atténue la fonction moralistarice des faillites et, en substituant au paiement du passif son « apurement » reconnaît un certain droit de pas payer ses dettes.

B – LE DROIT DE NE PAS PAYER SES DETTES

16. – « Le droit de ne pas payer ses dettes « dénoncée par le Doyen Ripert[13], dans une chronique restée célèbre, pourrait sembler consacré par certaines dispositions du droit positif en matière de faillites. Le redressement et la liquidation judiciaires sont organisés de telle manière que l'obligation légale d'honorer sa parole est éludée et que ne subsiste même pas une obligation morale de désintéresser ses créanciers, en cas de retour à bonne fortune.

17. – **1** – *L'existence d'un droit légal de ne pas payer ses dettes* s'observe au travers des dispositions dont l'objet est de fragiliser le droit du créancier ou de réduire ses chances d'être désintéressé, et cela au mépris du principe du respect de la parole donnée, édicté par l'article 1134 du Code civil. Elle résulte aussi de procédés qui permettent de reporter la charge des dettes sur d'autres personnes que le débiteur qui les a souscrites.

18. – **a** – *Le créancier, dans une procédure collective, doit faire reconnaître son droit.* Il ne suffit pas que sa créance soit incontestable, il faut aussi qu'elle soit admise à la procédure. Or, l'esprit des textes est de rendre cette reconnaissance du droit du créancier difficile et non de la faciliter. Il suffit de deux exemples empruntés à la déclaration des créances ou à la détermination du tarif des mandataires, pour s'en convaincre.

19. – *La déclaration des créances*, a souligné Madame Campana, dès le vote de la loi du 25 janvier 1985, est un véritable parcours du combattant[14]. Le contentieux suscité par le texte lui a donné raison.

---

12. FARJAT, *Le droit économique,* Thémis 1965 ; G. ROUJOU DE BOUBÉE, *Les sanctions pénales,* Ann. univ. Toulouse, 1986, 5.34, P. 289 ; J. P. LABORDE, « Le nouveau droit des entreprises en difficulté ou la réforme sans bruit », *Rev. Proc. Coll.* 1987, n° 1, p. 16.

13. G. RIPERT, *Le droit de ne pas payer ses dettes,* D. 1945.216.

14. M. J. CAMPANA, *La situation générale des créanciers,* Petites affiches n° 88, p. 29.

C'est ainsi qu'ont été rejetées des déclarations de créances faites hors délai au motif que les créanciers, lorsqu'ils sont des établissements financiers, doivent consulter régulièrement le BODACC ou, que n'ont pas été prises en compte des déclarations faites à l'administrateur et non au représentant des créanciers ou encore celles qui ont été effectuées par un représentant du ou des créanciers qui n'étaient pas munis d'un mandat ad hoc[15]...

N'est-il pas immoral que des créances incontestables dans leur principe, dont l'existence est établie par les moyen du droit commun, soient ainsi éteintes libérant le débiteur et, par là même, sa caution ?

20. – *Le mode de détermination des honoraires des représentants des créanciers* s'inscrit dans ce même mouvement.

Ainsi, par exemple, l'article 15 du 3° décret du 27 décembre 1985 fixant le tarif de leur rémunération énonce qu'« il est alloué au représentant des créanciers pour toute créance *contestée* un droit proportionnel de 5 % calculé sur la différence entre le montant de la créance déclarée et celui de la créance définitivement admise ».

Cette disposition encourage donc le mandataire à la contestation des créances, ce qui est doublement immoral. D'une part, cette règle suscite les contestations de créance et donc un contentieux souvent procédurier, d'autre part, elle incite le représentant des créanciers à agir contre celui qu'il devrait défendre.

21. – **b** – Il est également peu conforme à la morale contractuelle que *le débiteur puisse échapper à l'obligation de payer ses créanciers.* Malgré les termes de l'article 1134 du code civil, la convention légalement conclue n'est plus la loi des parties.

Indépendamment de l'interdiction faite au débiteur de payer ses créanciers, les plans se satisfont, en effet, d'un « apurement du passif » ce qui n'est pas synonyme de son règlement. Ainsi, le plan de continuation permet un paiement progressif du passif mais, les créances n'étant pas productives d'intérêts, c'est leur nominal qui s'érode. Pareillement, les plans de cession sont consentis pour un prix qui ne permet généralement pas d'assurer le paiement des créanciers en contrepartie d'un hypothétique maintien des emplois justement dénoncé par la doctrine[16].

La même observation peut être faite, en cas de liquidation judiciaire, puisque la plupart des liquidations sont closes sans extinction du passif et que le débiteur n'en est pas moins libéré sauf dans les hypothèses de l'article 169.

Tout cela explique que la charge des dettes soit reportée sur d'autres que le débiteur.

22. – **c** – *Le transfert de la charge des dettes sur un tiers* est, en effet, aussi caractéristique du droit positif. Le « payeur » n'est pas nécessairement celui qui a engagé la dette.

Ainsi, l'article 93 alinéa 2 prévoit le transfert au cessionnaire de la charge des sûretés garantissant un crédit consenti à l'entreprise qui lui permet le financement

---

15. Sur tous ces points, V. C. Saint-Alary-Houin, op. civ., n° 801 s.

16. F. Perochon, *Halte au détournement de la cession judiciaire d'entreprise,* D. 1990.252 ; F. Derrida, *A propos des plans de cession de l'entreprise... Dévoiement ?*, D. 1992.301.

d'un bien. C'est le repreneur qui prendra en charge le remboursement des échéances après la cession[17].

Dans un ordre d'idée différent, la jurisprudence admet que les établissements de crédit qui, par leur faute, ont contribué à conduire l'entreprise à la cessation des paiements, soient contraints de réparer le préjudice que celle-ci a subi. Ainsi, paient-ils deux fois : la première en accordant un prêt, la seconde en comblant le passif... est-ce moral ?[18]

Est-il justifié, enfin, que la caution soit parfois plus sévèrement tenue que le débiteur principal[19] ?

Cette possibilité reconnue au débiteur de ne pas assumer la charge de son passif est d'autant plus mal ressentie qu'elle n'est pas tempérée par l'admission d'une clause de retour à bonne fortune.

23. – 2 – *La clause de « retour à bonne fortune »* manifeste, en effet, une persistance de l'obligation morale de payer ses dettes malgré la disparition de l'obligation légale. C'est l'engagement du débiteur de payer son passif s'il revient à meilleure fortune. Cette obligation était prévue dans le règlement judiciaire régi par la loi du 13 juillet 1967. Elle a disparu depuis 1985. Il est, certes, toujours possible de la prévoir dans un plan de continuation, mais il en est rarement ainsi[20].

Le sentiment général est donc celui d'un éloignement du redressement ou de la liquidation judiciaires de principes moraux traditionnels. Bien d'autres dispositions accentuent d'ailleurs cette impression : tels la continuation forcée des contrats, malgré l'inexécution par le débiteur de ses obligations[21] ou la restriction des voies de recours qui empêchent créanciers et repreneurs de faire valoir leurs droits[22].

Le caractère excessif de cette législation ne pouvait manquer de susciter le souhait d'une moralisation des faillites.

---

17. V. sur l'article 93 al. 2 : P. SENECHAL, « L'inclusion d'un matériel nanti dans un plan de cession de la loi du 25 janvier », *Études offertes à J. DERRUPPE,* p. 367 ; C. SAINT-ALARY-HOUIN, « Le transfert de la charge du nantissement », colloque Deauville, juin 1992, *Rev. juris. com.* 1992, n° spéc., p. 152.

18. Com. 7 janvier 1976.277, note F. DERRIDA et J. P. SORTAIS ; 16 mars 1993, D. 1993.583, obs. F. DERRIDA 26 janv. 1993, B. R. D. A. 15. 3. 93, n° 5/10.

19. C'est notamment le cas depuis la loi du 10 juin 1994 qui impose à la caution de régler les intérêts des créances alors que le débiteur profite de la règle de l'article 55 énonçant l'arrêt du cours des intérêts des prêts de moins d'un an. C'est aussi le résultat de l'article 64 qui interdit aux cautions solidaires de se prévaloir des délais du plan (V. en dernier lieu sur cette question, B. SAINT-ALARY et C. SAINT-ALARY-HOUIN, *Le chef d'entreprise caution,* Droit et Patrimoine, février 1996 p.).

20. V. sur l'opportunité de la stipuler : *Rev. proc. coll.* 1994-2, p. 349.

21. M. H. MONSERIE, *Les contrats dans le redressement et la liquidation judiciaires des entreprises,* Préface de C. Saint-Alary-Houin, Litec 1994.

22. V. G. BOLARD, *Les voies de recours dans la nouvelle procédure collective,* in « les innovations de la loi sur le redressement judiciaire », *Rev. trim. dr. com.* 1987, n° spéc. t. 2, p. et « Heurs et malheurs des voies de recours dans les faillites », *Rev. proc. coll.* 1991, p. 1. V. pour un exemple d'injustice de la restriction des voies de recours : Com. 10 oct. 1995, Arrêt n° 1630 D., EARL La simonière c/ Caisse régionale de Crédit agricole : irrecevabilité de la tierce opposition contre un plan arrêté en fraude des droits d'un créancier.

II – LA MORALISATION DES FAILLITES

24. – L'un des fondements avoués de la loi du 10 juin 1994 est de moraliser les procédures collectives et, spécialement, les opérations de reprise d'entreprises[23]. Ce texte est donc le résultat de la prise de conscience des abus que peut engendrer un système qui privilégie de manière excessive les impératifs économiques au détriment du respect de la morale des affaires.

Il a permis une progression de la morale dans le redressement et la liquidation judiciaire, mais au delà des acquis que ce texte comporte (A), il faut s'interroger sur l'opportunité d'aller plus loin et de s'aventurer dans des zones encore inexplorées (B).

A – LES ACQUIS DE LA LOI DU 10 JUIN 1994

25. – La moralisation des procédures grâce à la loi du 10 juin 1994 est indiscutable et s'est traduite, notamment, par la volonté de rechercher le paiement des créanciers, d'assurer la transparence des opérations et le respect des engagements souscrits dans le plan.

26. – 1 – La volonté de désintéresser les créanciers n'est rien d'autre que l'affirmation du respect de la parole donnée. Elle est la trame de la réforme effectuée en 1994. Cette recherche du paiement profite à tous les créanciers, mais particulièrement, aux créanciers titulaires de garanties.

Tous les créanciers, indistinctement, pourront, en effet, se prévaloir de l'admission de la compensation des dettes connexes lorsque ses conditions seront réunies[24] ou du paiement provisionnel d'une quote-part des créances admises en cas de liquidation judiciaire[25]. Dans l'hypothèse où le contrat sera continué par l'administrateur, celui-ci devra s'assurer qu'il disposera des fonds nécessaires pour régler le cocontractant et celui-ci aura droit au paiement comptant de sa créance[26].

Les créanciers titulaires de sûretés spéciales voient leur situation améliorée également par le paiement provisionnel de leurs créances en cas de vente du bien grévé au cours de la période d'observation[27], par le transfert au cessionnaire de la charge des sûretés prises pour garantir le financement d'un bien ou par la priorité de paiement sur les créanciers de l'article 40 dont bénéficient désormais les créanciers titulaires d'une sûreté immobilière ou mobilière assortie d'un droit de rétention ou encore nantis sur le matériel et l'outillage[28].

---

23. V. En ce sens, l'exposé des motifs du projet de loi.

24. Art. 33, L. 25 janvier 1985. La compensation suppose que les créances soient réciproques, certaines, liquides et qu'elles aient été déclarées à la procédure.

25. Art. 161-1, L. 25 janv. 1985.

26. Nouvelle rédaction de l'article 37.

27. Nouvelle rédaction de l'article 34.

28. Nouvelle rédaction de l'article 40.

Quant aux créanciers propriétaires, par les dispenses de revendication ou l'exercice facilité de celles-ci, ils feront reconnaître aisément leur droit de propriété dans la procédure[29].

Toutes ces dispositions en améliorant la situation des créanciers moralisent, sans aucun doute, le redressement et la liquidation.

Il en est de même de celles qui visent à rendre les opérations plus transparentes.

27. – 2 – La recherche de la transparence des opérations de vente des actifs répond aussi au souci de la moralisation de la faillite. En règlementant les offres de cession au cours de la période d'observation ou d'acquisition des unités de production dans le cadre de la liquidation, et en interdisant au débiteur ou à ses proches de se porter acquéreurs, le législateur a voulu clarifier le marché[30].

Un certain encadrement des opérateurs poursuit les mêms objectifs et, notamment, le transfert au juge commissaire du pouvoir reconnu autrefois au liquidateur de retenir l'offre d'acquisition d'unités de production qui paraît la plus sérieuse[31].

Mais les acquis, dans ce dommaine, semblent encore insuffisants. Les offres ne circulent pas véritablement. Seul le rapport de l'administrateur est déposé au greffe[32], les offres de cessions ne le sont pas.

28. – 3 – Le nouveau texte impose au débiteur et surtout au cessionnaire de respecter les engagements pris dans le plan.

L'article 80 prévoit, en effet, que si le débiteur n'exécute pas ses engagements dans les délais fixés par le plan, le tribunal peut prononcer la résolution de celui-ci et l'ouverture d'une procédure de liquidation judiciaire à titre de sanction de sa défaillance.

Toutefois, c'est essentiellement le comportement du repreneur qui est étroitement encadré : il doit rendre compte au commissaire à l'exécution du plan de la mise en œuvre de l'exécution des dispositions du plan à la fin de chaque exercice. Certains biens peuvent être déclarés inaliénables par le tribunal pour garantir le respect des engagements pris et si le cessionnaire n'exécute pas ceux-ci, le tribunal peut prononcer la résolution du plan. Toutes ces mesures contribuent à assurer le respect de la parole donnée. Il faut leur ajouter la pratique judiciaire qui tend aussi à réintroduire la morale dans la procédure. Les juges recherchent « quelles sanctions pécuniaires ou personnelles pourraient être prises à l'égard des opérateurs responsables »[33].

---

29. V. sur les créanciers depuis le loi du 10 juin 1994 : F. MACORIG-VENIER, *La réforme du nouveau droit de l'entreprise,* Centre de droit des affaires de Toulouse, Montchrestien 1995 ; C. SAINT-ALARY-HOUIN, Ann. Univ. Toulouse, t. 22 p. .

30. V. art. 21 et 155 de la loi du 25 janvier 1985 interdisant aux dirigeants de la personne morale en difficulté, à ces parents ou alliés jusqu'au 2e degré de se porter acquéreurs.

31. Art. 155, L. 25 janv. 1985.

32. Les offres sont communiquées à l'administrateur dans le délai qu'il a fixé et celui-ci en informe le représentant des créanciers, les contrôleurs, le représentant des salariés et le débiteur.

33. T. Com. Paris 30 nov. 1994, Les jugements rendus dans l'affaire B. Tapie : « Il reste aussi, compte tenu de la caractéristique très particulière d'une défaillance qui affecte presque exclusivement l'argent de l'État au travers du fisc et d'une banque nationalisée, à rechercher quelles sanctions pourraient être prises à l'égard des opérateurs responsables ». V. aussi Trib. com. Paris 19 sept. 1994, 1 ch. A, LE ROY qui critique les

Malgré ce progrés sensible de notre législation, il n'est pas encore suffisant et la moralisation des faillites doit être accentuée dans l'avenir.

B – LA PROSPECTIVE

29. – Il est possible d'évoquer deux pistes nouvelles visant à modifier l'image négative des procédures dans l'opinion publique : l'instauration d'un véritable marché de la faillite et une réflexion sur le rôle des mandataires.

30. – 1 – D'une part, il serait souhaitable d'instituer un *marché totalement transparent* des offres d'achat et de cession des entreprises en difficulté ainsi que des ventes des actifs dans le cadre des liquidations judiciaires. Peut-être sous la forme d'un marché analogue au marché boursier qui pourrait être national ou régional ? Mais, dans le système actuel, la publicité légale des jugements d'ouverture parait tout à fait insuffisante et les opérations semblent se dérouler dans l'opacité.

31. – 2 – D'autre part, il faut réfléchir à la place *des mandataires dans la procédure.* Alors que l'image des administrateurs judiciaires est assez claire, celle des mandataires-liquidateurs est brouillée dans l'opinion publique. Les créanciers comprennent mal que le représentant des créanciers s'acharne à contester des créances et qu'il ne réponde pas à leurs questions. Quant au débiteur il considère qu'il fait écran entre lui et le tribunal.

De manière plus générale, la dualité des honoraires des administrateurs et des mandataires ainsi que leur montant sont mal ressentis par les entreprises déjà en difficulté.

Or, cette perception des mandataires est préjudiciaible à leur profession alors que celle-ci est indispensable à un bon déroulement de la procédure.

Il serait souhaitable que le tarif soit réenvisagé, non pas dans le but de réduire par principe les honoraires parce qu'il ne sont pas a priori illégitimes, mais afin de modifier leur base de calcul pour les rendre plus justes.

32. – En conclusion : voici quelles orientations qui pourraient être prises pour parvenir à une moralisation des faillites. Il y en a problablement beaucoup d'autres. Mais, il ne faut pas, à notre sens, tomber dans l'excès inverse en cédant à une volonté moralisatrice tous azimuts. Certaines règles morales font reculer les chances de redressement de l'entreprise en difficulté qui est pourtant souhaitable pour sauver l'activité et l'emploi. Deux exemples peuvent être pris d'un tel risque de dérive dans la loi du 10 juin 1994 :

Désormais, l'offre de cession ne saurait être présentée par un parent ou un allié du débiteur. Pourquoi une telle rigueur ? Certains proches sont compétents et honnêtes. Il eût été préférable, comme en matière agricole, tout en posant le principe

---

opérations spéculatives faites par un marchand de biens et rejette un plan de cession qui « consisterait, au profit des bailleurs de fonds, à sauver les créances et à garder les immeubles car tels ne sont, ni l'esprit, ni la lettre de la loi ».

de l'interdiction, de laisser la possibilité au tribunal de céder l'entreprise à un parent ou à allié s'il la mérite[34].

Autre exemple, si le débiteur n'exécute pas son plan de continuation, la seule solution – édictée à titre de sanction – est la liquidation. Pourquoi se priver de la possibilité d'une cession si un repreneur sérieux se propose de racheter l'entreprise ?[35]

L'excès de morale paralyse le redressement ce qui réintroduit une certaine immoralité...

34. Art. 21, al. 4, L. 25 janv. 1985.
35. Art. 80, al. 1, L. 25 janv. 1985.

MORALE DES AFFAIRES ET PLAN DE CESSION

par M. DUBLANCHE
Avocat à la Cour

Il nous faut imaginer le dialogue entre Spinoza et un juriste.

Chacun se rappelle que le philosophe faisait observer à ce dernier qu'il ne croyait pas utile de dénoncer les vices, le mal, le péché.

Le juriste ne pouvait l'entendre : la loi n'est modifiée que pour améliorer le commerce des hommes, mais auparavant elle n'est conçue et promulguée que pour leur proposer, leur imposer, ce « devant-être » si cher à KANT et à son impératif catégorique de justice.

Pour leur bien, mais aussi et principalement pour Le Bien.

Et le législateur demeurera étranger à cette éthique de Spinoza quel que soit le domaine de son action.

Le rapporteur de la Loi du 10 juin 1994, modifiant la Loi du 25 janvier 1985 relative aux procédures collectives, n'avait pas hésité à parler de plan de cession vertueux, pour l'avenir.

Et tout est là.

Car pour le législateur, la morale c'est la vertu. Alors que pour le philosophe, la vertu d'une chose se réduit à ce qui en fait sa valeur.

Certes, le législateur sera tenté d'opiner. Mais le philosophe sait qu'il ne le comprend pas.

Aussi, va-t-il lui expliquer que lorsqu'il affirme que la vertu d'une chose c'est ce qui en fait sa valeur, cela voudra dire, par exemple, que le bon couteau sera celui qui coupe bien (A. Comte-Sponvile), voulant préciser par là que les vertus sont indépendantes de l'usage qui en est fait.

C'est alors que le législateur comprit enfin que le couteau avait effectivement autant de vertu dans la main d'un assassin que dans celle d'un cuisinier !

Est-il exagéré de prétendre que c'est sur une méprise équivalente que se construisent certaines dispositions du droit économique ?

Ce n'est pas si sûr :

En effet, parce que Spinoza avait dit que « par vertu et puissance, j'entends la même chose », le législateur économique en a conclu que la puissance suffisait à la vertu.

Et c'est ainsi que l'on a cru moraliser les attitudes en moralisant les textes.

Mais, est-on parvenu à ses fins ?

Morale et plan de cession d'une entreprise :

Qui peut s'arroger le pouvoir de céder la chose d'autrui ?

Est-ce moral de contraindre un failli à subir la cession de sa « chose », de son entreprise, des salariés qui étaient les siens, à un tiers étranger ?

Est-il conforme à la morale de considérer que l'expropriation pour cette soi-disant cause d'utilité sociale, qui frappe celui qui n'a pas commis de faute, est une norme supérieure à la sanction civile ou pénale qui ne peut et ne doit être envisagée qu'à l'égard de la seule personne qui a commis une faute ?

Et dès lors répondre par la négative ne consisterait-il pas à prendre le risque de devoir écrire en titre « MORALE CONTRE PLAN DE CESSION » et non pas « MORALE ET PLAN DE CESSION » !

Voilà peut être pourquoi Spinoza a raison de n'avoir point dénoncé les vices : parce que l'on trouvera toujours un vice à quelque chose. Et que la morale législative se satisfait trop vite d'y trouver un palliatif, le plus souvent coercitif, sans rechercher plus avant s'il n'engendre pas un nouvel effet pervers à son tour... qu'au regard d'une certaine morale, il sera toujours aisé de dénoncer.

Il suffit de prendre pour exemple précisément la cession de l'entreprise faillie ordonnée par le Tribunal à travers les idées qui ont présidé aux textes qui la régissent.

L'on s'apercevra alors que le législateur de 1967 a critiqué celui du décret de 1956 au nom de la raison, que celui de 1985 a sanctionné celui de 1967 au nom de la raison pure, et que celui de 1994 a dénoncé celui de 1985 au nom de la raison morale.

Ou plus exactement, que le législateur de 1994 a voulu lier l'étendard de la raison morale à celui de l'efficacité économique et sociale sans craindre, ou plutôt s'en s'apercevoir, que son absence de courage allait provoquer dans un même texte remanié profondément au fond (mais pas dans sa philosophie annoncée) une grave incohérence du système juridique interne (ce qu'a magistralement démontré Madame le Professeur FRISON-ROCHE lors du Colloque Dalloz organisé à PARIS sur la réforme de la Loi du 10 juin 1994).

La morale ne serait-elle donc plus un prétexte philosophique et pourrait au bon usage du législateur redevenir le vecteur de l'imagination critique ?

Tentons d'examiner l'évolution des mérites de la cession forcée d'entreprise dans le cadre d'une procédure collective à la lumière d'un tel enthousiasme !

L'exemple type est effectivement celui de la « cession à forfait » de la Loi du 13 juillet 1967.

Elle aura été dénoncée comme une des lacunes les plus graves de ce texte, et en demeure l'institution la plus décriée.

Et ce au nom des problèmes principaux de la morale.

I – LA CESSION À FORFAIT DE LA LOI DU 13 JUILLET 1967

On a dénoncé comme une des lacunes les plus graves de cette loi, une des institutions les plus décriées : la cession à forfait au nom de la morale.

C'était l'opération dite « terrain d'élection » des repreneurs peu scrupuleux.

Le caractère général du texte, son vocabulaire quasi péjoratif (« à forfait ») signifiait braderie ouverte au plus audacieux.

Pire : Les plus malins avaient déjà dans l'idée de présenter la pauvreté de leur offre comme compensée largement par le fait qu'ils maintenaient les emplois.

Et cela passait !

Et s'ils ne tenaient pas la parole ?

Il n'y avait pas de sanction possible, car il n'est pas de sanction sans règle juridique.

Bref, il fallait un nouveau PORTALIS.

Et ce fut un petit CAMBACÈRES qui arriva en 1985.

Il affirma que c'en était « fini des mauvais repreneurs ».

Et l'on décapita la cession à forfait en deux :

– le plan de cession du redressement judiciaire,

– et la cession d'unité de production de la liquidation judiciaire qui sont à peu près la même chose.

Et comme l'on était vertueux, (donc moral), on a dit que du moment qu'en redressement judiciaire l'offre de cession d'un fonds de commerce ou d'industrie permettait de maintenir les emplois, on faisait – ou on pouvait faire – fi d'un prix minoré, voir dérisoire.

Quelle était donc la différence avec 1967 ?

Nous n'en voyons guère.

Ce ne pouvait être plus moral puisque c'était la même chose.

Mais l'écriture en était plus vertueuse.

L'on en concluera rapidement sans doute, qu'en 1985 la morale doit vraisemblablement plus au vocabulaire qu'à l'idée !

Ce qui démontre que Spinoza avait raison !

Car le problème demeure :

Où est la sanction ?

Il fut, en effet, reproché à la Loi de 1967 de ne pas prévoir de sanction à l'égard du repreneur qui ne respectait pas ses engagements de maintien d'emplois, ce qui fut non seulement fréquent, mais constaté malheureusement à une échelle importante et médiatisée.

Mais qu'a instauré la Loi de 1985 dans une hypothèse semblable ?

Aucune sanction non plus.

La jurisprudence ne s'y est pas trompée.

Relisons le jugement du Tribunal de Commerce de PARIS du 19 décembre 1988 concernant l'affaire CHAUMET :

« On ne saurait assimiler en aucune manière un licenciement au défaut de paiement du prix de cession ».

L'article 83 distingue le « prix de cession » des « perspectives d'emploi », en sorte que le non respect du maintien de celui-ci n'est pas une cause de résolution du plan.

Et pourtant le législateur avait bien dit que l'offre de cession est celle d'une solution globale pour l'entreprise et non une banale offre d'acquisition.

Dès lors, la décision de cession a été prise sur la base de cet ensemble d'engagements, dont il est bien surprenant de ne retenir en cas d'inexécution, que l'aspect financier.

CONCLUSION

Au nom de la morale retrouvée en 1985, le Juge sanctionne la résolution du plan de cession pour inexécution du paiement du prix et la refuse pour inexécution d'une obligation de maintien d'emplois garantis.

Et ce dans le cadre de l'application d'une loi vertueuse qui disait : sauver l'emploi !

Serait-ce la morale des Juges contre celle de la Loi ? Certainement pas.

Il s'agit seulement de la perversité de la Loi contre sa propre morale.

Que fallait-il pour y remédier ?

La réponse du législateur vint en 1994 : la sanction.

Et voilà qu'enfin la vraie morale est sauve, puisqu'en 1994 le législateur, soucieux du comportement du repreneur, va consacrer cette autre jurisprudence qui avait courageusement sanctionné l'inexécution du plan de cession par la résolution du plan, alors que la Loi de 1985 n'envisageait que la désignation d'un administrateur *ad hoc.*

Résolution pour non respect des *engagements,* quel qu'ils soient financiers ou autres !

Et pour compléter la loi nouvelle nous dit qu'elle élargit le droit de demander la résolution à chaque créancier quel que soit le montant de sa créance !

Voilà qui est précis, et fort. Donc moral.

Un problème se pose cependant : La loi pense « moralisation », mais oublie les conséquences de la résolution.

Or, comme l'on voit mal en pratique comment un plan de cession peut être rétroactivement anéanti, il faut en conclure que la résolution de cette loi n'est qu'une résiliation.

On nous dira : esprit grincheux, peu importe puisque l'on a rétabli la morale.

Oui mais si la Loi a oublié les conséquences de la résolution, cela veut dire que l'on doit constater :

– d'une part que la loi n'édicte aucune mesure patrimoniale qui serait liée à cette sanction à l'égard du repreneur,

– d'autre part que ni le redressement judiciaire, et moins encore la liquidation judiciaire, ne seront prononcés contre le cessionnaire.

Alors, a-t-on vraiment « moralisé » le plan de cession ?

A-t-on réellement entendu imposer une morale des affaires ou s'est-on contenté d'afficher un impératif de morale autoritaire que l'on s'est gardé de définir, car sa fiscalité impliquerait en droit une sanction que l'on n'a pas voulu écrire ?

En d'autres termes, a-t-on voulu imposer l'autorité du sens moral aux affaires, ou s'est-on satisfait de brandir autoritairement une morale affirmée sans donner au Juge les moyens de son application ?

II – ALLONS PLUS LOIN

La critique contre cette cession à forfait de la loi de 1967 n'était-elle pas en soi injuste ?

En effet, dans la philosophie de cette loi, la poursuite d'activité passait par le concordat, et donc par la survie de l'entreprise elle-même.

En sorte que la cession à forfait était conçue comme un mode de réalisation résiduaire des biens du débiteur, dont l'entreprise, par hypothèse, n'était pas viable.

Le fait que l'on ait pu utiliser ce procédé pour des reprises d'entreprise démontre, au contraire, sa souplesse, son élasticité et son adaptation évidente aux exigences de la vie économique.

Et la morale philosophique n'était-elle pas satisfaite par l'idée selon laquelle : l'utilisation d'une institution pré-existante pour donner satisfaction à des besoins nouveaux correspondait à une vertu constante en pratique juridique, même si un tel emploi entraînait à déformer ladite institution ?

Le législateur de 1985 a cru pallier la pratique mauvaise et déformée de repreneurs peu scrupuleux en réglementant l'opération pour mieux l'adapter à son utilisation.

Or, cela n'a pas suffit.

Alors le législateur de 1994 a augmenté la sanction, ou la menace de celle-ci. Le vecteur de la moralisation, c'était donc la force.

Et tout cela parce que le Tribunal de Commerce de PARIS avait peut être mal posé le problème.

En effet, la question n'était pas de savoir si le maintien de l'emploi constituait techniquement une partie du prix de cession, mais de décider si la sanction d'une obligation « secondaire » (aux yeux de la Loi de 1985) au regard de la hiérarchie qu'établit la Loi toute entière (payer le prix) ne devait pas, à fortiori, viser tout manquement à une obligation bien plus importante : tout simplement celle en considération de laquelle l'offre avait été ordonnée (maintien de l'emploi).

Il n'était même plus nécessaire de mépriser le texte de 1985 taxé d'insuffisance parce que non sanctionnateur.

Il suffisait de raisonner en droit commun et de dire que le contrat judiciaire reposait sur une cause et une obligation essentielle et qu'elle n'était pas respectée.

Et la résolution s'évinçait.

III – PLUS AVANT

Et puisque la loi de 1994 prétend sanctionner le plan qui est résolu sans pour autant sanctionner le responsable de la résolution, pourquoi n'avoir pas plutôt envisagé de rester dans l'économique pur, c'est-à-dire le quantitatif, en conservant le texte de 1985, comme l'a très habilement suggéré Madame le Professeur PERROCHON (Dalloz 90 Chronique page 252).

Dans une note adressée aux Présidents de Chambres, Juges Commissaires et mandataires (RPC 89-179), le Tribunal de Commerce de PARIS estime que la décote du prix réel des actifs peut être estimée à 100 000 F par licenciement évité.

Cela veut dire : si on vous propose pour un actif un prix dérisoire, mais un maintien d'emplois dans une première offre, et dans une autre un prix du triple, mais avec très peu d'emplois, retraitez le tout, c'est-à-dire :

– 300 KF avec 10 emplois,

– est supérieur à 1 000 000 F avec 2 emplois.

Mais une telle évaluation sous entend la référence à une durée :

– un chômeur coûte 120 000 F par an à la Nation,

– le coût moyen d'un licenciement est de 100 000 F,
la traduction d'une obligation de maintien d'emploi peut donc raisonnablement porter sur 2 années.

Parfait.

Alors pourquoi ne pas préciser alors une simple clause, dont le Tribunal ordonnerait qu'elle figurât dans l'acte de cession :

« le prix de cession est fixé à X Francs dans la perspective du maintien de « tant » d'emplois pendant deux ans.

Dès lors, si à la date D + 24 mois l'effectif de l'entreprise cédée a diminué de « tant » de salariés, ledit prix sera majoré d'autant de fois le nombre de salariés perdus ; X par 100 000 F ».

Une telle clause est licite :

– le prix de cession déterminable de façon précise et objective répond aux conditions posées par l'article 1129 du Code civil,

– et il varie en application d'une simple condition suspensive qui n'est pas protestative puisque ne dépendant du cédant,

– en outre, elle ne peut qu'éliminer la perspective d'une plus value rapide sur les actifs cédés.

Cela revient à dire que les dépeceurs sont forcément dissuadés.

Ainsi, elle garantit le sérieux de l'offre.

– enfin, elle est MORALE :
car un cessionnaire qui essaie de bonne foi de maintenir l'activité et l'emploi, mais n'y parvient pas est tenu, à postériori, de payer le prix normal des actifs repris.

En effet, le prix maximal doit être calculée d'après la valeur de liquidation des actifs repris.

Ainsi, le cessionnaire défaillant n'était pas puni, mais simplement payait le prix réel ; c'est-à-dire qu'il perdait son rabais exceptionnellement consenti pour maintien de « tant » d'emplois.

MORALITÉ

La clause de supplément de prix éventuel ne faisait en fait que supprimer un abattement de prix qui seul justifiait la garantie des emplois, en conformité avec la loi puisque ce n'était qu'aux frais des créanciers du cédant !

C'était moral et imaginatif.

Seulement voilà, ce n'était plus PORTALIS qu'il fallait pour celà, mais NEWTON !

– IV –

Et nous n'avons eu aucun des deux !

Mais seulement un législateur bien moralisateur et bien peu moraliste.

Que nous dit-il ?

1. – Les offres doivent émaner de vrais tiers ; pas de la famille.

La loi de 1985 ne l'exigeait que pour les liquidations judiciaires, ce qui était normal :

Si pour un plan de cession la seule solution de sauvetage était la famille, voire les dirigeants eux-mêmes, en quoi était-ce immoral de laisser au Tribunal une possibilité totale d'appréciation motivée ?

Surtout si l'on constate que pour le législateur de 1994, s'il est contraire à la morale pour un commerçant, entrepreneur ou industriel de racheter ou faire racheter par sa famille son entreprise, cela devient tout à fait moral lorsqu'il s'agira d'un agriculteur, puisqu'il l'autorise expressément dans ce seul cas.

2. – Les offres devront indiquer les prévisions de cession d'actifs au cours des deux années suivant la cession.

Ceci pour empêcher le dépeçage sauvage.

Mais si le Tribunal ne prononce pas d'inaliénalibité, l'obligation reste purement formelle.

Et non sanctionnée.

Et si le Tribunal prononce une inaliénabilité, quelle sanction du non respect desdits engagements ?

La question reste posée.

Le Parlement s'est gardé d'y répondre.

Que peut faire le Juge ?

3. – Les offres devront être transparentes, communiquées à l'adversaire, au Greffe, circuleront vers les contrôleurs ; tout le monde pourra en connaître.

Parfait.

Mais le repreneur potentiel volontairement tardif va attendre de les bien connaître, et au dernier moment, déposera la sienne.

NON répond le législateur qui pense à tout et moralise :

sauf accord de tous, il faut au moins 15 jours entre la réception de l'offre et l'audience au cours de laquelle on l'examine.

Mais si l'on est en présence d'une affaire sans trésorerie, dont l'activité nécessite un grand fonds de roulement, avec beaucoup de salariés, dont l'administrateur ne veut plus engager sa responsabilité dans le cadre des dettes article 40, et qu'une offre de dernière heure va supplanter toutes les autres, tant en prix qu'en maintien d'emplois, que fera le Tribunal ?

Et en pareil cas, où est la morale ?

– Faut-il rejeter au nom de celle-ci une offre bien meilleure pour les créanciers et les salariés, lesquels la soutiendront ?

– Faut-il au contraire au nom de la même morale, celle du texte, retenir injustement une offre bien inférieure, mais conforme au délai ?

– En d'autres termes, est-ce la morale du petit comptable de délai administratif ou la morale supérieure de l'intérêt général qui l'emporte ?

– Et si c'est cette dernière, est-il moral de laisser la morale dite de l'intérêt supérieur violer la morale imposée par le législateur ?

Bien plus – et nous venons d'en être le témoin devant un tribunal de la couronne parisienne il y a quelques semaines – un repreneur potentiel fait une offre importante, précise et circonstanciée. Il est le seul. Mais au dernier moment un outsider à qui cette offre a été soigneusement et secrètement communiquée fait une offre à son tour, « améliorée sur des points sensibles » et ce dans le délai de 15 jours. Le Comité d'Entreprise de la société en redressement judiciaire n'en est même pas informé. Il n'en débattra pas. Et l'on apprendra que la date de l'audience est reportée de 8 jours, que le rapport de l'administrateur est alors déposé, et que le premier repreneur potentiel n'a aucune communication contradictoire lui permettant de formuler des observations. La loi lui interdit d'améliorer son offre et on lui fait savoir qu'il est inutile de faire monter les enchères. Bien plus, l'avant veille de l'audience, il lui est précisé (sans convocation officielle du Greffe) qu'avant de se présenter à ladite audience fixée à 10 h 30, le Juge Commissaire a décidé d'entendre chacun des repreneurs individuellement à 8 h 30. Déférant à cette « invitation », ce repreneur potentiel s'entendra dire que son offre ne va pas pouvoir être retenue et que vu l'encombrement du rôle ce matin là, il n'est même pas nécessaire qu'il soit entendu en Chambre du Conseil à 10 h 30 puisque de toute façon le rapport de l'administrateur expose en détail les deux offres...

Cela se passe de commentaires !

4. – *MORALITÉ*

Toutes ces modalités nouvelles, prises pour « moraliser » les plans de cession, n'ont pour effet que de rendre plus transparentes les offres et les décisions qui en découlent.

La morale est sauve puisque transparence = vérité.

Mais est-ce suffisamment efficace ?

5. – NON reconnaît le législateur de 1994 qui, au-delà du souci de transparence des opérations, va mettre en place un second volet de « moralisation » à travers ce que Madame le Professeur SAINT-ALARY-HOUIN a fort justement appelé « l'encadrement des opérateurs » !

6. – Le repreneur doit payer le prix de cession dans le délai, sans que celui-ci soit modifiable.

Sinon, tout comme pour tout engagement autre que le prix, le Tribunal peut, d'office ou non, prononcer la résolution.

Ç'aurait dû être une évidence depuis longtemps.

Mais nous avons vu plus haut que cette finalité n'était pas... finalisée.

Par contre, la « soif de morale » du législateur sera plus audacieuse et se souciera peu de contrarier les grands principes du droit dans d'autres domaines.

a) *Article 89*

Le cessionnaire *doit* rendre compte au commissaire au plan de l'application de celui-ci à l'issue de chaque exercice.

Au nom de quel principe juridique a-t-on pu énoncer cela ?

Voici un cessionnaire qui achète ; qui paye ; qui est propriétaire, mais pour autant ne peut gérer à sa guise et reste sous le contrôle du Tribunal pendant toute la période de mise en œuvre du plan !

b) De plus, le Tribunal peut prononcer l'inaliénabilité de tout ou partie des biens cédés pendant un certain temps.

C'est l'atteinte même au droit de propriété.

Frapper d'indisponibilité les éléments d'actif d'un bien vendu et payé, au nom de la morale, est-ce bien constitutionnel ?

c) Par contre, dans le même temps, le bon législateur « oublie » la vérité économique.

Car le vrai problème n'est pas là.

Mais bien plutôt dans la question suivante :

Quelle est la valeur contraignante d'un engagement d'apport de fonds de roulement pris dans une offre, et qu'aura retenu, par son sérieux de pérennisation de l'exploitation, le Tribunal, par préférence à des offres supérieures en prix mais moins « garanties » sur ce plan ?

Quel contrôle pourra exercer le Tribunal ?

La moralisation ne doit-elle pas être recherchée dans la seule assurance de l'exécution économique ?

Et dès lors, l'éthique ne se moquerait-elle pas de la moralisation en retenant au nom de ce principe l'offre au prix dérisoire, inacceptable, mais prometteuse de certitudes ?

Qui aura le courage de le juger, puisque le législateur n'aura pas eu celui de le dire ?

d) Enfin, ce même législateur s'est-il posé la question de savoir si des facilités excessives concédées au repreneur au nom de la nécessité d'une reprise ne créaient pas en même temps les conditions d'une concurrence déloyale à un double titre ?

1 – l'acquisition à bas prix d'éléments de production va entraîner un coût de revient inférieur à celui des concurrents, et dès lors un prix de vente à la consommation inférieur au prix de revient de cette même concurrence.

Quels en seront les effets pervers pour celle-ci ?

N'est-ce pas tout un tissu économique que l'on va faire chanceler au nom de la morale de protection de l'emploi d'un site sinistré ?

2 – Où bien une reprise sans nouveaux moyens de financement n'entraîne-t-elle pas une course du chiffre d'affaires avec abaissement de la marge, voire pratique de dumping nuisant d'abord à la rentabilité des concurrents avant de créer un véritable nouvel état de cessation des paiements pour l'entreprise reprise ?

CONCLUSION

Les effets de la moralisation des plans de cession.

A – Les inconvénients actuels.

B – L'excés de législation.

C – L'amoralité.

A – INCONVÉNIENTS DU PLAN DE CESSION

Lors du colloque organisé par l'Ordre des Avocats du Barreau de TOULOUSE, dès la promulgation de la Loi du 10 juin 1994, mon Confrère Charles VINCENTI a fort habilement remarqué que la philosophie de la loi avait tellement modifié le plan de cession qu'il n'était dès lors qu'une modalité de liquidation.

Cela n'est pas contestable.

Mais la conséquence de ce constat est malheureusement édifiante sur le plan de la morale.

En effet, dans la loi de 1985, le plan avait pour seul but – quitte à accepter des conditions peu favorables de cession des éléments d'actif – de sauver l'entreprise et surtout les emplois.

La liquidation judiciaire devait permettre en l'état la meilleure réalisation possible des biens.

Aujourd'hui, la réforme de 1994 conduit le juriste de droit économique à une lecture plus directe.

Il faudra, de toutes façons, vendre les actifs au plus cher.

Alors, pourquoi un repreneur va-t-il jouer la difficulté en prenant les engagements que la loi exige de lui dans un plan de cession ?

Autant faire une offre, s'il tient à acquérir les éléments d'actif, à un prix qui sera sûrement moins élevé en liquidation judiciaire et l'entreprise lui sera transmise dans les mêmes conditions, mais pas avec les mêmes contraintes.

D'où un premier postulat qui stipulerait :

Triomphe de la morale, *mais* faillite du plan de cession !

En outre, la réforme de 1994 a considérablement aggravé les conditions de la poursuite d'activité en période d'observation.

L'entreprise doit désormais être « viable ».

A défaut, le Tribunal ne doit pas accepter la poursuite de la phase d'observation.

Le législateur n'a visiblement pas eu de temps de fournir la définition juridique de la « viabilité d'une entreprise ».

Les auteurs en ont, à juste titre, conclu que seule était économiquement viable une entreprise qui avait la capacité d'assumer son besoin en fonds de roulement, ou tout au moins le coût de son fonctionnement et de son exploitation ou de sa production.

Mais, par définition, une entreprise qui vient de déclarer son état de cessation de paiements est généralement dans une situation de trésorerie exsangue due au fait que les recettes n'ont pu de façon globale permettre de réaliser une équivalence aux achats et aux charges d'exploitation.

Comme le même texte a totalement modifié les conditions d'application de l'article 40 de la loi de 1985, en soumettant l'administrateur judiciaire à une quasi obligation de résultat de paiement des dettes nouvelles contractées au titre dudit article, à peine de responsabilité évidente, ce dernier ne peut :

– ni prendre le risque de laisser l'entreprise contracter une quelconque dette nouvelle,

– ni solliciter du Tribunal la poursuite d'activité d'une entreprise incapable de prouver son retour à une capacité d'autofinancement recouvrée dès l'ouverture de la procédure collective.

En face d'une situation aussi incohérente, le repreneur avisé n'a-t-il pas intérêt à demeurer à l'affût, s'abstenir de formuler une offre quelle qu'elle soit, et attendre avec patience une conversion inévitable – sinon imminente – en liquidation judiciaire de l'entreprise, pour formuler alors une offre plus basse, moins contraignante en termes d'emplois, et sur laquelle il n'aura plus à rendre de comptes ensuite ?

La réponse est assurément affirmative.

D'où le second postulat qui constaterait :

Défaite du plan de cession

Et

Faillite de la morale.

B – LE RISQUE EXCESSIF

L'on constate ainsi une fois de plus que le législateur qui part des abus pour légiférer sur une pratique prend un risque :

– la règle de droit devient un empilement plus ou moins cohérent et efficace de mécanismes coûteux qui ralentissent l'action des acteurs économiques.

La morale aboutit alors à l'inverse de la tradition du droit commercial qui recherche la rapidité et le faible coût de la traduction juridique des opérations économiques.

C – L'AMORALITÉ

Où est la morale lorsque les conditions de reprise d'une entreprise maintenue avec acharnement thérapeutique sont telles qu'elles faussent la concurrence et poussent le tissu économique concurrent à la faillite ?

Où est la morale en sens inverse pour un entrepreneur courageux qui tente une reprise difficile et coûteuse et qui, victime d'un retour de conjoncture, ne peut licencier personne quand tous ses concurrents se sauvent avec des plans sociaux ?

Comme l'ont exposé brillamment Madame et Monsieur les Professeurs FRISON-ROCHE et GERMAIN (les Annonces de la Seine n° 25) dans le cadre de ce qu'ils ont appelé « la perspective d'une approche économique globale », il ne faut plus négliger l'environnement économique d'une entreprise en défaillance dont la continuation ou la reprise auront pour « vertu de raccommoder le tissu économique éraflé par l'ouverture de la procédure, ou à tout le moins d'arrêter la maille qui file ».

Dès lors, la moralisation n'est-elle pas dans la RAISON ?

A savoir :

- un projet d'entreprise :
  - fixant des orientations,
  - modulable,
  - concret et sérieux.

C'est-à-dire une réelle obligation de moyen précise et forte, exécutée honnêtement, sous le contrôle du Juge.

Et non un engagement carcan.

Le Juge devra alors porter une appréciation réelle sur le fait de savoir si le projet d'entreprise a été ou non méconnu.

La morale ne sera-t-elle pas enfin et alors économique, et seulement celà, ce qu'elle n'aurait jamais dû qu'être !

« Pourquoi accuser toujours, dénoncer toujours ; c'est la morale des tristes et une triste morale » écrivait récemment le philosophe A. Comte Sponcille (Traite des petites vertus).

Notre législateur paraît de plus en plus procéder des abus pour codifier une pratique.

Il faut espérer que les philosophes lui auront appris qu'à l'avenir la démarche d'un esprit plus cohérent devrait désormais l'inspirer.

Rapport de synthèse

par P. SPITERI
Professeur à l'Université des Sciences Sociales de Toulouse
Directeur de l'École Supérieure Universitaire de Gestion « E.S.U.G. »

Ce Colloque était une nécessité.

D'abord du point de vue de l'actualité. Depuis une dizaine d'années, il est question de morale ou d'éthique dans de multiples domaines en France.

Ensuite du point de vue intellectuel, de multiples aspects du droit des affaires ont été synthétisés par rapport à la morale dans notre réunion.

Quels sont donc les rapports entre morale et droit des affaires ?

Malgré le nombre et la qualité des intervenants, on pourrait déplorer peut-être l'absence de magistrats, de sociologues ou de philosophes. Cela étant, on pourrait dire qu'il y a au fond dans l'ensemble des exposés deux grands thèmes sous-jacents, sous les relations entre morale et droit des affaires.

Celui de l'**essence** et celui de l'**existence**.

I – L'ESSENCE DES RELATIONS, MORALE ET DROIT DES AFFAIRES

Dans la conception chrétienne, on a pu opposer les catholiques et les protestants. Max WEBER s'imposait avec la distinction de l'éthique de conviction et de l'éthique de responsabilité.

Dans la pensée philosophique, on peut distinguer aussi la conception plutôt de l'Europe Continentale, Kantienne pourrait-on dire, la morale plutôt fondée sur le **devoir** et la conception **utilitariste** de BENTHAM et de John Stuart MILL.

D'où une certaine ambiguïté dans nos propos.

Quelle est la **notion** de morale à impliquer avec le droit des affaires ? Quel est le **contenu** de la morale dans ses relations avec le droit des affaires ?

A – LA *NOTION* DE MORALE

Indépendamment des courants précédents concernant la morale, ne faut-il pas constamment distinguer morale, éthique, déontologie ? S'agit-il de termes toujours synonymes ? Peut-on dire que la morale concerne l'individu, l'éthique, le groupe (ou l'inverse ?), la déontologie, la profession ?

Si on admet ces distinctions, de multiples problèmes se posent par rapport à la règle juridique : des origines différentes, des contrôles différents, des sanctions différentes. Il pourrait y avoir alors une superposition de normes avec des conflits éventuels.

Si on n'admet pas ces distinctions, on peut se demander alors pourquoi il existe des concepts différents.

B – LE *CONTENU* DE LA MORALE

On a pu au cours des exposés dégager un certain nombre de « vertus » : l'honnêteté, le respect de la dignité d'homme, la parole donnée, l'honneur, l'égalité, la transparence, la rigueur, la responsabilité.

N'y a t-il pas alors des problèmes qui se posent : ces normes morales ont-elles un contenu à vocation universelle ? Vont-elles varier selon chacun ? ou selon chaque groupe ? Ne font-elles pas souvent double emploi avec des normes juridiques ? Si c'est le cas pourquoi faut-il les réaffirmer dans des chartes d'éthique par exemple ?

En définitive, ce problème de l'essence n'est pas dépourvu d'**ambiguïtés**. Quand on parle de morale, s'agit-il de la morale fondée sur le devoir ou de la morale fondée sur l'utilité ? La morale inclue-t-elle ou non l'éthique ou la déontologie ? Or la déontologie peut varier suivant chaque profession. La morale n'a t-elle pas vocation à l'universel ? N'y aura t-il pas alors des conflits si les règles morales sont différentes ? Ou faut-il s'entendre sur une liste de « vertus » essentiellement universelles ? On a pu montrer les limites en droit international, la morale universelle servant d'alibi à l'ineffectivité du droit.

II – L'EXISTENCE DES RELATIONS, MORALE ET DROIT DES AFFAIRES

Tous les intervenants ont marqué une certaine existence de la morale dans la **règle de droit** des affaires.

Souvent on a montré l'existence de la morale dans le **vécu** des professionnels des affaires.

A – L'EXISTENCE DE LA MORALE DANS LA RÈGLE DE DROIT DES AFFAIRES

Omniprésence de la morale dans le droit interne, et même retour de la morale par exemple « dans les faillites » ; certaine présence dans le droit communautaire et le droit international : telles sont les différents aspects de l'existence de la morale.

Ainsi on a pu montrer à la suite de Georges RIPERT, la morale dans de multiples notions juridiques : la bonne foi, la loyauté, l'abus de droit ou l'abus des droits, le dol... On a montré cela aussi bien dans la loi, la jurisprudence ou la pratique des contrats ; et on a pu reprendre ces idées pour de nombreuses affaires juridictionnelles dans le domaine de l'éthique en droit boursier.

B – L'EXISTENCE DE LA MORALE DANS LE VÉCU DES PROFESSIONNELS DES AFFAIRES

On a mis l'accent par exemple sur l'idée de la confusion du droit et de la morale en disant notamment que par hypothèse le directeur du Service Juridique était par là même responsable de l'éthique de l'entreprise.

Dans le vécu des entreprises, c'est la nécessité actuelle des chartes d'éthique. Mais ne risque-t-on pas ou bien de consacrer dans ces chartes des règles de droit qui existent déjà ou bien si ces chartes consacrent des normes différentes, des conflits entre les différentes chartes des entreprises ?

Certains ont souligné l'importance de la clause de conscience en présence de conflits d'intérêts. D'autres, en l'absence de clause de conscience ont montré que le problème moral individuel pourra exister.

Enfin, dans le vécu de la déontologie, le professionnel a rejoint l'universitaire. Pour l'un, avec cette idée de morale, le professionnel doit être un modèle dans la profession. Pour l'autre, la morale en réalité, c'est une défense de la profession.

En définitive, il faut souligner l'extrême richesse de ce Colloque et en féliciter les organisateurs.

Si dans le domaine des affaires, on est convaincu d'obéir à la règle morale en obéissant à la règle de droit, cette dernière ne pourra qu'en sortir renforcée.

Montchrestien - E.J.A.
14, rue Pierre et Marie-Curie, 75005 PARIS
Dépôt légal : Septembre 1996
N° d'éditeur : 1302

Imprimé en France. — JOUVE, 18, rue Saint-Denis, 75001 Paris